됐고, 언니만 믿어

됐고,
언니만 믿어

초판 1쇄 2020년 10월 26일 발행

글	우먼 스타일러
펴낸이	티아고 워드 Tiago Word
펴낸곳	출판문화 예술그룹 젤리판다
출판등록	2017년 3월 14일(제2017-000033호)
주소	서울특별시 영등포구 경인로 775 에이스하이테크시티 1동 803호
전화	070-7434-0320
팩스	02-2678-9128
블로그	blog.naver.com/jellypanda
카페	cafe.naver.com/jellypandacafe
인스타그램	@publisherjellypanda
책임총괄	홍승훈 Craig H. Mcklein
기획 편집	권현주
운영 홍보	이다혜
디자인	박성진

ISBN	979-11-90510-20-2 03320
정가	15,500원

됐고,

식사 메뉴도 고르기 어려운데,

인생의 선택이

쉬울 리 없잖아!

재기 발랄

솔직 담백

언니의 인생이야기

언니만
믿어

우먼 스타일러

지음

나는 깊이 숨을 쉬고, 예전 같은 심장 박동 소리에 귀 기울였다.
나는 살아있다, 나는 살아있다, 나는 살아있다.

실비아 플라스 | 시인, 소설가

여성은 약할 수 있지만 여성들이 함께 연대해서
싸우기만 한다면 여성들은 반드시 이겨낼 수 있다.

지젤알리미 | 미국 여성 인권운동가

추천사

 얼마 전 서울시에서 주최한 "일하고 싶은 여성-일하고 있는 여성의 연대와 협력"을 위한포럼에 참여하고 여성경제 거버넌스 위원으로 위촉 받으면서, 여성의 경제활동 참여율에 대한 맥킨지 보고서 "경영진의 성 다양성 수준이 상위 25%인 기업들은 하위 25%인 기업들보다 세전영업이익률(EBIT Margin)이 평균 21% 높았다"는 통계와 크리스틴 라가르드 국제통화기금(IMF)총재의 "노동시장에서 성별 격차를 좁힐 경우 한국의 국내총생산(GDP)은 10%, 일본은 9%, 인도는 27%까지 각각 끌어올릴 수 있다"고 발언한 일이 생각났다.

 또한, 개방성, 융합성, 초연결성을 특징으로 한 4차 산업 시대에는 여성의 섬세함과 유연성, 공감능력이 여성경제인만의 큰 강점으로 작용하여, 여성 경제인들이 국가경제 발전에 기여할 수 있는 부분이 지속적으로 증가할 것이라고 생각한다.

 이 책은 이런 흐름에 맞춰 여성이 자신을 올바로 이해하고, 가지고 있는 역량을 마음껏 펼칠 수 있는 일상의 해법들이 담겨 있다. 능력을 갖추었어도 행동으로 옮기지 않으면 아무 일도 일어나지 않는다. 저자는 자신의 경험을 통해 행동하는 것의 위대함을 보여주고 있다. 인생의 목표를 위한 끊임없는 질문, 실패도 훌륭한 자산으로 만드는 노하우, 오롯이 자신으로 빛날 수 있는 퍼스널 브랜드 구축방법 등 마음만 먹으로 누구나 따라 할 수 있는 저자의 경험이 고스란히 녹아져 있다.

　특히, 여성 선배들의 활발한 활동을 보며 용기를 얻었다는 말에 깊은 공감을 한다. 리더가 된다는 것은 어려운 것이 아니다. 건재하게 활동하는 모습만으로도 후배들은 용기를 얻는다.

여자라는 이유로 자신의 꿈을 포기하지 않기를 바란다.
여자라는 이유로 희생하는 삶을 살지 않기를 바란다.

　일을 선택한 여자들은 포기하지 않았다는 것만으로도 충분히 박수 받을 자격이 있다.
　현재 여성고용율은 2017년 기준 50.2%로 전년대비 0.3% 증가되었고, 결혼, 출산, 육아로 인한 30대 후반 여성의 경력단절로, 여성의 고용율은 M자형을 이루고 있다. 더 많은 여성들이 자신이 능력을 믿고, 사회에 진출하면 지금보다 훨씬 여성이 일하기 좋은 환경은 만들어질 것이고, 그 환경은 나를 비롯해 우리의 딸들이 새로운 희망을 꿈꾸는 터전이 될 것이다.

아직도 망설이고 있는 여성이라면, 가슴 뛰는 삶을 살고 싶은 여성이라면, 자신의 이름 석 자로 빛나고 싶은 여성이라면 망설이지 말고 저자의 조언대로 실행으로 옮겨보자.

오늘이 당신의 인생을 바꾸는 시작점이 될 것이다.

마지막으로 아낌없이 경험을 나누어준 저자에게 감사함을 전한다.

| 한국여성경제인협회 서울회장 신경섭 |

  기회는 찾아오는 것일까? 만드는 것일까? 저자를 보면 '저 에너지는 어디서 나오는 걸까?' 늘 궁금했는데, 이 책을 통해 해소되었다. 어딜 가든, 누구를 만나든, 어떤 일을 하든 그녀는 특유의 열정으로 허투루 지나침이 없이 기회를 만드는 재주가 있다. 늘 당당하게 자신의 의견을 말하고, 소신 있게 자신의 길을 가고 있는 그녀를 볼 때마다 같은 여자로서 용기를 얻는다. 이 책에는 3040 여자들에게 꼭 필요한 조언이 담겨 있다. 주저하거나 망설이지 않고 기회를 만들 수 있는 열정과 용기를 책속에서 배워보자. 기회는 언제나 주변에 있다.

[충청대학교 패션디자인과 교수 이수경]

여자의 언어로 성공을 말하다. 부제부터 저자와 잘 어울린다.

19년동안 프리랜서로 교육업계를 지켜왔다는 것은 현장에서 수많은 난관을 극복하며 버텨낸 저자의 내공 때문일 것이다. 이 책은 여자들에게 필요한 5가지(Wealth, Opportunity, Management, Ambitious, Neutral) 비즈니스 기술을 소개한다. 단순한 이론이 아닌 저자의 경험이 녹아져 있는 지침서와 같다. 일과 가정 사이에서 혼돈의 시간을 보내고 있는 사람이라면, 일에 대한 확신이 없어 불안한 사람이라면, 더 성장할 수 있을까 스스로 의심하고 있는 사람이라면 지금 당신에게 필요한 건 이 책이다.

때로는 언니처럼, 때로는 친구처럼 조언해주는 저자는 일을 선택한 여성들이 만나야 할 진정한 멘토다.

[한국강사협회 회장 송미애]

교육담당자와 강사로 만난 것이 올해로 13년째다. 비즈니스로 시작했지만, 지금은 서로의 발전을 응원하는 사이가 되었다.

그 동안 저자가 어떻게 비즈니스를 해왔는지 잘 알고 있다. 뭉쳐 있는 실타래를 풀기는 쉽지 않다. 이 책은 일과 가정 사이에서 고민하고 있는 여성들이 뭉친 실타래를 어떻게 풀어야 하는지 해법을 제시하고 있다. 오롯이 자기자신으로 존재하며 빛날 수 있는 저자의 해법을 나침반 삼아 일을 통해 성장하고 있는 자신을 만나는 기쁨을 경험하길 바란다.

[한국능률협회 HRD컨설턴트 김윤정]

사람은 자신의 프레임 안에서 산다. 그리고 삶은 어디에 주안점을 두느냐에 따라 달라진다. 가능성에 초점을 맞추면 다양한 색깔의 기회를 만날 수 있지만, 부정적인 것에 초점을 맞추면, 하지못하는 12,000가지 핑계를 찾게 된다. 비즈니스도 마찬가지다.

위험요소만 보면 성취와는 거리가 멀어진다. 저자는 이런 프레임의 중요성을 엄마, 아내, 일하는 여자의 관점에서 통찰력 있게 풀어냈고, 많은 여성들에게 희망과 용기를 준다. 무엇을 하든 자신의 삶이 의미 있고 가치 있기를 바란다면, 이 책을 읽으면서 더 나은 삶의 방향성을 찾길 바란다.

[코바식품 CEO 안순민]

책을 순식간에 읽을 수 밖에 없었다. 워킹맘이라면, 어머 맞다 그 땐 그랬지하면서 동감하게 하는 현실적 에피소드들이 잘 정리되어 있어 일종의 패션 편집샵을 방문한 느낌을 갖게 될 것이다.

이제 막 여성 리더로 성장하기 시작한 분이라면, 여성을 떠나 함께 일하는 동료에 대한 이해를 높이는데 도움이 될 수 있는 책이라고 생각한다. 특히 이 글을 쓰며 가족의 사춘기와 갱년기를 극복한 작가의 경험은 아이들에게 늘 미안한 마음을 갖고 있는 워킹맘들에게 정말 좋은 사례가 될 것이다.

[신한금융그룹 GBK 부서장 표윤미]

차 례

 **Part 1** 이론

1장   세 마리 토끼를 잡느라 고군분투하는 여성 동지들에게

2장   내 인생의 봄날은 지금이다

▦ Part 2 실천

3장   여자의 비즈니스 가치를 결정하는
3가지 프레임 읽어내기

첫 번째 프레임 | 아내

4장 워킹맘의 돈 되는 비즈니스 읽어내기

She is not a girl, She is a W. O. M. A. N

O_pportunity 기회

M_anagement 운영

A_mbitious 야망

N_eutral 중립

5장 여자를 세상에 존재하게 해준 엄마, 아내 그리고 일

여자의 언어로 성공을 말하다

Woman Success Principles

PROLOGUE

흔들리지 않고,
내 이름 석 자로 당당하게 살아가는 방법

내 이야기를 글로 써야겠다고 마음먹은 것은 후배의 방황이 지난날의
내가 겪었던 방황과 너무 닮아서였다. 그 힘든 시간을 먼저 걸어온
인생의 선배로서 후배의 고민이 무엇 때문인지 너무 잘 알고 있었기에
그냥 지나칠 수가 없었다. 수많은 번민 속에서 내가 일을 손에서 놓을
수 없었던 것은 두 가지 이유에서였다.

책임감

신혼의 달콤함을 제대로 느낄 새도 없이 첫째 아이가 태어났고, 어느
새 나는 세 아이의 엄마가 되어 있었다. 해맑은 아이들의 얼굴을 보며
책임감이 무엇인지 피부로 절감해야 했던 시간이 있었다. 넉넉하지 못
한 살림에 자의 반 타의 반으로 시작한 일에서 기적처럼 지금의 나를
만들 수 있었던 두 번째 이유를 찾아냈다.

성장

더디긴 했지만, 지금의 일을 통해 나는 매년 조금씩 성장할 수 있었다. 일을 시작한 것은 경제적 어려움 때문이었지만, 그 이유만으로 18년이라는 긴 시간을 버티기엔 세상은 그렇게 녹록하지 않았다. 외부에서 어떤 충격이 와도 버텨낼 수 있는 이유가 내게는 절실히 필요했다. 그렇게 엄마, 아내, 일하는(육아, 살림, 일) 여자로서 힘겨운 시간과 싸우면서 버텨낼 수 있었던 것은 일을 통해서 내 존재를 확인하고 매일 성장할 수 있었기 때문이었다. 세상에 거저 얻어지는 것은 없었다. 내가 노력한 만큼, 간절하게 원했던 만큼만 기회가 주어졌다.

가끔 자신의 기량을 발휘하지 못하고 퇴근하는 여성들을 만나게 된다. 일과 육아 사이에서 갈팡질팡하다가 아이를 핑계로 집으로 돌아간 여성들은 얼마 지나지 않아 포기해야 했던 '일'에 대한 안타까운 후회만 남겼다.

일과 가정은 어느 것 하나를 포기해야 하는 것이 아니다. 하나를 포기하는 것도 선택이지만, 모두를 가지는 것도 선택이다.
다만 어떤 프레임으로 삶을 바라보느냐의 차이만 있을 뿐이다.

"엄마, 일이 재미있어?
나도 엄마처럼 하고 싶은 일을 하면서 살 거야"

중학교 3학년 딸아이의 말에 가슴이 뭉클했다.
내 선택이 옳았다고 소리치고 싶었다. 함께 있어준 시간도, 살뜰하게
보살펴준 시간도 많지 않았음에도 엄마처럼 살겠다는 딸아이의 말은
내 생각을 더욱 단단하게 했고, 확신을 가지게 만들어주었다.

아이에게 좋은 에너지를 가진 엄마만큼 긍정적인 영향을 끼치는 사람
은 없다. 일과 가정은 무엇을 포기해야만 얻을 수 있는 것이 아니다.
일을 통해서 자신의 가치를 바로 세우면 육아는 의외로 쉽게 해결될 수
있는 동전의 양면과도 같다.

자신의 일에 행복감을 느끼는 엄마는 아이에게 좋은 영향을 끼친다.
자신의 일에 자부심을 느끼는 아내는 남편의 좋은 자극제가 된다.
자신의 일에 최선을 다하는 선배는 그 존재만으로도
후배에게 좋은 영향력을 끼친다.

이것이 아이 셋을 키우면서 커리어우먼으로 우뚝 설 수 있었던 나의 비결이었다. 그러니 이 글을 읽는 분들도 더 이상 일과 가정 사이에서 줄다리기하며 에너지를 낭비하지 않았으면 좋겠다. 운명의 신은 장난꾸러기여서 원하는 것은 아주 천천히 인내심을 테스트하며 들어주지만, 원하지 않는 것에는 심통 맞게도 빠르게 반응한다.

지금부터라도 자신의 원하는 것에 집중해 보고, 일을 통해 오롯이 나로서 존재해 보자.

이 책은 18년 동안 일과 육아를 병행하면서 겪은 시행착오를 담아낸 책이다. 또한 읽는 이들이 자신의 커리어와 브랜드를 살릴 수 있는 현실적인 방안을 담고자 노력했다. 나의 경험을 통해 일과 육아로 지쳐 있는 당신이 조금이라도 위로받길 바라며, 각 장의 처방전대로 실행에 옮길 수 있는 작은 용기를 내주길 바란다.

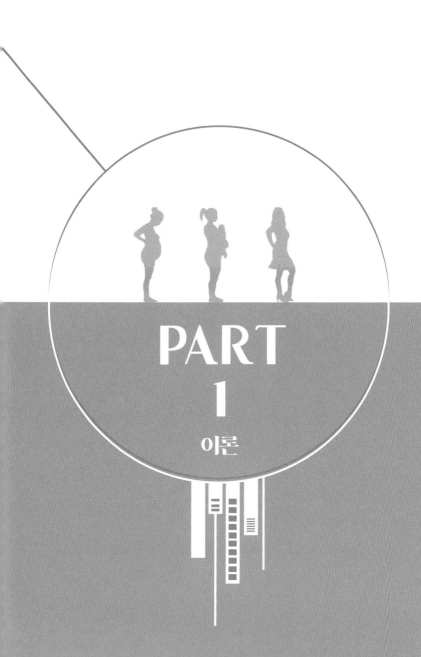

PART

1

이론

1장

세 마리 토끼를 잡느라
고군분투하는 여성 동지들에게

두려워 해야 하는 것은 아무것도 없다.
이해해야 하는 것이 있을뿐이다.
지금은 더 많이 이해해야 하는 때다.
그렇게 두려움을 없애야 한다.

마리 퀴리 Marie Curie

능력 있는 여자는 독한 여자가 아니다

"선배들은 뉴스나인 앵커 맡고 보통 1년차에 국장을 달았어요.
근데 전, 지금 7년 차예요. 여전히 직급은 부장이고요. 왜? 여자니까.
(중략) 밑에서는 무섭게 치고 올라오지, 위에선 여자라고 막지.
그럼 저도 돌파구를 찾아야 하지 않겠어요?"

얼마 전 종영된 드라마 『미스티』에서 김남주(고혜란 역)와 이경영(국장 역)이
나눈 대화의 한 장면이다. 미스티가 청·장년 여성들에게 호응을 받을 수 있었던
것은 김남주(고혜란 역)가 극 중에서 보여준 이미지가 한 몫을 했다.
그녀는 일단 당당했고, 어떤 상황에서도 흔들림 없이 자신의 생각을 말할 수
있을 정도로 뚝심이 있었다. 선·후배들의 공격에도 주도권을 잃지 않고, 반전의
통쾌함까지 보여줬던 김남주(고혜란 역)를 두고 어록이 생길 만큼 여자들은
그녀에게 열광하고 호응했다.

그러나 내 눈에는 조직 내에서 여자들이 겪고 있는 심리적 박탈감이 먼저 눈에
들어왔다. 남자들과 똑같이 일해서는 인정받을 수 없는, 그래서 '독한 년'이라는
말을 들으면서도 살아남으려고 발버둥 치는 간절함 속에 담긴, 일에 대한
여자들의 열정이 느껴져 가슴이 먹먹했다.

우리 사회는 자신의 일을 당당하게 밀고 앞서나가는 여자들에게 '독종'이라는
딱지를 붙이곤 한다. 왜? 왜 자신의 일을 열심히 하는 것이 유독 여자에게만
'독종, 독한 여자'로 표현되는지 이해할 수가 없다.

미스터에서도 김남주는 자신의 일에 욕심이 있다는 이유로, 열심히 일한다는 이유로 시종일관 동료들에게 '독종, 독한 여자'로 인식되고 있었다.

그렇다면 자신의 일에 최선을 다하고 열심히 일하는 남자는 주변에서 어떻게 인식될까? 여자처럼 '독종, 독한 남자'로 인식할까? 불행인지 다행인지 현실에서는 열심히 일하는 남자를 두고 '능력 있는 남자, 책임감 강한 남자'로 평가받는 것이 일반적이다. 여자, 남자를 떠나 정말 이해할 수 없는 반응이다.

어렸을 적 나의 별명은 악바리였다. 이것은 욕심이 많고 하고 싶은 일이 있으면 포기하지 않는다고 아버지가 붙여준 별명이다. 독하다는 말을 유독 많이 듣고 자란 내게 악바리라는 별명은 무언가를 할 때마다 족쇄처럼 따라붙었다. 여기서 일을 선택한 여자들이 점검해 봐야 할 프레임이 있다.

'여성이 자신을 성장시키고자 노력하는 것은 욕심이 많은 것일까?'
'여성이 사회적으로 욕심을 가지면 주변 사람들이 불행해 질까?'
'여성의 꿈은 사회적으로 이룰만한 가치가 없는 것일까?'
'일을 선택한 여성은 꼭 일과 가정의 균형을 이뤄야만 할까?'
'능력 있는 남편을 만나 집에서 살림하는 여자들만 행복한 것일까?'

일을 선택한 여성에 대한 편견의 원인은 우리 사회가 오랜 시간 동안 구축해 놓은 프레임에 있다. 여자는 가정에 충실해야 한다, 아이는 엄마가 키워야 한다, 여자는 남자보다 뛰어나서는 안 된다, 여자는 순종적이어야 한다, 사회 활동을 하는 여자는 팔자가 세다, 능력 있는 여자는 독한 여자다 같은 편견이 일을 선택한 여성들에게 굴레가 되고 있다.

이는 가정에만 존재하던 능력 있는 여자들이 사회로 진출하면서 상대적으로 자리의 위협을 느낀 남자들이 만들어낸 편견이다.

약육강식에 의한 사회구조 때문에 어떻게 해서든 밥그릇을 지켜야 하는 남자들과 새로운 밥그릇을 만들어야 하는 여자들의 싸움이 본격적으로 시작되면서 일을 선택한 여자는 '독종, 독한 여자'의 프레임이 씌워졌다.

더 허무한 것은 같은 입장에 있는 여자들 중에도, 남자들의 의견에 동조할 뿐만 아니라 그들의 입장을 열성적으로 대변하고 있는 여자들이 많다는 것이다. 이것이 사회로 나아가 성공하기를 원하는 여자들을 주춤하게 만드는 원인이기도 하고, 여성 스스로 두려움과 죄책감을 만들어내는 이유이기도 하다.

30대에 나는 스스로 원해서 프리랜서 강사로 활동을 시작했지만, 미래를 알 수 없는 두려움에 끊임없이 나를 의심하며 싸워야 했다.

'내가 할 수 있을까? 언제까지 할 수 있을까?'

특히 어린이집에 아이를 등교 시킬 때면, 울면서 매달리는 딸을 보며 엄청난 죄책감에 시달려야 했다.

일을 선택한 여자 나이 30대는 인생에 있어 정말 중요한 시기다. 많은 워킹맘들이 이렇게 중요한 시기에 잘못된 판단으로 후회하는 것을 옆에서 오랫동안 지켜 봐왔다. 그녀들의 선택을 나무라는 것이 아니다.

아이가 어리니 당연히 엄마의 손길이 절실히 필요하다는 것도 잘 안다. 다만 그 선택이 자신이 아닌 주변 사람들에 의한 압박, 강요에 의한 선택이라면 후회로 남을 수도 있다는 것이다.

30대라는 나이는 일로써 완벽하게 자리를 잡은 시기가 아니다.

육아와 업무에 올인 해야 하는 시기와 맞물려진 진퇴양난의 시기가 여자 나이 30대이다. 하지만 '아이를 어느 정도 키워 놓고 다시 일해야지'라는 야무진 꿈을 안고 집으로 돌아간 여자들을 기다려줄 만큼 세상은 그리 호락호락하지 않다.

여자에게 3-4년의 사회 경력 단절은 엄청난 악재로 작용된다.

설상가상으로 3-4년 동안 아이에게 시간을 투자했다고 해서 아이가 엄청나게 달라지는 것도 아니다. 들인 공과 시간이 무색할 정도로 아무런 변화가 없을 수도 있다. 아이는 엄마가 원하는 대로 성장하지 않는다는 것을 나는 경험을 통해 배워 잘 알고 있다. 무엇 하나 뜻대로 되지 않는 것이 삶이다. 그렇다고 손 놓고 수수방관만 할 수 없는 것 또한 삶이다. 그렇다면 무엇을 어떻게 해야 하는 걸까? 그 해답은 자신의 마음속에 있다. 내 마음이 원하는 것, 그것에 주목하며 살아야 후회하지 않을 수 있다. 때문에 자신을 속이지 말고 마음이 이야기하는 것을 진지하게 들어야 한다.

　나는 아이들과 함께 있으면서도 끊임없이 외부 세계를 동경하고, 그리워했다. 당당하게 자신을 드러내며 일하는 사람들이 부러웠다. 그리고 어느 순간 동경만 하고 부러워만 해서는 내 삶이 바뀌지 않는다는 것을 깨달았다.

'결국 내 삶이 바뀌지 않으면 아이들도 행복하게 키울 수 없다'

어떤 경우에도 내가 먼저 행복해 지지 않으면 주변 사람을 행복하게 할 수 없다. 그래서 나는 당당하게 나를 드러내며 일을 하겠다고 결심했다. 사실 결심을 실행으로 옮기는 과정은 순탄치 않았다. 일을 하면서도 여전히 육아와 집안일은 나의 문제로 남아 있었고, 몸이 두 개여도 모자랄 만큼 힘든 날들의 연속이었다.

　무언가를 선택한다는 것은 치러야 할 대가도 있다는 것이다. 결혼한 여자가 그것도 아이가 둘이나 있는 여자가 일을 하겠다는 것은, 어찌 보면 자기만 생각하는 이기적인 여자로 비춰질 수도 있다는 것을 난 경험을 통해 깨달았다. 재미있는 것은 가끔씩 교육장에서 만나는 남자 교육생들의 질문이다.

"강사님, 이렇게 강의 다니시면 아이는 누가 봐주세요?"

이 질문의 반은 나를 진심으로 걱정하며 물어 오는 질문이지만, 나머지 반은 암묵적으로 깔려있는 육아에 대한 나의 책임을 묻는 질타라는 것을 잘 안다.

"아이들은 자기들이 알아서 잘 커요"

아무렇지 않은 척 말했지만, 이런 질문은 늘 마음 한쪽이 불편해진다.

그러나 이런 내 마음을 위로해 주었던 것은 고 백남준 선생님의 이야기였다.

세계적으로 인정받고 있는 한국의 예술가 고 백남준 선생은 엄청난 일 중독자

였다고 한다.

"일을 안 하면 욕 안 먹고 편하게 살 수 있다. 일하면 욕먹지만 그만큼 발전이 있다. 그
런데 욕하는 부류의 상당수는 일 안 하면서 시기하는 자들이기 때문에
결국 일을 해야 한다."

고 백남준 선생은 자신만의 철학을 통해 성공할수록 더 많은 일을 해야 한다고

말했다. 그리고 나와 같은 여자들 즉, 일과 육아를 병행하기로 결심한 많은 여자

들은 고 백남준 선생님의 말을 잘 이해할 필요가 있다.

대한민국에서 엄마로서, 아내로서, 딸로서, 며느리로서, 일하는 여자로서

살아가기가 버거울 때가 한두 번이 아니다. 한마디로 멀미가 난다. 멀미는 내가

실제로 보는 것과 몸이 느끼는 것의 차이에서 뇌가 혼란을 일으켜 나타나는

증상이다. 차를 타면 몸은 움직이지 않는데, 실제 창밖의 사물들은 움직임으로

서 뇌가 일시적으로 착란 증상을 일으켜 나타나는 현상이 바로 멀미이다.

멀미의 증상은 바로 눈앞, 정면만 보면 더욱 심해진다. 이때는 의식적으로 시선을

창밖에 두거나 멀리 보는 것이 도움이 된다고 전문가들은 조언한다.

일을 선택한 여자들도 마찬가지다. 지금 당장은 주변의 부정적인 반응 때문에

멀미가 나지만, 육아는 시간이 해결해 주는 문제이다. 시간이 해결해 주는

문제라는 것만 먼저 알아도 버틸 수 있는 용기가 생겨난다.

처음에는 여자가 가정보다 일에 더 열심이라는 편견에 경계심을 가지고 의심의 눈초리로 나를 보던 사람들도 매사 간절한 마음으로 일에 집중하는 내 모습을 보고 진심이라고 느낄 때면 결국 나를 인정해주었다. 다만 시간상의 차이가 있을 뿐이다.

이 사실만으로도 당신의 마음이 편하지 않은가? 그러니 시간이 해결해 주는 문제에 감정 소모를 할 필요는 없다. 비난과 질투, 시기가 난무하는 현재의 상황에서 시선을 머무르지 말고 멀리 내다보자. 그리고 일을 선택한 당신이 옳았음을 당당하게 증명하자. 남들에게 독한 여자로 보이면 또 어떤가. 자신의 행복도 지킬 수 없는 착한 여자보다 자신의 행복을 위해 스스로 노력하는 독한 여자가 언제나 자기 삶의 주인공이 된다.

눈치 말고 존재감을 드러내라

오늘은 출근길 발걸음이 가볍다. 사수가 3일 동안 출장을 간 것이다.
이런 날은 김밥이라도 사서 동료들과 나누어 먹을 만한 마음의 여유도 생긴다.
당신이 직장인이라면 이런 경험을 충분히 겪을 수 있을 것이다. 사수가
출장을 갔다고 해서 일을 안 해도 되는 것은 아닌데 왜 마음이 한결 편할까?
이유는 분명하다. 눈치 볼 사람이 없기 때문이다.

이는 직장에서만 일어나는 일이 아니다. 아이를 키우다 보면 자연스럽게 친구
엄마들과 함께 할 수 있는 자리가 만들어진다. 곧 '아이들끼리 신나게 놀게
해주자'는 목적으로 엄마들의 즐거운 수다가 시작됐다. 그런데 유독 한 아이의
엄마가 안절부절 했다. 왜 그런지 자세히 관찰해 보니 그것은 바로 아이
때문이었다. 엄마의 시선은 계속 아이를 주시하고 있었다. 아이가 조금이라도
친구들과 트러블이 있는 것 같으면 그녀는 쏜살같이 달려갔다. 엄마의 이런
행동은 아이를 불안하게 만들었고, 친구들과 놀면서도 아이는 계속해서 엄마의
눈치를 봤다. 참으로 안타까운 마음이 들었다.

사람들은 누군가에게 잘 보이고 싶을 때, 인정받고 싶을 때, 뭔가 부족함을
느꼈을 때 눈치를 보게 된다. 한마디로 '내가' '나'를 어떻게 생각하느냐 보다
'남이' '나'를 어떻게 생각하느냐가 인생에 있어서 훨씬 중요하다고 믿는 것이다.
가끔씩은 상대방이 나를 어떻게 생각하느냐에 따라 감정 상태가 달라지고,
일할 의욕이 생기거나 사라지기도 한다. 이상하지 않은가?
분명 내 삶이고, 나의 일인데 상대방의 생각으로 인해 나의 존재가치까지
흔들고 있으니 말이다.

세계적인 채권 펀드 핌코(PIMCO)의 최고경영자 모하메드 앨 에리언(Mohamed El Erian)은 요즘을 두고 뉴 노멀(New Normal)시대 라고 했다. 뉴 노멀이란 시대 변화에 따라 새롭게 부상하는 표준을 의미한다.

　이는 기업의 환경이 고성장, 고수익, 고소비에서 저성장, 저수익, 저소비로 환경이 바뀌었음에도 계속 같은 방법으로 회사를 운영을 한다면 더 이상 생존하기 어렵기 때문에 상황에 맞는 새로운 기준이 필요하다는 말이다. 이런 뉴 노멀이 어디 기업에만 해당이 되겠는가? 이것은 개인의 삶에도 그대로 적용된다. 뉴 노멀을 워킹맘에게 대입해보자. 워킹맘은 일터, 가정이라는 각기 다른 환경 속에서 출·퇴근을 반복한다. 반복되는 출·퇴근 속에서 일에서의 원칙, 가정에서의 원칙이 없으면 상대방의 한마디 한마디에 마음이 갈대처럼 흔들리기 십상이다. 한마디로 머리와 가슴이 따로 놀게 되는 것이다. 머리로는 '그러지 말아야지' 하면서도 어느새 마음은 평정심을 잃고 궤도를 이탈해 달아난다. 한 번은 친구가 회사에서 무슨 일이 있었는지 나를 보자마자 울분을 토해냈다. "나는 이 세상에서 이랬다 저랬다 하는 인간이 제일 싫어. 속을 알 수가 없잖아."

　친구의 말이 십분 이해가 갔다. 나도 조직에 몸담고 있을 때 가장 모시기 힘든 상사가 바로 원칙이 없는 상사였다. 원칙이 있으면 오해가 생긴다 하더라도 충분히 믿고 기다릴 수 있는데, 말이 이랬다 저랬다 하면 상사에 대한 신뢰 자체가 흔들려 상사의 말을 그대로 믿기 힘들다.

　그렇다면 아이들은 어떨까? 집에서 큰 영향력을 행사하는 엄마, 아빠가 원칙이 없다면 그래서 집안의 룰이 자주 바뀐다면 아이들에게는 어떤 일이 벌어질까? 회사에서나 집에서나 원칙은 반드시 필요하다. 어떤 일을 행복하게 오래 하기 위해서는 반드시 원칙이 있어야 한다는 것을 나는 여러 번의 시행착오 끝에 깨달았다.

특히 첫째 수민이를 키우면서 많은 시행착오를 겪어야 했다. 첫째여서 각별하기도 했고, 초보 엄마이기에 실수도 많이 했다.

'주변에서 이렇게 하면 좋다더라' 하는 카더라 통신에도 마음이 갈대처럼 흔들렸다. 그래서 나는 아이의 성향을 고려하지 않고, 내 방식대로 밀어붙이기 시작했고 그러면서 나와 수민이와의 관계에 트러블이 생겼다.

수민이가 초등학교 1학년 때의 일이다. 자꾸 혼내는 엄마가 야속했는지 어느 날 학교에서 돌아온 아이가 왜 자기만 사랑해 주지 않냐며 생떼를 부렸다. 밑으로 동생이 둘이나 있어 엄마의 사랑이 온전히 느껴지지 않았던 모양이다. 안쓰러운 마음이 들었지만, 그 순간 '약해지면 안 돼!' 라는 소리가 들렸다. 이미 육아 경험이 많았던 엄마들이 첫째가 중요하다며 첫째 아이를 잘 길들여 놓아야 동생들도 따라 한다고 했다. 엄마가 편해지려면 첫째 아이를 잘 잡아 놓는 것이 얼마나 중요한지 익히 들어 알고 있었던 나는 어디서 생떼를 부리느냐고 아이를 몰아붙였고, 울면서 방으로 들어가는 아이를 보며 뭔가 잘못 돌아가고 있음을 느꼈다.

이 일은 아직까지도 두고두고 마음의 짐으로 남아 있다. 언젠가 수민이가 엄마를 이해할 때쯤 사과하리라 마음을 먹었었는데 이 글을 통해 진심으로 사과하고 싶다.

"수민아, 미안해. 그때는 엄마도 초보여서 수민에게 상처를 줬어. 엄마는 한 번도 널 사랑하지 않은 적이 없단다. 사랑한다. 수민아!"

삶에서 원칙은 중요하다. 원칙이 없는 삶은 서로를 불행하게 만든다. 삶에서 원칙을 세울 때 가장 중요한 것이 있다.

'내가 이루고자 하는 것이 무엇인가?'

이 질문에 대한 답은 시간을 가지고 충분히 고민해 보아야 한다.
남의 이야기가 아닌 내가 진정 원하고 바라는 모습이 무엇인지 진지하게 생각
해야 한다. 혹시 갈대처럼 흔들리고 있는 워킹맘이 있다면 나의 원칙에서 힌트를
얻길 바란다.

나는 내가 일을 하지 않으면 행복하지 않다는 것을 잘 알고 있다. 아마도 나는
노년이 되어도 집에 가만히 있지 못하고 어떤 일이든 만들어서 하고 있지는
않을까 조심스럽게 예측해 본다. 일은 나에게 있어 고달픔이 아니라 나의 존재
가치를 확인시켜주는 통로이다. 일을 포기하고는 행복해질 수 없다는 것을
스스로 잘 알기 때문에 아이들과 내가 같이 행복해질 수 있는 방법은 일을 선택한
엄마의 모습이 얼마나 행복한지 아이들에게 보여 주는 일일 것이다.

옛말에 소를 물가로 데리고 갈 수는 있지만 억지로 물을 먹일 수는 없다고
하지 않았는가. 일하는 엄마의 모습이 행복해 보이지 않으면 아이도 결코
행복해질 수 없다. 아이는 바쁜 엄마 때문에 애정 결핍에 시달리고, 문제가
생기는 것이 아니다. 자신의 꿈을 위해 행복하게 사는 것이 어떤 모습인지 엄마
의 삶으로 보여주는 것만큼 아이 정서에 도움이 되는 것도 없다.
일을 선택한 엄마만이 그런 모습을 아이에게 보여줄 수 있는 것이다.
이런 이유로 나만의 5가지의 원칙이 만들어졌다.

나만의 5가지 원칙

첫째, 아이들의 생각을 먼저 반영해 준다.

 아이들은 몸집이 작은 어른이라고 했다. 몸이 작다고 생각도 어린 것이 아니다. 가끔가다 당신도 아이들이 날리는 팩트 폭력에 정신이 번쩍 들었던 경험들이 있을 것이다. 아이들이 어른보다도 더 진실에 가까운 해답을 주는 것은 아니다. 하지만 아이의 생각을 먼저 이해하면 나머지는 순조롭게 풀린다. 아이의 삶은 나의 삶이 아니다. 그 때문에 무엇보다도 아이의 생각이 중요한 것이다.

둘째, 학원은 다니고 싶은 곳만 다니게 한다.

 아이들에게 공부를 억지로 시킨다고 되는 것이 아니다. 학원은 엄마들의 불안감을 이용한 최고의 마케팅 공간이다. 학원 문제로 아이들과 트러블이 있었던 시기에 학원을 운영하던 대학교 동창이 충격적인 학원가의 모습을 말해 주었다. 친구 말에 의하면 학원에 와서 진짜로 공부하는 아이들은 30%도 안 된다고 했으며, 나머지는 학원 운영에 도움이 되라고 관리비를 내주러 다니는 아이들이라고 했다. 엄마의 불안감이 이와 같은 학원 관리비로 둔갑한 것이다. 정말 충격적이었다. 친구는 학원을 운영해야 하므로 엄마들과 상담을 할 때면 "아이의 성적이 좋아지고 있다, 잘하고 있다"고 말하지만, 한 편으로는 마음이 불편하다는 속내도 내보였다. 어쩌면 학원의 필요성은 불안한 엄마의 마음이 만들어낸 결과일지도 모르겠다.

셋째, 성적표 보고 화내지 않는다.

이것은 엄청난 절제력과 인내심이 필요하다. 성적표를 보고 화를 낸다고 아이들이 공부를 열심히 하는 것도 아니고, 누군가를 위해 하는 공부는 아이에게도, 부모에게도 결코 도움이 되지 않는다. 나는 아이들의 성적표를 초등학교 때부터 지금까지 클리어 파일에 보관해 오고 있다. 가끔 아이들과 함께 꺼내 보는데, 정작 나는 가만히 있는데 아이들은 자기들끼리 나무란다. 엄마가 하고 싶은 말을 아이들끼리 하기 때문에 엄마는 개입할 필요가 없다. 엄마가 나서는 것보다 스스로 깨닫게 하는 것이 더 중요하다.

넷째, 야단을 치기 전에 이유를 먼저 물어본다.

이것은 다혈질인 내가 사실을 확인하지 않고 실수를 자주 해서 만들어졌다. 한 번은 퇴근 후 집에 와보니 아들 녀석이 친구를 데리고 와서 온 집안을 난장판으로 만들어 놓았다. 순간 나도 모르게 소리를 질렀다. 아들이 한숨을 푹 쉬더니 말한다.
"엄마, 알았어 일단 나가. 내가 치울게."
친구 앞에서 민망하겠다는 생각에 조용히 문을 닫고 나오는데 두 녀석이 하는 이야기가 들렸다.
"야, 너희 엄마도 우리 엄마처럼 소리 지르냐?"
"응. 우리 엄마도 무서운데 너희 엄마가 더 무서운 것 같아."
이때의 복잡한 심경을 말로 다 표현하기 어렵지만, 이유를 확인하지 않고 다그친 결과, 승자는 없고 패자만 남는다는 것을 뼈저리게 느꼈다.

다섯째, 숙제는 스스로 하게 한다.

요즘 초등학교 숙제는 난이도가 있다. 그래도 엄마인 내가, 절대 하지 않는다. 단, 숙제가 어려워 도움을 요청할 때는 개입한다.
물론 이것은 학교에서 전화가 오는 부작용이 있을 수도 있다. 이 또한 감당할 수 있는 마음의 자세가 필요하다. 아이가 스스로 하는 습관을 들이지 않으면, 일을 선택한 엄마는 끊임없이 자기와 싸움을 해야 한다. 아이가 스스로 할 수 있도록 개입하지 말자. 스스로 자기 할 일을 하면서 성장한 아이는 성인이 되어서도 자신의 삶을 충실히 살아갈 확률이 높다.

이 다섯까지 원칙이 있었기에 일을 선택한 엄마로 아이들과의 관계에서 흔들릴 때마다 중심을 잡을 수 있었다. 이런 원칙은 일을 선택한 여자들의 비즈니스에서도 반드시 필요하다. 초보 강사 시절, 강의 피드백에 우울해하던 나에게 선배 강사가 한 말이 있다.

"강의? 끝까지 가봐야지 알아, 몇 년 빤짝하다가 사라지는 강사들이 얼마나 많은데 끝까지 살아남는 강사가 프로지, 프로로 기억되려면 절대 포기하지 마."

이 말이 어찌나 위안이 되고 힘이 되던지, 강의 현장은 피드백이 바로 바로 나온다. 그렇기에 하루하루가 평가의 연속이다. 이런 긴장감 넘치는 현장에서 오래도록 행복하게 일을 하려면 중심을 잡아줄 원칙이 꼭 필요하다.

'절대 포기하지 않는다.'
'입 돌아가지 않고, 서 있을 힘만 있어도 강의한다.'

이것은 비즈니스에서 나의 원칙이다.
이 부분은 2장에서 자세히 소개하겠다.

자신의 가치를 떨어뜨리는 여자들의 특징

'걱정을 해서 걱정이 없어지면 걱정이 없겠네.'

   티베트 속담으로 불안하고 걱정 많은 사람의 마음을 꼭 짚어 표현한 말이다.
정말 티베트 속담처럼 걱정해서 걱정이 없어지면 얼마나 좋을까. 만약 이
글을 읽고 있는 당신이 머리 복잡한 일로 걱정하고 있다면, 아래 명언에서
해답을 찾아보자.

"걱정의 40%는 절대로 현실로 일어나지 않는다.
 걱정의 30%는 이미 일어난 일에 대한 것이다.
 걱정의 22%는 사소한 고민이다.
 걱정의 4%는 우리 힘으로 어쩔 도리가 없는 일에 대한 것이다.
 걱정의 4%는 우리가 바꿔놓을 수 있는 일에 대한 것이다."

   걱정의 90%는 쓸데없는 걱정이라는 이 말은 사람들의 모험심을 자극하는
베스트셀러 작가 어니 젤린 스키 Ernie J.Zelinski가 그의 저서 『모르고 사는 즐거
움』에서 한 말이다. 실제 사람들은 일어나지 않을 일들을 걱정하며 살아가거
나 이미 지나간 일에 대한 걱정으로 많은 시간을 고통 속에서 보낸다.
이러한 걱정은 일할 때, 관계를 형성할 때 부정적인 쪽으로 먼저 생각하게
만들어 마음을 불안하게 한다.

   강사들이 정보를 공유하려고 만든 학습모임에서 만난 Y가 그렇다.

Y는 얼굴에 '우울'이라고 쓰여 있고, 자신의 고민을 여러 사람에게 말하고 다니는 습관이 있다. 처음에는 안쓰러운 마음에 이야기도 들어주고 같이 고민도 해주었는데, 만날 때마다 Y의 잦은 푸념이 반복되자 다들 난처한 기색이 역력했다. Y는 사람들의 반응이 서운했는지, 어느 날 눈물과 함께 서운함을 토로하며 '학습모임에 나오지 않겠다'는 일방적인 통보와 함께 자취를 감췄다. 개인적으로 안타까움이 많이 느껴지는 친구였다. 사람은 누구나 크고 작은 난관에 부딪히며 살아간다. 그때마다 걱정이 입 밖으로 나오면 '나는 능력이 없는 사람, 가치가 없는 사람'이라고 주변 사람에게 광고를 하는 격이 된다. 당신이 그렇게 사는 데는 다 이유가 있는 것이다.

"엄마 마음에 드는 사람은 이 세상에 없을걸."

평소 돌직구를 잘 던지는 둘째가 비수를 꽂는다. 순간 뭐라 반박하기 어려웠다. 지난날 나의 모습이 주마등처럼 스쳐 지나갔기 때문이다. 중학생 어린 딸이 보기에도 불평불만이 많은 엄마 모습이 보였구나 생각되니 정신이 번쩍 들었다. 내가 그토록 안타까워했던 푸념 많은 Y의 모습이 나에게도 있었다는 것을 인식하니 딸에게 민낯을 들킨 것 같아 얼굴이 화끈거렸다.

일본 교세라KYOCERA창립자이자 명예회장을 지낸 경영의 신 이나모즈 가즈오稻盛和夫는 그의 저서 『바위를 들어 올려라』에서 불평불만에 대해 이렇게 말했다.

"불평불만과 푸념을 일삼는 사람의 앞날은 어둡다. 반면 감사하는 사람의 앞날은 밝다. 감사를 품는 것만으로도 마음이 아름다워지고, 그에 따라 운명이 밝게 열리기 때문이다. 감사하는 마음은 행운을 부르는 비결이다."

이나모즈 가즈오(稲盛和夫)의 말처럼 불평불만으로 가득 찬 사람들은 결코 가치 있는 삶의 주인이 될 수 없다. 가치 있는 삶은 누군가가 만들어 주는 것이 아니며, 자신 스스로 만들어가는 것이다. 불평불만이 많은 사람의 특징은 자기 스스로 무언가를 하기보다는 남들이 해주기를 바라는 마음을 가지고 있고 자신을 탓하기보다 남을 먼저 탓한다. 스스로 가치 있는 삶의 주인으로 살아가고 싶다면 지금 당장 불평불만을 멈추고, 자신의 가치를 알리기 위해 노력하면 된다.

일 잘하는 후배 S가 있다. 20년 직장생활을 하다 사정이 있어 퇴직하고 방황할 때 강사의 길로 들어가기 위해 공을 들인 친구다. S가 강의 준비를 하는 모습을 보면 이 친구가 직장생활을 어떻게 했을지 충분히 짐작이 간다. S는 내가 상사라면 절대로 놓치고 싶지 않았을 부하 1순위였을 것이다. 일 잘하는 S의 특징을 알아보자.

첫 번째 특징은 S는 물어보기 전에 스스로 생각하는 태도를 가지고 있다. S는 일할 때 상대방의 의도를 먼저 이해하고 자신의 생각을 더하기 위해 노력한다. 너무 열심히 일을 하는 것 같아 쉬엄쉬엄하라고 말하면 내게 이렇게 말한다.

"제가 시키는 일만 하려고 여기 있는 것은 아니잖아요. 저도 뭔가 도움이 되어야지요. 그래야 저도 발전하고요. 일이 재미있어요."

S의 태도에 나도 모르게 "너는 뭐를 해도 잘할 거 같아"라는 말이 절로 나온다. 많은 후배들과 일을 해본 나로서는 S가 예쁠 수밖에 없다. 다른 사람들은 S를 편애한다고 하지만 나는 S를 편애한다고 생각하지 않는다. 비즈니스를 하다 보니 스스로 무언가를 고민하고 움직이는 사람이 생각보다 적어 놀랐다. 스스로 충분히 생각해 보고, 모르는 것을 물어보는 것은 죄가 아니다. 때로는 모르는 것을 물어보지 않고 처리해서 문제가 생기는 경우도 있다. 모르는 것을 물어보고, 제대로 일을 처리하는 것이 비즈니스에서는 더 좋은 결과를 가져다준다.

그런데 가끔 생각이라는 것을 하지 않는 후배를 만날 때면 당황스럽다. 조금만 생각해봐도 본인 스스로 할 수 있는 일임에도 불구하고, '일단 물어보자'는 태도는 문제가 있다. 이런 태도는 누군가에게 스스로를 의존하게 만들고, 자신을 위축시키는 주범이 된다. 스스로 생각하는 훈련이 안 된 사람은 비슷한 일이 닥쳐 상황이 조금만 달라져도 해결하지 못하고 같은 질문을 반복해서 하곤 한다. 서로 답답한 일이 계속 반복되는 것이다. 이쯤 되면 S를 편애한다는 말은 말이 안 되는 것이다. 당신이 누군가의 의견을 참고하고 싶을 때를 생각해 보라. 누구에게 먼저 물어보겠는가? 누구의 말에 귀를 기울이겠는가?

두 번째 특징은 사전 준비가 철저하다. 그녀는 강의에 필요한 도구들을 깔끔하게 정리해서 간다. 별것 아닐 수 있겠지만 교육담당자 입장에서 보면 그렇지 않다. 강사가 얼마나 자신들의 회사를 위해 준비하고 신경을 썼는지 단번에 알아차릴 수 있는 단서가 되기 때문이다. 이런 특징은 시간이 지날수록 더욱 빛을 발한다. 준비하는 습관이 무기가 되어 누구도 따라잡을 수 없는 자신의 존재가치를 만들기 때문이다.

세 번째 특징은 **교육 시간보다 1시간 먼저 교육장에 도착해 있다.** 왜 이렇게 빨리 가냐 물어보면 "강사가 늦으면 교육담당자가 얼마나 **불안하겠어요.**"라고 말한다. 참으로 기특하다. 20년 직장생활을 하면서도 한 번도 지각을 한 적이 없다고 했다. 항상 1시간 일찍 출근해서 그날 일을 정리하고 마음의 여유를 챙겼기 때문에 실수가 적었고, 이런 습관은 성실함으로 인정되어 S가 제시하는 의견들 대부분은 'OK' 사인이 떨어졌다고 했다. 충분히 이해되고도 남는다. S랑 일하고 있는 나도 그의 말을 귀담아듣고 있으니 말이다.
S가 말한 이 단순한 것들을 쉽게 놓치는 후배들도 많다. 그들은 매번 간당간당하게 시간에 맞춰 등장한다.
서프라이즈가 따로 없다. 교육생들은 모여 있는데 강사가 늦으면 그야말로 교육담당자는 진땀을 빼게 된다.

만약 그 교육이 직급 높은 분들을 대상으로 하는 교육이라면 강사의 지각이 교육담당자의 역량으로 직결될 수도 있다. 강사가 늦은 것 가지고 교육담당자의 역량과 연결 짓는 것이 과하다 생각되는가? 당신이 회사 임원들을 모시고 워크숍을 갔다고 가정해 보자. 워크숍 장소에 도착하니 장소에 문제가 있어 임원들이 20분을 기다려야 하는 상황이 벌어졌다.
어떨 것 같은가? 생각만 해도 끔찍할 것이다. 시간을 지키는 것은 비즈니스 관점으로 보면 아주 중요한 습관이다. 이런 중요하고도 사소한 습관은 하루아침에 만들어지지 않기 때문에 자신의 존재가치를 증명하기에는 안성맞춤이다.

좋은 습관은 우리에게 변명거리를 만들지 않는다.

"차가 막혀서요, 공사 중이어서요, 새로운 길이라 헷갈려서요."

변명도 참 여러 가지다. 그러나 이것만은 기억하자. 일하는 데 있어 허둥지둥하는 모습과 어설픈 변명이 당신의 존재가치를 떨어뜨리고 있다는 것을 말이다.

비즈니스에서는 당신이 무심코 하는 불평, 불만, 푸념은 부메랑이 되어서 다시 나에게로 돌아온다. 힘들어서 무심코 내뱉은 불평불만이 오해를 만든다. 당신과 가장 가까운 사람들이 당신의 적이 되어 일과 육아 둘 중 하나만 선택하라고 종용하기도 하고, 당신의 삶을 좌지우지 하려는 조언을 늘어놓을 것이다. 이것이 당신이 바라는 것인가? 그렇지 않다면 불평, 불만, 푸념 대신 일 잘하는 자신의 가치를 제대로 알리려는 노력을 먼저 해보자. 말보다는 행동이 자신의 존재가치를 증명하는데 더 효과적이다. 가장 먼저 당신이 할 수 있는 것을 찾아 행동으로 옮겨보자.

사소한 행동이 습관을 만들고 가치를 만든다. 불평, 불만, 푸념 대신 사람들이 당신의 말에 귀를 기울일 수 있도록 사소한 것이라도 행동으로 실천해보자. 사람들은 크고 거창한 것이 아니라 사소한 것에 감동하고, 사소한 것에 마음의 문이 열리게 되어 있다. 언제나 사람의 마음을 움직이는 것은 그런 사소한 것들이다.

일 잘하는 S도 말보다 행동으로 먼저 보여줬기 때문에 주변 사람들이 S의 말에 귀를 기울였다. 말로는 누구나 다 할 수 있다. 그러나 행동으로 실천하는 사람들은 당신의 생각보다 훨씬 적다. 그러니 당신이 행동으로 실천하고 있다고 생각한다면 불안해하지 마라.

이미 승산 있는 게임을 하고 있는데 무엇을 걱정하고 망설이는가?

삶의 90%는 쓸데없는 걱정이다. 당신의 힘으로 어쩔 도리가 없는 것에 에너지를 소비하지 말고, 지금 당장 당신이 할 수 있는 일에 집중하라. 그것만이 당신이 자신의 존재가치를 증명하고, 일과 육아라는 두 마리 토끼를 잡는 비결이다.

워킹맘 전성시대, 숨은 공간을 누려라

　대한민국 대표 생활정보지인 벼룩시장 구인구직에서 성인남녀 848명을 대상으로 건강에 대한 설문조사를 실시했다. '직장인, 가장 걱정되는 건강상 문제점은?' 이라는 질문에 다음과 같은 답변이 나왔다.

1위 만성피로(25.0%)

2위 어깨·허리·손목(21.8%)

3위 체중감소 또는 증가(11.9%)

[출처 | 벼룩시장 구인구직 사이트]

　기타에는 소화불량, 불면증, 위염·위궤양, 두통 등을 꼽았다. '건강에 문제가 없다'고 답한 직장인은 고작 3.8%에 불과했다.

　'건강상 문제점의 원인은 무엇일까?'라는 질문에는 '스트레스(28.0%)', '운동 부족(25.2%)', '불규칙한 생활패턴(16.3%)', '건강하지 못한 식습관 (9.3%)'을 말했다. '직장인 아파도 병원에 가지 않는 이유는?' 이라는 질문에 '참다 보면 괜찮아질 것 같아서(44.8%)', '그냥 병원에 가는 것이 싫어서

(18.6%)', '시간이 없어서(15.5%)' '병원비가 아까워(10.9%)', '직장 상사·동료의 눈치가 보여서(10.3%)' 등을 이유로 들었다.

설문조사처럼 직장인 **4명 중 1명**이 '**만성피로**'에 시달리고 있지만, '참다 보면 괜찮아질 것 같아서', '병원 가는 것이 싫어서', '시간이 없어서' 등을 이유로 적극적으로 대처하지 않는 것으로 나타났다. 문제는 어깨·허리·손목처럼 몸에 나타나는 이상 증세는 병원에서 쉽게 치료가 가능하지만, 스트레스와 같은 마음의 문제는 시간이 흐를수록 더 심각해진다는 데 있다.

'뭘 해도 재미가 없는 노잼 시기, 경험은?'

취업 포털 사이트 잡코리아 & 알바몬에서 성인남녀 1,322명을 대상으로 실시한 설문에서 직장인 **92.8%**가 '**노잼 시기 경험한 적 있다**'고 답했다. 노잼 시기를 경험한 이유로는 '매일 반복되는 일상에 지쳐서(56.8%)', '경제적으로 여유가 없어서(28.9%)', '일, 과제 등이 너무 많아서(28.2%)' 순으로 나타났고, 특히 노잼 시기에 스트레스를 많이 받는다 69.5%가 응답했다.

그렇다면 일과 육아 사이에서 고군분투하는 워킹맘들은 어떨까? 모기업의 팀장급 리더십 강의를 진행할 때의 일이다. 콜 센터의 특성상 여성 관리자가 많았는데, 그중 한 명이 이렇게 말했다.

"30대를 어떻게 보냈는지 기억이 안 나요. 정신없이 살긴 살았는데, 내가 왜 그렇게 살았나 싶기도 하고…. 그래서 지금 이렇게 힘든가 봐요. 사는 것도 재미없고…."

나 역시 그래왔기에 남 일 같지 않았다. 누가 쫓아오는 것도 아닌데 조급함에 쫓기듯 살았다. 그런 내가 안쓰러웠는지 어느 날 몸이 신호를 보내왔다. 이유 없이 강의 중에 자주 현기증을 느꼈다. 집에 돌아오는 길에 구토 증세와 함께 심한 두통이 찾아와 응급실에 가게 된 날, 몸이 심상치 않다는 것을 알았다.

의사의 권유대로 MRI를 찍고 가슴 졸이며 한참 기다린 끝에 아무 이상 없다는 진단 결과를 듣고서야 거짓말같이 현기증이 사라지는 신기한 경험을 했다. 계속 혹사만 당하던 몸이 더는 안 된다고 이제는 쉬어가야 할 때라고 신호를 보내온 것일까? 그때부터 나의 일상이 조금씩 변화하기 시작했다. 일하랴, 가정 돌보랴 고갈된 에너지를 재충전하지 않으면 더 버틸 수 없었다.

결혼 10년 만에 남편에게 "가족여행을 안 가면 이혼 하겠다." 라는 강경수를 두고 나서야 북경으로 가족여행을 떠났다. 여행의 묘미는 더 참을 수 없는 극적인 순간에 발휘된다. 3박 4일 짧은 여행이었지만, 나에게는 더할 나위 없는 휴식이 되었다.

실로 오랜만에 무장해제 되어 휴식을 편하게 취할 수 있었다. 가이드가 좋은 풍광이 있는 곳으로 안내하면 눈의 호사를 마음껏 누렸고, 유명 식당에 데려다주면 감사히 잘 먹었다. 여행 중 식사 시간이 제일 좋았다. 음식의 맛보다도 나를 위해 정성스럽게 준비한 음식이 있다는 것만으로도 행복했다. 워킹맘들은 공감할 것이다. 내가 한 밥이 아니면 다 맛있다는 것을 말이다.

저녁이 되면 정갈하게 정돈된 침대에서 기절하듯이 잠에 빠져들었다.

'이래서 사람들이 여행을 하는구나!' 라는 감정을 정말 제대로 느낀
여행이었다.

"내가 쉴 시간이 어디 있니? 몸이 열두 개라도 모자란 판국에."

 혹시 일과 육아에 지친 당신도 이런 생각을 하고 있는가? 31개 언어로
번역되고 세계적으로 1,500만 권 이상 판매된 인간관계와 자기계발에 대한
저서를 쓴 데일 카네기 Dale Breckenridge Carnegie는 휴식에 대해 다음과 같이 말했다.

    "휴식이란 쓸데없는 시간 낭비가 아니라는 것을 우리는 알아야 한다.
    휴식은 곧 회복인 것이다. 짧은 시간의 휴식일지라도 회복시키는 힘은
    상상 이상으로 큰 것이니, 단 5분 동안이라도 휴식으로 피로를 풀어야 한다."

 휴식은 쓸데없는 시간 낭비가 아니다. 다음을 위한 회복의 시간이다. 특히
일과 가정을 오가며 바쁜 일상을 보내고 있는 워킹맘에게 휴식은 없어서는
안 되는 필수조건이다. 휴식 없이는 일과 육아 두 가지를 병행할 수 없다.
 앞만 보고 달리던 나는 그만 쉬어가라고 몸이 준 신호(현기증) 덕분에
나를 돌볼 수 있는 방법을 찾기 시작했다. 바쁜 일상으로 언제든지 여행을
떠날 수 있는 것이 아니었기에 가장 먼저 시간을 고려했고, 직업의 특성상
말을 많이 하므로 조용히 혼자 쉴 수 있는 아지트를 물색했다. 일상에 지친
워킹맘을 위해 내가 찾아낸 휴식 공간 중 몇 가지를 공유하고자 한다.

일상에 지친 워킹맘들을 위한 휴식 공간

첫째, 산책이다.

산책이 주는 힘이 대단하다. 아무 생각 없이 걷기만 해도 뇌는 무장해제 된다. 주변의 나무와 풀들의 변화를 알아차리면 금상첨화지만 이런 변화를 알아차리는 데는 시간이 필요하다. 변화를 알아차리기는 기쁨은 산책을 더욱 즐겁게 한다. 멀리 갈 필요도 없다. 집 주변 공원이나 동네 한 바퀴면 충분하다. 가급적이면 혼자 산책하는 재미를 느껴보길 권한다. 누군가를 배려해야 하는 것은 진정한 휴식이 아니라 또 다른 일의 연장이다. 휴식을 오직 '나'를 위한 시간으로 사용하자. 긴 시간이 필요한 것도 아니다. 하루 15분이면 충분하다. 하루 15분 투자해서 당신의 몸과 마음을 회복할 수 있다면 망설일 필요가 무엇이겠는가.

둘째, 도서실도 좋다.

많은 사람을 상대해서 그런지 나는 조용한 공간이 좋다. 2-3시간 여유가 되면 나는 망설이지 않고 도서실로 향한다. 내가 도서실에 있다고 하면 친구들은 "넌 공부가 그렇게 재밌냐?" 라고 묻지만, 사실 쉬고 싶을 때 도서실을 찾는 이유는 다른 데 있다. 일종의 보상심리라고 할까. 남들은 열심히 공부하는데 나 혼자 여유를 만끽하며 영화나 드라마를 보는 짜릿함은 묘한 쾌감마저 준다. 도서실에서 꼭 공부만 해야 한다는 편견을 버려라. 일과 육아에 지친 당신이 누구의 방해도 받지 않고 마음껏 쉴 수 있는 공간이 도서실이 될 수 있다. 내가 느낀 이런 쾌감을 당신도 한 번 느껴 보길 권한다.

셋째, 멍 때리기도 좋은 휴식이 된다.

시간이 없을 때 지친 뇌와 몸을 이완시키기 위한 '멍 때리기'는 매우 유용하다. 멍 때리기는 눈의 초점을 풀고 창밖을 응시하거나 사물을 보면 된다. 나의 경우는 생각보다 효과가 컸다. 무언가를 끊임없이 해야 한다는 생각을 뒤로하고, 지친 '뇌'의 휴식을 위해 5분 정도 투자하면 된다.

TV 프로그램 『알쓸신잡-알아두면 쓸데없는 신비한 잡학 사전, '휴식이 필요해'편』에서 카이스트 정재승 교수는 이렇게 말했다.

"아무 생각 하지 말고 가만히 있으라고 해도 뇌의 특정 영역은 활발히 활동한다."

실제 뇌의 특정 영역 DMN-Default Mode Network 은 휴식을 취할 때 더욱 활발해진다. DMN이 활성화되면 지금까지의 수집된 정보를 평가해서 새로운 아이디어와 연결하는 힘을 발휘한다. 일을 선택한 당신이 휴식을 취해야 하는 이유는 여기에 있다. 휴식은 다음을 위한 준비 시간인 것이다. 5분이면 된다. 당신의 정신건강을 위해 5분 정도만 투자하면 그 힘으로 계속 나아갈 수 있다.

또한 '멍 때리기'는 생각을 비우는 데도 효과적이고 마음을 안정시켜주는 역할을 한다. 시간이 없다고 말하는 워킹맘에게 5분 정도 복잡한 뇌를 힐링 할 수 있는 '멍 때리기'가 정말 좋은 휴식이 될 수 있다.

넷째, 집 안의 숨은 공간을 찾아 아지트를 만들어라.

워킹맘에게 집은 일의 연장선이다. 집에 돌아와도 제대로 쉴 수 없는 것이 워킹맘의 삶이다. 많이 지친 날은 차에서 쉬었다 들어가곤 했는데, 나의 정신건강을 위해 보다 적극적인 방법을 선택하기로 마음먹었다.

일을 선택한 여자들은 이기주의자가 될 필요가 있다. 자신의 피로가 해소되어야 가족에게 최선을 다할 것이고, 그래야 모두 행복할 수 있기 때문이다.

망설이지 말고 방해와 간섭이 없는 자신만의 공간을 물색해라. 나의 경우는 가족들이 잘 들어오지 않는 옷 방 한쪽을 정리하고 아지트로 만들었다.

내가 이 공간에 머물 때는 어떤 경우에도 방해하지 말라고 가족들에게 공표했다. 만약 당신이 이 방법을 쓰고자 한다면 어떤 저항이 들어와도 당신이 정한 시간을 끝까지 사수해야 한다. 한두 번의 예외 상황이 만들어지면 당신의 아지트는 그 기능을 상실할 것이기 때문이다. 처음부터 많은 시간을 사수하려고 하면 오히려 역효과를 가져올 수 있다. 5분, 10분, 15분씩 조금씩 늘려가는 것이 현명한 방법이다.

이제는 워킹맘의 시대다. 오직 자신만 생각해라. 당신이 행복하게 일하기 위해서 휴식은 반드시 필요하다. 휴식 시간이 길어야 하는 것도 아니다. 중요한 것은 휴식의 질이다. 짧은 시간이라도 자신에게 오롯이 집중할 수 있는 시간을 당당하게 허용해 보자. 일을 선택한 당신은 충분히 그럴 자격이 있다.

여러 개의 다리로 우아하게 걷는 방법

다리가 많은 수잔이 살고 있었다. 그녀는 정확하게 365개의 다리를 가지고 있었다. 그 많은 다리를 가졌지만 한 번도 엉키지 않고 스르륵 스르륵 언제나 자연스럽게 움직일 수 있었다. 그녀의 관심사는 오직 이웃 마을에 사는 케빈에게 있었다. 그가 보고 싶을 때면 수잔은 자연스럽게 다리를 움직여 그를 보러 가곤 했다.

케빈을 보러 가는 길목에는 제시의 집이 있었다. 제시는 춤을 추듯이 걸어가는 수잔의 모습이 너무 부러워 따라 해 보려고 노력했지만 허사였다. 화가 난 제시는 수잔을 시샘했고, 어떻게 하면 수잔을 괴롭힐 수 있을지 생각했다.

"넌 어떻게 그렇게 많은 다리를 가지고도 전혀 엉키지 않고 걸을 수 있니?" 어느 날 제시가 수잔에게 물었다.

"어? 한 번도 생각해 보지 않았는데……."

"그래? 그렇다면 네가 어떻게 걷고 있는지 한 번쯤은 생각해 보는 것이 좋을 거야."

"음. 그러니까 걸을 때는 왼쪽 첫 번째 발을 먼저 앞으로 옮기고, 그 다음에 두 번째 오른쪽 발을 앞으로 옮기고, 세 번째 왼쪽 발을 아니 네 번째 왼쪽 발을 먼저 옆으로 옮겼나? 아니다 세 번째 왼쪽 발을…."

다리가 많은 수잔은 생각할수록 발이 좌우로 앞뒤로 제각기 움직이기 시작했고, 급기야 발이 엉켜 걸을 수가 없었다. 수잔은 자신이 어떻게 걸었는지 생각하면 할수록 걷는 방법이 도무지 생각나지 않았다. 결국 수잔은 걷는 방법을 잊어버려 사랑하는 케빈을 다시는 볼 수 없게 되었다.

일을 선택한 여자도 수잔과 같은 일을 종종 겪곤 한다. 워킹맘 L은 퇴근 후 집에 갈 생각만 하면 머리가 아파진다. 온종일 회사 업무에 시달려 집에 가서 편하게 쉬고 싶은 마음은 굴뚝같으나, 현실은 기대와 너무 다르기 때문이다. 집에서도 회사와 같은 고달픔의 연속이다. 터울이 많이 나는 늦둥이를 둔 세 아이의 엄마이기 때문이다. 아이들을 사랑하고 보고 싶은 마음이 없는 것은 아니다. 그저 업무적 피로가 육아에 대한 부담감으로 이어졌을 뿐이다. 이 부담감이 아이들을 돌보는 것이 행복이 아니라 해야 할 일의 연장이라고 뇌에서 저장되어 버렸고, 뇌는 자연스럽게 퇴근 후에도 또 다른 일을 해야 한다고 생각하기 시작했다. 그렇게 육아는 행복이 아니라 부담으로 자리 잡았다. 이런 상황이 반복되자 L은 결혼생활에 대한 회의가 들고, 적극적으로 육아에 동참하지 않는 남편에 대한 원망의 마음마저 생겼다. 때로는 아이들이 아프거나 다치면 잘 보살피지 못했다는 자책감에 '내가 엄마가 맞나?' 싶을 정도로 자포자기하고 싶은 마음까지 만들어냈다.

워킹맘 S는 회사에서 중요한 업무를 맡고 있다. 퇴근 후 집에 돌아와도 머릿속에 업무가 떠나지 않는다. 어떻게 해서든 이번에는 제대로 일을 해서 회사에서 인정받고 싶은 마음뿐이다. 그러다 보니 퇴근 후에 몸은 아이와 함께 있지만, 머리는 회사 일로 가득 차 있는 경우가 다반사다. 회사 업무에 관해 골똘히 생각하고 있을 때 아이나 남편이 생각의 흐름을 방해하면 버럭 화가 난다. 이러한 예민한 상태는 도통 풀어지지 않는다.

그러다 남편이나 아이가 S의 기분을 살피면 그 모습에 미안한 마음이 들어 또 다시 자책하게 되는 것이다. 이런 마음이 '일이면 일, 육아면 육아 둘 중의 하나만 선택해야 하는 것이 맞지 않나?'라는 생각마저 들게 만들었다.

일을 선택한 여자에게 육아란 그야말로 전쟁이다. 누군가는 말한다. 둘 중의 하나만 선택하라고, 욕심 부리지 말라고 말이다. 그러나 육아도 잘하고 싶고, 일도 잘하고 싶은 그녀들의 마음을 욕심이 많은 것으로 치부하고 탓할 수만은 없다. 그것은 욕심이 아니라 자신의 삶에 대한 선택의 문제이기 때문이다.

문제는 자신이 선택해 놓고도, 반복되는 일과 육아에서 행복을 느끼지 못하는 것이다. 잘하려고 하면 할수록 뭔가 미궁으로 빠지는 느낌을 지울 수 없다. 이런 감정이 자신의 선택을 의심하게 만든다. 만약 당신도 그렇다면, 다리가 많은 수잔을 떠올려 보라. 많은 다리를 가지고도 자연스럽게 걸었던 그녀가 왜 걷지 못하게 되었을까? 어떤 일을 할 때 생각은 더 좋은 선택과 행동을 할 수 있게 만들어 준다. 그러나 일을 선택한 여자에게 일상에서의 지나친 생각은 오히려 독이 되는 경우가 많다.

한참 육아에 힘든 후배가 질문을 해왔다.
"아이 셋을 키우면서 어떻게 그렇게 활발하게 활동하세요? 정말 둘 다 잘하고 싶은데 요즘은 뭐가 중요한지 모르겠어요. 일이면 일, 육아면 육아 하나만 선택해야 하나 싶기도 하고. 비결 좀 알려 주세요."

그러면 나는 입버릇처럼 말하곤 한다.

"비결? 그런 것 없어. 생각 많이 하지 말고 너무 잘하려고 하지 마. 그러면 빨리

지쳐. 단순하게 한 번에 하나씩 하는 거야. 집에 오면 아이만 생각하고,

일터에 가면 아이는 잊어버리고 일에만 몰두하는 거지.

그래야 숨 쉬면서 오래 일할 수 있어."

이는 결혼 후 지금까지 손에서 일을 놓지 않고 초등학교, 중학교, 고등학교 3명의 아이들을 키우면서 터득한 나만의 경험이다. 아이들이 어렸을 때, 일터로 나오면 집에 전화를 걸지 않았다. 가장 힘들었던 것은 아픈 아이를 두고 나왔을 때다. 아이들의 특징 중 하나가 밤에 탈이 많이 난다. 낮에 멀쩡하다가도 밤이 되면 열이 펄펄 끓어오르기 시작하는 것이다. 새벽에 아픈 아이를 안고 응급실로 뛰어간 것이 몇 번이던가. 밤새 오르내리는 열과 사투를 벌이고도 아침에 출근하면 아이는 생각하지 않는다.

아니 생각하지 않으려고 더 열심히 일에 몰두했다. 독한 엄마라고 생각되는가. 그렇지 않다. 아이를 생각하면 머리가 복잡해지고, 일에 집중할 수 없게 되어 부정적인 감정에 끌려 다닐 수밖에 없다. 이렇게 감정이 앞서면 자신의 선택에 의심을 하게 된다. 자신의 선택을 의심하기 시작하면 모든 것이 뒤틀어지기에 십상이다. 이럴 땐 오히려 아이는 잠시 뒤로하고 일에 몰두하는 것이 상책이다. 어차피 아이에게 문제가 생기면 엄마인 나에게 전화가 올 테니, 오히려 전화가 오지 않는 상황에 감사하며 일에 몰두하는 것이 정신건강에 더 이롭다. 일을 선택한 당신이 오랫동안 행복하게 일을 하려면 기억해야할 것이 있다.

단순하게 한 번에 하나씩!

이것은 여러 가지 역할을 동시에 하면서, 일도 잘해야 살아남는 여자들에게 반드시 필요한 전략이다. 워킹맘으로 18년을 살아오면서 잘하고 싶다는, 잘해야 한다는 생각이 나를 늘 주춤하게 했고, 생각과는 다른 현실은 감정적으로 나의 발목을 잡았다. 이 세상에 완벽한 사람은 없다. 다 잘하고 싶다는 것은 반대로 어느 것에도 집중할 수 없다는 의미이기도 하다.

첫째가 다니는 학교에 두 번이나 불려간 적이 있다. 한 번은 학내 왕따 문제로, 또 한 번은 무리를 지어 다니는 친구들과의 문제로 불려갔다. 친구들과의 문제로 담임 선생님과 대화하면서 내 욕심이 아이에게 엄청난 압박감을 주고 있었다는 것을 깨달았고 그제야 다 잘해야 한다는 마음을 내려놓을 수 있었다.

엄마는 아이 앞에서 한없이 약해진다. 특히 일을 선택한 엄마들은 자신도 모르는 사이에 아이에게 빚진 마음으로 살아간다. 그러나 아이의 문제는 당신 때문이 아니다. 첫째 문제로 학교에 불려갔을 때, 전업주부인 엄마들도 그 안에 있었다. 엄마가 집에서 아이를 돌본다고 해서 아이에게 문제가 없는 것이 아니라는 말이다. 이 세상 모든 아이들은 문제 속에서 성장한다. 당신도 그렇게 성장했고, 당신의 아이도 그렇게 성장하고 있다.

365개의 다리를 가지고도 걸을 수 없게 된 수잔을 통해 힌트를 얻기를 바란다. 많은 다리로 춤을 추듯이 걸을 수 있었던 수잔이 걷지 못하게 된 이유가 무엇일까. 일상에서 일어나는 일들을 하나씩 따지고 들여다보면 모든 것이 문제로 보이기 시작한다.

일을 선택한 당신도 마찬가지다. 일과 육아를 동시해 잘 해내고 싶은 마음은 충분히 이해한다. 그러나 마음만큼 현실은 녹록지 않다. 일은 일대로, 육아는 육아대로 당신 마음에 드는 것이 하나도 없을 수도 있다. 이럴 땐 무엇이 문제인지 생각하지 말고 무언가 잘못되었다도 자책하지 말자. 머리가 복잡해질수록 문제가 더 크게 느껴지기 마련이니까.

이럴 땐, 복잡한 생각을 멈추는 것이 득이 된다. 일도, 육아도 하루아침에 간단히 해결되는 문제가 아니다. 그렇다고 영원히 해결되지 않는 문제도 아니다. 여자에게 일과 육아란 산을 오르는 것과 같다. 정상만 보면서 '언제 저기까지 가나' 생각하기 시작하면 정상에 도착하기도 전에 지쳐버린다. 정상에 올라간 사람들도 한 단계, 한 단계 오르고 올라 정상에 도착했다. 한 단계 한 단계 앞만 보고 나아가면 문제는 보이지 않는다. 오히려 한 번에 처리하려고 하는 생각이 문제를 만든다.

다리가 많은 수잔을 보라. 사랑하는 케빈만 생각하며 길을 나섰을 때는 아무 문제가 없었다. 오히려 사랑하는 사람을 만날 수 있다는 행복감에 쌓여 있을 뿐이었다. 그런데 '어떻게 걸었을까' 고민하기 시작하자 모든 것이 엉망진창이 되어 버렸다. 더불어 수잔의 행복도 산산조각이 났다. 수잔의 상황이 일과 육아로 고군분투하는 워킹맘의 상황과 유사하다고 느껴지지 않는가.

단순하게 한 번에 하나씩! 당신이 일을 선택한 여자로, 엄마로, 아내로 행복하게 살고 싶다면 일상이 주는 여러 가지 복잡한 생각을 잠시 멈추는 것도 득이 된다. 그리고 지금 있는 그 공간, 함께 있는 사람에게 충실 하라.
그것이 일과 육아를 즐길 수 있는 최선의 방법이다.

현실적으로 '공평한' 육아는 없다

' 2018년 통계로 보는 여성의 삶'을 여성가족부와 통계청이 발표했다.
이 자료에서 여성의 삶은 많이 일하고, 여가는 한참 부족한 것으로 나타났다. 특히
눈에 띄는 것이 대학 진학률이다. 여성이 남성보다 대학 진학률이 높지만, 고용률을
보면 여성이 남성보다 크게 뒤지는 것으로 조사되었다.

이렇게 어렵게 취업이 되었다 하더라도 결혼을 하면 여성의 삶은 또 달라진다. 결혼 후 육아휴직을 신청한 여성들은 73,412명으로 남성 육아휴직자 3,421명에 비해 월등히 높은 비중을 차지하고 있다. 이는 사회가 많이 바뀌었다 하더라도 여전히 육아는 '여성의 몫'이라는 현실을 그대로 반영해 주고 있다.

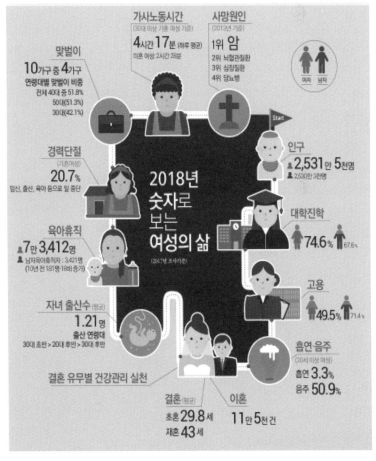

[출처 | 여성가족부 통계청]

그래서인지 요즘 인터넷에 '독박 육아'라는 단어가 심심치 않게 나오고 있다. 독박 육아는 신조어로 '남편 또는 아내의 도움 없이 혼자 육아를 도맡아 하는 것'을 말한다. 육아에 대한 도움을 받고 싶은 엄마들이 SNS를 통해 정보를 주고받으며 '독박 육아'란 신조어는 정말 빠르게 퍼져나갔다. 따지고 보면 독박 육아는 어제오늘 일은 아니다. 과거 우리 어머님 세대에서도 독박 육아는 존재했고, 그것이 지금까지도 쭉 이어지고 있다. 한마디로 여자에게 육아는 과거, 현재, 미래에도 여전히 '현재 진행형'이라는 것이다.

과거에는 남자가 생계를 책임지고 여자가 아이를 키우고 살림하는 것이 일반적인 가정의 모습이었다. 그런데 여자들이 일터로 나오기 시작하면서 갈등이 시작됐다. 남자들은 여전히 생계를 책임지는 가장의 역할에 올인해 충실히 하고 있지만, 여자들의 상황은 사뭇 다르다. 일터의 근로자로 진출했지만, 여전히 '육아', '가사'는 여자들에게 정신적, 육체적으로 많은 부담을 주고 있는 것이 현실이다.

아이 셋을 키우고 있는 나 역시 그 부담에서 벗어날 수 없었다. 그런 내게 가부장적 사고가 투철한 5살 아래 남동생이 "뭐가 그렇게 힘들다고 그래. 그게 여자의 삶이야. 지금 세상이 얼마나 편해. 빨래는 세탁기가 하고 청소는 청소기가 하고. 누나는 애들도 엄마가 키워주잖아. 예전에 엄마는 물 길어다 빨래하고… (중략)."

어이가 없었다. "너는 결혼하지 말고 혼자 살아라. 남의 집 귀한 딸 너 같은 남자 만나면 고생한다. 너 같은 사람을 삼엽충(구시대의 화석)이라고 해."라고 했더니 멋쩍게 입을 다문다. 아무리 세상이 달라지고 사람들의 인식이 달라졌다 하더라도 일을 선택한 여자의 삶은 현실과는 너무 동떨어져 있다.

아이들이 어려 한참 육아 전쟁을 치를 때 바쁘다는 이유로 집에 소홀한 남편에게

불만을 토로했더니 "나 같이 잘 도와주는 남편이 어디 있냐?"란다. 너무 황당해서 "지금 도와준다고 했어? 그럼 나도 도와주는 차원으로 해 볼까?" 대답하니, 남편이 어이없다는 표정으로 쳐다본다.

 남편이 잘 '도와주는 것'은 사실이다. 그러나 '육아', '집안일'이 자신의 일이라고는 생각하지 않는 것이다. 그렇다면 누군가에게 맡기기엔 너무나 중요한 '육아'는 어떻게 해결해야 할까. 일을 선택한 여자들은 어떻게 하면 육아 스트레스에서 벗어 날 수 있을까?

 부부 사이에서 육아 문제는 '상대적 힘듦'에서 출발한다. 먹고사는 문제가 해결된 세대에 태어난 지금의 엄마들은 과거 어머님 세대 보다 훨씬 풍요로운 환경에서 자라났다. 여자라고 차별받는 일도 드물다. 그러나 배울 만큼 배우고 사회에서 성취감을 맛본 여자들이 결혼하고 엄마가 되는 순간, 처음으로 사회와 단절되는 고립을 경험한다. 평온했던 일상이 하루아침에 바뀌어 버리는 것이다. 이러한 차별에 적응할 시간도 갖기 전에 180도 바뀐 현실의 일상이 두렵고 힘든 것은 너무나 당연한 일이다.

 이런 독박 육아는 전업주부, 워킹맘을 가리지 않는다. 전업주부는 전업주부라는 이유로 육아와 가사를 온전히 책임져야 하고, 워킹맘은 회사와 집을 오가며 그야말로 몸이 두 개라도 모자랄 정도로 동동거리며 하루하루를 보내야 한다. 내가 '나도 공부할 만큼 했고, 일로써 인정도 받았던 사람인데 왜 나만 이렇게 육아에 시달려야 하나'라는 생각이 들기 시작하면 감정의 화살은 고스란히 남편에게 향하곤 했다. 그러나 남편은 남편대로 이유가 있는데, 아내의 감정 화살이 자신에게 일방적으로 쏟아지면 억울한 마음이 들 수밖에 없다. 육아 스트레스로 인한 감정이 폭발한 어느 날 남편이 말했다.

"우리 둘 다 너무 힘드니, 내가 퇴사하고 집에서 아이를 돌볼게. 당신이 일해. 어때?"

순간 가슴이 철렁했다. '어. 내가 원한 건 이런 게 아니었는데…'

사뭇 진지한 남편의 얼굴을 보며 육아라는 장기전을 현명하게 보내지 않으면 둘 다 상처받을 수 있고, 승자는 없고 패자만 남을 수 있는 것이 '육아'라는 것을 그때야 새삼 깨달았다.

육아에 정답은 없지만, 내가 수많은 시행착오 끝에 얻어낸 결론은 서로의 '차이'를 인정하는 것이다. 여자와 남자는 태생부터 다르게 태어났기 때문에 차이를 인정하지 않고는 평화롭게 공존하기가 어렵다. 당신이 원하든 원치 않던 인류가 시작되면서부터 생물학적으로 힘이 센 남자들이 사냥했고, 여자들은 집에 남아 아이들을 돌보는 일에 최적화되었다.

이런 생활이 수천 년 동안 반복적으로 이어져 오늘에 이르렀고, 이러한 시간의 경험이 비롯되어 여자들이 특별히 훈련을 받은 것도 아닌데 남자들보다 육아를 더 잘하는 비결이 되었다. 이것이 때로 남자들에게는 '아내가 훨씬 잘하니까, 아이가 엄마만 찾으니까'라며 육아를 회피하는 기회로 사용되기도 한다. 이를 방지하기 위해서는 남편이 '내가 도울게'라는 말 대신 육아는 원래 부부 공동의 책임이란 사실을 깨닫게 하고, 남자들이 가지고 있는 특성을 이용해 가정에 최적화되도록 지혜롭게 트레이닝 시켜야 한다.

나는 30년간 부부들을 위한 상담 센터를 운영하며 이혼 위기에 놓인 부부들에게 해법을 제공한 **존 그레이**[John Gray] **박사**의 저서 〈화성에서 온 남자, 금성에서 온 여자〉를 읽고 남자들의 특성을 이해하는데 많은 도움을 받았다. 특히 남녀의 언어는 남편을 가정의 일에 최적화되도록 트레이닝 하는데 중요한 정보로 사용되었다. 그 중 몇 가지를 공유하고자 한다.

첫째, 남자들은 스스로 통제할 수 없는 일에는 흥미를 느끼지 못한다.

그런데 육아에 있어서 여자가 주도권을 가지고 '이거 해줘', '저거 해줘'라는 상황을 만들면 남자의 입장에서는 불편하고 힘든 일이 된다. 이것이 반복되면 남자는 "또 잔소리 시작이야."로 받아들이기에 십상이다. 눈치 챘는가? 일을 선택한 당신은 현명해질 필요가 있다. 육아 분담을 할 때 혼자서 할 수 있는 일들을 찾아 남자에게 맡겨라. 예를 들면 아이 장난감 수리, 집안 고치는 일, 청소, 운전, 큰 짐 옮기기, 아기 목욕시키기, 목록이 있는 장 봐오기, 그릇 닦기 등 찾아보면 남자 혼자서 통제권을 가지고 할 수 있는 일이 많을 것이다. 존 그레이 박사에 의하면 남자들은 망가진 것을 고치거나 만들 때 행복지수가 상승한다고 했다. 무언가를 보살피고 돌보는 것은 남자들에게 너무 어려운 일일 수 있다. 이런 남자의 특성을 이용해라. 이때 중요한 것은 남자가 한 일의 결과에 대해서 절대 타박해서는 안 된다. 타박하는 순간 남자는 통제 당한다고 생각하고, 더 협조하지 않을 수 있다. 혹시 결과가 마음에 안 들면 웃는 얼굴로 세부적인 단서 조건을 붙이면 된다.

둘째, 남편의 성격을 이해하면 좋은 시너지를 낼 수 있다.

남편은 뭔가를 조사하는 것에 흥미가 있다. 이런 남편의 성격을 알고부터 복잡했던 나의 뇌는 휴식을 취할 수 있는 시간이 생겼다. "여보, 카메라 바꿔야 해요. 하나 사줘요. 들고 다니기 무겁지 않고, 화질 좋은 것으로 다음 달 10일까지 부탁해요." 이때부터 남편은 신바람이 난다. 인터넷을 샅샅이 뒤져 조사가 끝나면, 나를 데리고 실물을 보러 간다. 솔직히 말하면 이 순간만큼 남편이 멋져 보인 적이 없다. 남편은 프로답게 상품의 번호로 직원들과 소통한다. 언빌리버블! 그 장면은 아무리 봐도 신기하고 남편이 존경스럽기까지 하다. 그렇게 물건이 손에 들어오면 나는 그저 "우와~. 역시 너무 좋아. 당신의 선택이 옳았어!"를 무한 반복하면 된다. 그러면 남편의 얼굴에 '나 멋있지!'라는 미소가 돈다.

일을 선택한 여자는 남자의 특성, 남편의 특성을 잘 이해할 필요가 있다. 행복한 가정을 위해 서로 노력해야 하는 운명적 동지로서 서로에게 최적화될 수 있는 방법을 찾았을 때 마음의 평화를 얻을 수 있기 때문이다.

나는 독박 육아라는 단어를 좋아하지 않는다. 독박 육아라는 프레임은 '육아는 힘든 것'이라고 생각하게 만들기 때문이다. 독박의 독자는 홀로 독(獨)으로 혼자 모든 것을 책임진다는 뜻이다. 이를 육아에 적용하면 오롯이 엄마와 아이 둘이서 애착을 다질 수 있는 시간이 육아를 통해 확보된다는 것이다. 아이 셋을 키우다 보니 아이가 엄마와 함께하는 시간도 잠깐이다. 아이가 초등학교만 들어가도 엄마보다 친구를 더 중요하게 여긴다. 이 말은 워킹맘이 독박 육아를 하는 것도 길어야 7~8년이라는 말이다. 어떤 생각이 드는가? 오히려 시간이 짧다고 느껴지지 않는가?

아이들 초등학교 반 모임에 가면 "아이에게 배신당했다", "애가 그럴 줄 몰랐다"라는 반응을 보이는 엄마들이 종종 있다. 나 아니면 안 되는 줄 알았는데 어느새 커서 엄마는 2순위, 3순위로 밀려나는 허탈감을 맛보는 것이다. 당신의 아이는 예외일 것 같은가? 생각해 보라. 당신이 학교에 다녔을 때 친구가 어떤 존재였는지를 말이다. 아이에게 친구는 정말 소중한 존재다. 엄마의 손길이 절실히 필요한 것도 길어야 7~8년이다. 시간은 당신이 생각한 것보다 빨리 간다. 후회가 남지 않도록 그 시간을 충분히 즐겨라. 따지고 보면 육아가 힘들기만 한 것은 아니지 않는가.

일을 선택한 당신이 열심히 일하는 것도 아이 때문이고, 함박웃음을 짓는 아이의 얼굴과 재롱을 보면서 시름을 잊는 것도 육아가 주는 즐거움이다. 그렇기에 워킹맘들은 누구보다 지혜롭고 현명하게 시간을 보낼 필요가 있다. 남편과는 인생의 동반자로 육아를 통해 서로를 이해할 수 있는 장이 되고, 아이와는 육아의 즐거움으로 인생의 든든한 지원군, 응원군을 얻을 수 있으니 말이다.

2장

내 인생의 봄날은 지금이다

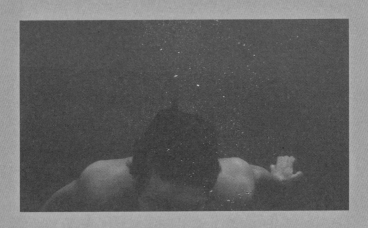

그 누구도 당신의 동의 없이
당신이 열등하다고 느끼게 만들 수 없다.

엘리노어 루즈벨트 Anna Eleanor Roosevelt

B급 며느리로 살아가기

"인기가 있다고 갑자기 모범이 되는 것은 모순입니다.
모범이라는 단어는 제가 매우 싫어하는 것이죠. 앞으로도 누군가의
모범이 되고 싶은 생각은 없습니다.
그저 우리 직업이 광대 같은 것이어서 즐거움을 주고 싶을 뿐입니다."

가수 **싸이**가 '강남스타일'로 인기가 있을 때 한 기자회견에서 인터뷰한
내용이다. 모두가 모범을 향해 달려가고 있는 분위기에서 당당하게 모범이
되기 싫다고 말하는 싸이의 말이 신선하게 다가왔다.

2012년 가족들과 여수엑스포 여행 중 우연히 싸이의 공연을 본 적이 있다.
공연 내내 입을 벌리고 '강남스타일'을 지켜보며 문화적 충격에 빠졌다.
누가 시킨 것도 아닌데 수백 명의 관객이 한 몸이 되어 말 춤을 추는 장면은
그야말로 장관이었다. 이런 싸이가 자신은 'B급 문화를 지향한다' 고 당당히
자신의 소신을 밝혔다. 이런 당당함은 자신이 원하고, 추구하는 바를 정확하
게 알고 있기 때문에 가능한 것이다.

싸이의 표현을 빌리자면 나는 B급 며느리다. 아니 정확하게 표현하면 B급
며느리를 지향한다. 인정받는 며느리, 사랑받는 며느리는 처음부터 원하지
않았다. 시어머니와 며느리는 남편이 매개체가 되어 형성된 관계이다.
서로 애틋한 과거도 없다. 내가 B급 며느리를 지향하는 이유가 여기에 있다.
가슴 시린 애틋한 과거도 없고, 남편이 매개체가 되어 만들어진 관계이지만
누구보다도 잘 지내야 하는 것이 시어머니와 며느리다.

오로지 며느리라는 임무를 잘 수행하기 위해서 나는 시어머니와 적당한 간격을 두며 18년을 보냈다. 그럼에도 시어머니와 고부갈등은 없다. 주변에서는 시집살이 안 시키는 시어머니를 만나 '복' 받았다고 말한다. 그런 의미라면 틀림없이 나는 '복'을 제대로 받은 며느리다. **'복'**은 국어사전에 **'삶에서 누리는 좋고 만족할 만한 행운, 또는 거기서 얻는 행복'**이라고 나와 있다. 그런데 삶에서 누리는 좋고 만족할 만한 행운이 어디 거저 얻어지는 것인가.

워킹맘 K는 최고의 며느리다. K의 시어머니는 며느리 칭찬이 자자했다. 누가 봐도 시어머니와 K의 사이는 보통의 고부 관계를 넘어선 아름다운 만남이었다. 그런 K가 요즘 시댁과의 전쟁이 한창이다. K의 예전 같지 않은 행동을 보며 '사람이 변했다. 그렇게 변할 줄 몰랐다. 단물만 쏙 빼먹고 나 몰라라 한다. 무섭다.' 등 주변에서 끊임없이 K를 향한 험담이 나오고 있다. 그러나 정작 K의 반응은 다르다.

"결혼해서 20년 넘게 시댁에 최선을 다했으면 이제는 좀 쉬어도 되지 않나. 다른 며느리들도 있는데 왜 나만 최선을 다해야 하나. 내가 언제까지 이러고 살아야 하나." 억울하고 분통이 터진다는 반응이다. 왜 이런 상황이 벌어졌을까? 사람들은 일관성 없는 사람을 신뢰하지 않는다.

비즈니스에서도 일관성이 없는 사람은 기피 대상 1호이다. 늘 보이던 행동을 하지 않는 것이 상대방 입장에서 보면 일종의 배신으로 느껴지기 마련이다. 그렇기 때문에 K의 예전 같지 않은 행동은 시어머니 입장에서 보면 '배신'이고 '반란'이 되는 것이다. 예로부터 사람들은 배신자를 철저히 응징해 왔다. K의 입장에서는 억울한 일이지만, 배신자를 대하는 주변의 반응은 어쩌면 당연한 걸지도 모른다.

이것 또한 내가 B급 며느리를 지향하는 이유이다. 처음부터 끝까지 일관성을 유지할 수 없다면 처음부터 최선을 다하지 않는 것이 서로의 정신건강에 좋다. 애틋한 추억도 없고 속속들이 마음을 알 수도 없는 관계에서 처음부터 과도한 에너지로 최선을 다하면 부작용이 생길 수도 있기 때문이다. 끝까지 무슨 일이 있어도 변치 않고 최선을 다할 수 있는 사람이라면 그렇게 하면 된다. 고부 관계에서 그것보다 더 좋은 것은 없다. 그러나 좋은 관계를 유지하는 것이 어디 그렇게 쉬운 일인가. 수시로 변하는 것이 사람의 마음인데. 나도 내 마음을 모르는데, 상대방이 어찌 내 마음을 헤아릴 수 있겠는가. 그래서 관계에서는 싸이처럼 B급 전략도 필요한 것이다. 나의 경험에 따르면 관계에서 최선을 다하는 A급 보다, 적당히 간격을 두고 완급을 조절하는 B급이 서로에게 도움이 되었다. 많은 시간을 함께해야 하는 관계라면, 더욱더 적당한 간격을 두고 완급조절을 하는 것이 필수이다.

'무조건 최선을 다한다?'

이것이야말로 소중한 사람과의 관계를 망치는 지름길이 될 수도 있다. 나는 살가운 며느리는 아니지만, 형식적인 도리만 하는 며느리가 되기는 싫었다. 가족은 내 마음대로 선택할 수 있는 범주의 것이 아니지만, 시댁하고의 관계는 나의 선택으로 더 원활히 만들어 갈 수 있다고 믿었다. 단 그 관계는 오래도록 유지되어야 하고, 서로가 행복해야 한다는 전제조건을 바탕으로 한다. 그것이 시댁이든 친정이든 비즈니스 관계든 말이다. 장남인 남편을 둔 워킹맘인 나는 시댁 일에 최선을 다할 수 있는 환경도 아니었고, 그럴 자신도 없었다 . 그래서 선택한 것이 'B급 며느리 전략'이었다. 최선을 다하다가 K처럼 제풀에 쓰러져 상대방을 원망하고 싶지 않았기에, 내 마음을 전달 할 수 있는 것들을 찾아내 내 페이스대로 밀고 나갔다.

자주 찾아뵙지 못하고, 자주 전화하지 못 하는 것에 대한 마음은 시부모님이 생활하는데 불편한 것들을 먼저 찾아내어 남편과 상의하는 것으로 대체했다. 장남인 남편에 대한 시어머니의 애정이 각별한 것을 알기 때문에 남편이 아들 노릇을 할 수 있는 기회를 의도적으로 만들었다. 그리고 항상 결과는 모두가 승자가 되는 아름다운 마무리로 끝난다. 나는 그저 한없이 부러운 눈빛과 뉘앙스로 시어머니에게 이렇게 말하면 된다. "어머니, 수민이 아빠 같은 아들 있어서 든든하시겠어요." 이 한마디에 시어머니 얼굴에는 함박웃음 꽃이 핀다.

 물론 남편의 괜찮은 아들 노릇에 들어가는 비용은 내가 지불하는 경우가 많다. 그러나 굳이 생색내지 않아도 시어머니의 애정 어린 시선이 나에게도 온다. 괜찮은 아들을 둔 어머니와 그 어머니를 부러워하는 며느리, 이것이 시어머니의 마음을 너그럽게 하고, 어깨에 힘이 들어가게 한다는 것을 나는 너무나 잘 알고 있다.

"있다고 다 보여주지 말고, 안다고 다 말하지 말고,

가졌다고 다 빌려주지 말고, 들었다고 다 믿지 마라."

셰익스피어의 〈**리어왕**〉에 나오는 말이다.

 고부 관계도 그렇다. 알고 있는 것을 미주알고주알 공유해도 오해가 생긴다. 있는대로 다 보여주고, 빌려주면 나중에 쓸 수 있는 것이 없다. 중요한 것은 서로에게 지치지 않고, 어떻게 하면 오래도록 함께 할 수 있을 것인가에 초점을 맞추는 것이다.

 비즈니스를 하다 보면 모든 것을 한방에 쏟아 붓고 제풀에 지쳐 쓰러지는 사람을 만나곤 한다. 복잡한 시대에 사는 우리는 자기가 원하는 대로 인간관계를 맺으며 살아가기 어렵다. 자신이 원하는 대로 시작했으나 환경, 상황, 사람이 내가 원하는 대로 움직여주지 않으니 얼마 못 가 이 핑계 저 핑계를 대며 불만이 생기는 것이다. 누군가 한 사람이라도 불만족스러운 관계는 오래 유지되기가 어렵다. 그렇다면 행복한 관계를 만드는 핵심이 어디에 있는지 세계적인 심리학의 거장 아들러의 혜안을 빌려보자.

"남의 이목에 신경 쓰느라 현재 자신의 행복을 놓치는 실수를 범해선 안 된다. 내가 아무리 잘 보이려고 애써도 나를 미워하고 싫어하는 사람은 반드시 있기 마련이니 미움 받는 것을 두려워해서는 안 된다."

출판업계의 불황에도 80만부가 넘는 판매량을 기록한 아들러^{Adler}의 저서 『미움받을 용기』의 한 대목이다. 관계의 핵심은 **'남의 이목을 신경 쓰느라 현재 자신의 행복을 놓치는 실수를 범해선 안 된다'**에 있다.

이 말은 누군가의 이목 때문이 아니라 자신이 허용할 수 있는 만큼 소신으로 행동해야 서로 행복한 관계를 만들 수 있다는 말이기도 하다. 남의 시선이 무엇이 중요한가. 결국 자신의 행복은 자신이 만드는 것이다. 자신이 행복하지 않으면 결코 좋은 관계도 유지될 수 없다. 만약 당신이 행복하지 않은 관계를 유지하고 있고, 점점 지쳐가는 상황이라면 어떻게 해야 할까. 이 역시도 아들러의 혜안을 빌려보자.

"생활양식을 바꾸려 할 때 우리는 큰 '용기'가 필요하다네. 변함으로써 생기는 '불안'을 선택할 것이냐. 변하지 않아서 생기는 '불만'을 선택할 것이냐. 자네가 불행한 것은 과거의 환경 탓이 아니야. 자네는 그저 '용기'가 부족한 것뿐이야."

당신이 관계에서 불편함을 느끼고 있다면, 최선을 다하는 가운데 지쳐가고 있다면, 아들러의 말처럼 변하지 않는 불만에 쌓여 스트레스를 받는 것보다 용기를 내어 불안을 선택하는 것이 더 이로울 수 있다. 불안은 환경을 자신이 원하는 대로 바꾸어 나갈 때 나타날 수 있는 상대방의 저항을 말한다. 대부분 이 저항을 극복하지 못해 불만이 쌓인 채로 갈등이 고조되는 것이다. 이런 상황을 원치 않는다면 당신은 그저 자신의 페이스대로 상황을 밀고 나갈 수 있는 용기를 내면 된다. 관계에 있어서 최선을 다하는 것이 무엇 때문이고, 누구를 위한 일인가를 먼저 생각하면 용기를 낼 수 있다. 분명한 것은 자신이 먼저 행복해지지 않으면, 그 누구도 행복하게 할 수 없다는 것이다. 인생이라는 긴 경주에서 언제나 최고, 최선만이 답은 아니다. 오히려 관계에서는 차선을 선택하는 것이 서로에게 도움이 될 수도 있다. 관계에 있어 B급은 일을 선택한 여자가 할 수 있는 최선의 선택이기도 하다.

　의식적으로 잘하려고 애쓰지 마라. 당신은 단거리가 아니라 장거리를 뛰는 선수이다. 지치지 않는 것이 핵심이다. 당신의 진심을 보여줄 수 있는 방법을 찾아 자신의 페이스대로 용기 있게 밀고 나가자. 당신이 온전해야 상대방도 온전하게 대할 수 있다. 서로 부담스럽지 않게 적당한 간격을 유지하며 완급을 조절하자. 그래야 서로의 마음이 더 잘 보이고 서로를 더 잘 이해할 수 있을 테니 말이다.

배움은 여성의 생각지도를 바꾼다

　결혼만큼 용감한 행동은 없다. 인생에 있어서 이렇게 용감한 행동을
몇 번이나 하겠는가. 오롯이 마음이 시키는 대로 한 남자와 새로운 삶을
시작하겠다고 용감하게 행동한 결과가 바로 결혼이다. 그 엄청난 용기 뒤에
무엇이 있는지 모른 채 말이다.

　결혼을 했지만 알콩달콩 행복한 시간은 오래가지 않았다. 아이가 태어나고,
경제적인 어려움에 부딪히자 부모의 책임감이 무엇인지 피부로 절감해야
했다. 시댁이나 친정에 기댈 처지도 못 되었고, 애초부터 기댈 생각조차
하지 않았다. 무언가에 기대려고 하는 마음은 원망을 만들어 내고, 자신을
불행하게 한다는 것을 잘 알고 있었기 때문이다. 자신에게 닥친 경제적
어려움은 스스로 돌파구를 찾아야 비로소 해방될 수 있다.

　첫째 수민이를 출산하고 21일 만에 대구 출장길에 올랐다. 누가 떠민 것도
아니었고, 온전히 스스로 선택한 결정이었다. 지금에 와서 '왜 그랬을까'를
생각해 보니, 미래에 대한 막연한 두려움이 나를 흔들고 있었다.

　경제적인 어려움으로 한없이 위축될 수밖에 없었던 어린 시절 기억이
'아이에게 대물림될 수 있겠구나!'라는 생각 때문에, 6개월이라는 장기간
출장 의향을 묻는 전화에 앞뒤 가릴 것도 없이 무조건 "할 수 있습니다.
제가 가겠습니다."라는 말이 자동으로 튀어 나왔다.

　"빈곤이 두려운 건, 그것이 세대를 넘어서 후대까지 이어지기 때문입니다.
가난한 부모는 자녀를 만족스럽게 교육시킬 수 없고, 충분히 교육받지 못한
아이들은 가난의 굴레에서 쉽사리 빠져나올 수 없게 됩니다.

현대사회에는 계급이 존재하지 않지만, 빈곤은 연쇄적으로 계승되며, 발목에 보이지 않는 족쇄를 채웁니다."

『배움을 돈으로 바꾸는 기술』의 저자 이노우에 히로유키井上裕之의 말이다. 내가 두려워하는 것의 실체가 무엇인지 정확하게 이해할 수 있는 말이었다. 빈곤의 악순환이 대물림된다는 저자의 말을 당신은 어떻게 생각하는가. 지금 당신의 모습이 그대로 아이에게 대물림된다고 생각해 보자. 어떤 감정이 먼저 드는가.

만약 당신이 지금의 모습에 만족하고, 아이도 그렇게 살기를 바란다면 당신은 축복받은 사람임에 틀림이 없다. 감사하는 마음으로 축복을 충분히 누리며 행복하게 살면 된다. 그러나 당신의 모습이 아이에게 대물림되지 않기를 바란다면, 자신보다 나은 삶을 살아가길 바란다면 지금부터라도 대물림의 고리를 끊을 수 있는 방법을 찾아야 한다. 나는 그 방법을 이노우에 히로유키의 말처럼 배움에서 찾았다.

세상에는 두 종류의 사람이 있다. 하나는 어려움이 있어도 자신의 힘으로 원하는 삶을 개척해 나가는 사람이고, 다른 하나는 요행을 바라거나 누군가에게 기대어 덕을 보려는 사람이다. 당신은 어느 쪽에 가까운가. 자신의 힘으로 개척해 나가는 삶이 아닌 누군가에게 기대어 덕을 보려는 마음은 끊임없이 상대방의 눈치를 보게 만든다. 당연하지 않은가. 다른 사람이 일궈 놓은 풍요는 대가를 치러야만 같이 누릴 수 있는 것이다.

가진 것이 많지 않다고, 도와주는 사람이 없다고 실망하기에는 이르다. 사람은 누구나 자신이 원하는 삶을 살아갈 수 있다. 바로 배움을 통해서 말이다. 속도의 차이는 있겠으나 당신이 포기하지 않는다면 배움은 누구에게나 공평하게 기회를 제공한다.

"뭘 그렇게 열심히 배워. 대단하다."

주변 사람들이 내게 자주 하는 말이다. 내가 대단한 것이 아니라, 그들이 놓치고 있는 것이 있다. 매번 그런 것은 아니지만 배움에 투자한 시간, 노력, 비용은 그에 상응하는 결과를 가져다주었다. 그렇기 때문에 나는 무언가를 배우게 되면 더 나은 삶을 살아갈 수 있을 거라는 믿음이 있었다.

서울여상을 졸업하고 3년 동안 모은 돈을 대학교 등록금에 투자하고 얻은 직장에서 지금의 일(강사)을 할 수 있는 기회를 잡았다. 만약 그때 그 돈을 다른 곳에 썼다면 어떻게 됐을까. 그 당시 친구들은 직장생활을 통해 모은 돈을 결혼자금으로 대부분 사용했다. 그것이 잘못되었다는 것이 아니다. 결혼자금으로 유용하게 사용하였고 만족한다면 그것 또한 좋은 선택이다.

안타까운 것은 사십이 훌쩍 넘은 나이에 후회하는 친구들이다. 지금도 늦지 않았다고 아무리 이야기를 해도 배움을 통해 자신을 성장시킨 경험이 없으니, 부럽기는 하지만 감히 행동으로 옮길 생각조차 못 하는 것이다. 배움을 통해 성장해 본 사람만이 반복적으로 배움에 투자한다. 그것이 좋은 결과로 이어지는 삶의 선순환을 만든다는 것을 잘 알고 있기 때문이다. 이런 의미에서 본다면 나는 축복받은 직업을 가지고 있는 셈이다.

강의 콘텐츠 개발을 위해 읽기 시작한 심리 서적에서 비즈니스의 주체인 '사람'을 이해할 수 있었고 이는 인간관계에 서툴기만 했던 나에게 도움이 되었다. 틈틈이 읽었던 자기계발서를 통해 가랑비에 옷 젖듯이 의식이 바뀌었다. 읽고 싶어서 읽었던 책도 있고, 어쩔 수 없이 읽었던 책도 있었지만 가장 큰 수혜자는 언제나 '나'였다.

삶의 수준을 높이고 싶다면 의식의 수준부터 바꿔야 한다. 그리고 의식의 수준을 바꾸는 가장 손쉬운 방법이 바로 '배움'이다. 어렵게 생각할 필요가 없다. 하루 일과 중 의도적으로 시간을 내어 읽고 싶은 책을 읽는 것도 배움이다.

또한 요즘처럼 SNS가 발달한 세상에서는 관심 있는 것을 찾아 동영상으로 보는 것도 좋은 배움이 될 수 있다. 가까운 지인들과 서로 득이 안 되는 시간 보내기용 수다를 떠는 것이 아니라 세상 돌아가는 이야기를 나누는 것도 배움이고, 유용한 시사 프로그램을 시청하는 것도 배움이다. 마음만 먹으면 얼마든지 새로운 시각으로 세상을 볼 수 있고, 자신을 성장시킬 수 있는 배움의 기회가 널려 있는 게 요즘 세상이다. 이런 혜택을 누릴 수 있는 삶 속에 당신이 존재하고 있다. 무엇을 망설이고 있는가. 무엇이 두려운가. 당신이 누군가의 삶을 부러워하는 순간에도 시간은 가고, 무언가를 시작해도 시간은 간다. 어차피 흐르는 시간, 뭐라도 시도해보는 것이 남는 장사가 아니겠는가. 당신이 무엇을 선택하든 배움을 통해 원하는 삶으로 다가갈 수 있도록 나의 경험을 공유하고자 한다.

첫째. 책, 강연, 동영상 등 무엇이라도 읽고, 듣고, 본 것 중에서 마음을 움직이는 내용이 있었다면 반드시 행동으로 옮겨보자.

배움은 머리로 하는 것이 아니다. 행동으로 옮겼을 때만이 진정한 깨달음을 얻을 수 있다. 당신이 행동을 통해 얻은 깨달음이 자신이 원하는 삶으로 한 걸음 다가서게 한다는 것을 잊지 말자.

둘째, 좋은 에너지가 흐르는 장소에 직접 가서 경험하라.

나는 책 쓰기를 하면서 참여하게 된 '독서 모임'에서, 눈에 보이지 않는 에너지가 어떻게 흐르고 있는지 온 몸으로 느끼는 놀라운 경험을 할 수 있었다. 다른 사람들의 이야기에서 내가 미처 생각하지 못했던 깨달음을 얻은 것도 좋았지만 독서 모임에 참여한 사람들에게서 받는 다양한 격려가 엄청난 에너지로 전환되어 나에게 힘을 실어 주었다.

또한 다양한 사고를 가진 사람들과 교류하면서 삶을 이해하는 폭도 넓어지고 새로운 가능성도 보았다. 만나는 사람들이 달라지면 당신을 둘러싼 에너지도 달라진다. 일을 선택한 당신도 에너지 전환이 필요하다. 의식 수준이 높은 사람들을 만날 기회를 의도적으로 만들어라. 그들이 주는 에너지로 버텨낼 힘과 용기를 얻을 수 있을 것이다.

꼭 독서 모임이 아니어도 괜찮다. 평소 관심이 가는 분야나 취미, 일과 관련된 정보, 관련 교육, 세미나 또는 학습모임에 직접 참석해 보자. 망설이지 말고 일단 가보자. 그곳에서 에너지가 어떻게 흐르고 있는지 피부로 직접 느껴보고 판단해라. 교육, 세미나, 학습모임은 의식의 수준이 높은 사람들과 좋은 에너지를 가진 사람들이 참석한다. 그들과 교류하면서, 그들의 경험과 지식을 자신의 것으로 만들 기회를 잡아라. 재미있는 것은 누군가는 책을 읽는 것에서 그치지만, 누군가는 행동으로 옮겨 결과를 만들어 낸다는 것이다. 책으로만 만족하지 말고 당신 눈으로 직접 확인해 보는 기회를 가져라. 진짜 좋은 정보는 온라인이 아닌 오프라인 모임에서 공유된다.

셋째, 배움에 돈이 들어간다는 편견은 버려라.

돈이 없어도 마음만 먹으면 공짜로 배울 기회는 널려있다. 대학병원이나 시청, 구청에서 하는 무료 강연에 참여해 보는 방법도 있다. 시간과 약간의 노력만 투자하면 어디서 어떤 강연이 무료로 열리고 있는지 알 수 있는 게 요즘 세상이다. 대한민국 국민이라면 누구나 그 혜택을 누릴 수 있다. 당신이 관심만 있다면 유명 인사들의 강연도 무료로 들을 수 있다.

"이제 와서 뭘... 잠잘 시간도 없는데."

아직도 이런 생각을 가지고 있는가. 그 생각이 더 나은 미래를 꿈꾸지 못하게 하는 근본적인 원인일 수 있다.

언어는 생각을 나타내는 최소단위이다. 입에서 나온 언어는 그 사람의 생각을 나타내는 도구에 불과하다. 문제는 당신의 생각이다. 당신이 꿈꾸고 있는 미래에 생각의 초점을 맞추고 살아가라.

　풍요로운 삶, 부유한 삶은 저절로 이루어지지 않는다. 세상에는 자수성가한 부자들이 많다. 부모로부터 물려받은 재산으로 부자가 된 사람도 물론 있지만, 스스로 노력해서 부자가 된 사람들도 많다는 것을 항상 상기하라. 자수성가한 부자들의 공통점은 **'배움'의 가치**를 누구보다도 잘 알고 있다는 것이다. 배움은 당신만의 문제가 아니라 아이들에게도 영향을 끼친다. 당신의 생각 안에서 아이들이 살고 있다. 자신의 미래를 위해, 사랑하는 아이들의 미래를 위해 끊임없이 공부하고 배워라. 배움을 통한 부(富)를 아이에게 대물림되도록 하라. 그리고 '평생의 부'를 누릴 준비를 해라. 이것은 일을 선택한 당신만이 누릴 수 있는 최고의 행복일 것이다.

이제는 부(富)자 엄마 시대다

세계 여러 나라의 중산층의 기준을 나타내는 **'중산층 별곡'**이 한때 인터넷, SNS를 뜨겁게 달군 적이 있다. 여러 나라들 중 미국은 중산층을 나타내는 기준이 4가지가 있다.

자기주장에 떳떳할 것

사회적 약자를 도울 것

부정과 불법에 저항할 것

정기적으로 받아보는 비평지가 있을 것

이렇게 4가지였다. 또한 영국은 5가지가 중산층의 기준으로 제시하였다.

페어플레이를 할 것

자신의 주장과 신념을 가질 것

독선적으로 행동하지 말 것

약자를 두둔하고 강자에 대응할 것

불의·불평·불법에 의연히 대처할 것

그렇다면 대한민국 중산층의 기준은 무엇이었을까?

대한민국은 빚지지 않고 30평 이상의 아파트 소유, 월 급여 500만 원 이상, 2,000CC급 중형차 소유, 은행예금 잔고 1억 원 이상 보유, 1년에 한 번 이상 해외여행이었다.

이 중산층 기준을 두고 왜 우리나라만 물질적인 기준이냐 하는 반성의 이야기도 나왔고, 근거가 뭐냐 따지는 사람들도 있었으나, '중산층 별곡'에 나오는 기준은 한 노동단체의 간부가 기고한 칼럼으로 공식조사에 의한 것이 아니기 때문에 사실여부를 확인하기 어려운 내용이었다.

정확하게 확인도 안 된 '중산층 별곡'에 사람들이 많은 관심을 보인 이유는 무엇일까? 그만큼 경제적 어려움을 겪는 사람들이 많고, 자신이 중산층이라고 생각하는 사람들이 적었기 때문에 사회적 관심이 집중된 것이다. 이 사회적 관심 안에는 '풍요롭게 살고 싶다'라는 사람들의 기대가 포함되어 있었다. 그렇다면 많은 사람들이 기대하는 풍요로운 삶을 만드는 원천은 어디에서 오는 것일까?

몇 년 전 지인들과 만난 자리에서 나눈 이야기다.

"공부 잘하면 뭐해요. 공부 잘하면 남의 집 머슴이나 하는 거지. 물론 차이는 있지. 공부를 아주 잘하면 큰 곳에서, 그냥 그러면 작은 곳에서 머슴 하는 거지. 그 차이밖에 없어요."

지인의 거침없는 말에 화들짝 놀랐다. 아이 셋을 키우는 나로서는 뭐라 부인하기 어려웠지만 묘한 반발감이 들어 한마디 했다.

"혹시 그거 아세요? 세상은 항상 그 머슴들에 의해 바뀌어요. 그래서 머슴들이 더 많이 배워서 똑똑해져야 하는 거예요. 그래야 자신의 삶도 바꾸고, 세상도 바꿀 수 있죠."

나름대로 항변은 했지만, 마음 한편이 내내 씁쓸했다. 이때부터 진지하게 아이들에게 무엇을 유산으로 물려줄 것인지 생각하고, 또 생각했다.

혹시 당신도 나와 같은 심정이라면 맥퍼슨이 한 실험에서 힌트를 찾아보자.

심리학자 맥퍼슨^{Gary McPherson}은 악기를 연습 중인 157명의 아이들을 장기간 추적해 연구한 결과를 발표했다. 이 연구는 아이들의 연습 시간과 실력의 차이를 알아보기 위한 것이었다. 연구가 시작하고 9개월쯤부터 아이들의 실력이 크게 벌어지기 시작했다. 그 차이는 처음 연습을 하기 전에 던졌던 질문에 있었다.

"너는 얼마나 오랫동안 음악을 할 거니?"

아이들의 대답은 크게 3가지로 구분되었다.

"1년만 하다가 그만둘 거예요."

"고등학교 졸업할 때까지만 할 거예요."

"전 평생 하며 살 거예요."

같은 기간 동안 연습 시간을 가졌는데도, "평생 연주할 거예요."라고 말한 아이들의 수준은 "1년만 하다가 그만둘 거예요."라고 말한 아이들보다 무려 4배나 더 실력이 높았다.

맥퍼슨의 실험은 직장인, 자영업자, 프리랜서, 1인 기업가에게도 그대로 적용된다. 무슨 일을 하든지 시작할 때의 태도가 마음 상태를 결정하고, 행동으로 연결되어 결과를 만든다.

"언제까지 강의를 하실 예정이세요?"

가끔 주변에서 물어 올 때면 나는 이렇게 대답한다.

"서 있을 힘이 있고, 입 돌아가기 전까지요."

주변의 반응은 "역시, 대단해. 보고 있으면 나도 용기가 생겨. 지금까지 하는 것 보면 충분히 그럴 수 있을 것 같아."라고 말하는 부류와 "욕심도 많다. 적당히 치고 빠질 줄도 알아야지. 너무 오래 버티면 추해."라고 말하는 부류로 나뉜다. 자신의 일에 오래 몸담고 있는 것이 추한 일인가.

생각해보라, 자신의 분야에서 오랫동안 일하는 선배들을 보며 추하다는 생각을 하는가. 오히려 존경스럽지 않은가. 문제는 실력이 없으면서 어쩔 수 없이 버티는 것과 실력으로 인정받고 존경받는 것의 차이일 것이다.

삼십 대 초반에 둘째를 낳고 프리랜서 강사로 활동을 시작해 올해로 18년 차다. 업계에서는 대선배에 속한다. 처음 강의를 같이 시작했던 16명의 동기 중 지금까지도 활발하게 활동을 하고 있는 사람은 나를 포함해 2명뿐이다. 이유가 무엇이었을까?

맥퍼슨의 실험을 기억하는가. 일을 처음 시작했을 때의 마음 상태가 결과를 만든다. 일뿐만이 아니다. 삶의 대부분이 그렇다. 처음 시작할 때의 마음가짐이 중요하다. 운동도 마찬가지다. '윗몸일으키기 20개만 해야지' 하고 시작하면 15개부터 몸이 힘들다는 신호를 보내고, 20개가 되면 더 이상 몸이 말을 듣지 않는다. 그러나 처음부터 30개, 50개를 목표로 삼으면 이상하게도 힘들다는 신호가 늦게 오고, 정해진 목표대로 윗몸일으키기를 할 수 있다. 그렇다면 일을 선택한 당신은 어떨까.

"5년만 하다가 그만둘 거야." vs "평생 할 거야."

잠시 하다 그만둘 일에 모든 에너지를 쏟아 붓는 사람은 없다. 만약 그런 사람이 있다면 약간의 역경만 찾아와도 금방 현실과 타협하고 만다. 오래 그 일을 했다고 그것을 실력으로 인정받는 것은 아니다. 실력이 쌓이는 것은 어편 태도로 시간을 보냈느냐에 따라 달라지는 것이다.

　고등학교 동창 중 인테리어에 사용되는 필름을 판매하는 대리점에서 근무하는 J가 있다. 대리점 직원은 J 하나뿐이고, 사장이 J의 형부이다 보니 여러 가지 편의를 봐주어 근무하기 좋은 환경이었다. 친구들은 "그렇게 좋은 회사가 어디 있냐. 너 편한 데로 편의도 다 봐주고."라며 사표를 만류했지만, 정작 J는 혼자 근무하는 것이 지겹기도 했고 형부가 사장이라 말 못 할 불만도 있다며 덜컥 사표를 냈다. 사표 낼 당시만 해도 "나나 되니까 7년을 버틴 거야, 아무나 못 버텨. 그리고 내가 어디를 가면 그만큼 못 벌겠냐." 하고 말했지만 J는 1년 동안의 숱한 구직활동에도 마음에 드는 직장을 얻지 못했다.

　그러던 어느 날 우연히 놀러 간 형부의 회사에서 J는 당황했다. 새로 뽑혀 들어온 여직원이 일을 잘해도 너무 잘했던 것이다. 깔끔한 물건 정리, 누가 봐도 한눈에 알아볼 수 있는 장부 정리, 쉽게 찾을 수 있는 라벨링 분류작업까지 회사는 마치 다른 곳에 온 것처럼 환경이 바뀌어 있었다. 거기에 여직원은 친절하고 싹싹함까지 겸비하고 있어 손님들에게 인기도 많았다. 그날 친구들과의 자리에서 영문도 모른 채, 일 잘하는 그 여직원은 엄청난 욕을 먹어야 했다.

"그렇게 일을 잘할 줄 누가 알았겠냐. 그만둘 생각이 전혀 없어 보이더라." 그렇게 말하며 J는 씁쓸해했다. 무엇이 이런 차이를 만들었을까? 맥퍼슨의 실험을 기억하라.

　같이 일하는 후배들 중에도 언제든지 다른 곳으로 떠날 수 있다는 것을 암시하는 친구들이 있다.

선택을 할 수 있는 것이 많다는 면에서 부럽기도 하지만 그 많은 선택 때문에 어디에서도 올인 하지 못하고 인정받지 못하는 결과가 나오는 것이다.

선배 입장에서 보면 가르치고 싶은 후배와 그렇지 않은 후배가 명확하게 구분이 된다. 언제든지 다른 곳으로 떠날 수 있는 후배를 제대로 가르치고 싶은 선배가 몇이나 되겠는가. '내 편'이라는 것이 확실하지 않은 사람들에게는 곁을 주지 않는 것이 비즈니스 생리이다. 비즈니스 세계에서는 그 누구도 내 사람이 아닌 사람에게는 공을 들이고 싶어 하지 않는다. 세상의 이치, 비즈니스의 이치가 그렇다.

이제는 부자 엄마의 시대다. 정확히 말하면 부자 마인드를 가진 엄마들의 시대가 왔다. 부자 마인드를 가진 엄마는 현재 부자는 아니지만 '부자가 될 것 같은, 일이 잘 풀릴 것 같은' 느낌과 감정을 전해 주는 사람들을 말한다. 반면 현재 직위, 소득과 관계없이 '뭔가 힘들어 보이는, 일이 잘 풀릴 것 같지 않은' 느낌과 감정을 전해 주는 사람들이 있다. 이런 사람들은 부자 마인드가 아니라 빈자의 마인드를 가지고 있는 사람이다. 부자 마인드와 빈자 마인드의 차이는 세상을 대하는 태도, 사람을 대하는 태도 그리고 일을 대하는 태도를 통해 나타난다. 기억하라. 부자 마인드가 물질적 풍요로 이어진다.

당당하게 일을 선택한 당신은 이미 부자 엄마다. 일을 통해 당신만이 가지고 있는 부자 마인드를 드러내고, 평생의 부를 만들어낼 수 있는 태도를 아이에게 유산으로 물려줘라. 아이에게 그보다 더 찬란한 유산은 없을 것이다. 맥퍼슨이 157명의 악기 연습생들에게 한 실험에서 증명되지 않았는가. 평생의 부를 위해, 일을 대하는 태도를 다시 점검하라.

"당신은 얼마나 오랫동안 일을 하실 생각입니까?"
어차피 풀지 못할 숙제에 발목 잡히지 마라

$$1 + 1 = 2$$
$$2 + 1 = 2$$
$$3 + 1 = 3$$
$$2 + 2 = 4$$
$$3 + 3 = 4$$

위의 계산에서 당신의 눈에 먼저 띈 것은 무엇인가?

당연히 세 번째 계산일 것이다. 이는 아주 당연한 현상이다. 우리는 지금까지 잘못된 것, 부족한 것에 집중하도록 교육받아왔다. 그래서 잘하는 것보다 잘못된 것, 부족한 것을 교정하고 채우기 위해 많은 시간을 투자해 왔다. 그러니 잘못 계산된 세 번째가 신경이 쓰일 것이다.

여기서 잠깐! 다시 위의 계산을 들여다보자. 무엇이 보이는가? 정확하게 계산된 3개의 계산이 보이는가. 여기서 주목해야 할 아주 중요한 사실이 있다. 먼저 당신이 정확하게 계산할 수 있는 능력이 있다는 것과 잘못된 계산을 바로 찾아낼 수 있는 능력을 가지고 있다는 것이다.

그렇다면 잠깐 생각해 보자. 이것이 단순한 계산이 아니라 당신이 살아가는 동안 부딪칠 수 있는 삶의 문제라면, 정확한 계산으로 잘못된 것, 부족한 것을 먼저 찾아내는 것이 언제나 삶에 도움이 되는 걸까?

사람들은 늘 잘못된 것, 부족한 것에 집중하는 경향이 있다. 그래서 덧셈 4개 중에서 3개가 올바르게 계산되었음에도 잘못 계산된 하나에 집중하는 것이다. 이런 현상은 삶의 곳곳에서 벌어진다.

타인과의 관계에서도 잘못된 것, 부족한 것이 먼저 눈에 들어오니 상대방을 믿지 못하고, 신뢰하지 못해 결국 상대를 원망하고 자신을 책망하는 것이다.

삶은 애초부터 공정한 경쟁이 불가능하다. 오죽했으면 '유전무죄, 무전유죄'라는 말이 생겨났을까. 삶 자체가 불균형, 불평등의 연속이다. 부푼 기대감을 가지고 사회에 첫 발을 들여놓는 순간부터 일상은 생각대로 흘러가지 않는다. 특히 일과 가정을 동시에 책임져야 하는 여자들은 끊임없이 누군가와 타협해야 하는 상황과 자주 맞닥뜨리게 된다.

때로는 버겁게 혼자 짐을 짊어지고 가야 할 때도 있어 억울한 마음도 들 때도 많다. 그러나 누구에게나 삶이 평탄하게 진행되지 않는다는 것을 다른 사람들과 교류하면서, 결혼생활을 유지하면서, 아이들과의 관계 속에서 깨닫게 되면 마음이 한결 편안해진다.

중학교 때 일이다. 어려운 집안 형편 때문에 등록금을 제때 납부한 적이 없었다. 4남매를 키우던 부모님은 늘 돈에 쪼들리셨고, 아버지 표현에 의하면 '계집애'였던 나와 언니는 늘 경제적 혜택에서 제외되었다. 그때는 지금처럼 학생들의 인권은 상상도 할 수 없을 때라, 담임선생님을 통해 여러 번 독촉을 받고도 등록금을 납부하지 못하면, 점심시간에 전교생이 들을 수 있도록 교내방송을 통해 등록금 미납자들의 이름을 호명했다.

어떻게 해서든지 아이들이 부모님을 졸라 등록금을 낼 수 있도록 학교에서 사용하는 최후의 압박 수단이었던 것이다. 이것이 나에게는 엄청난 스트레스였다. 내 이름은 매 학기마다 호명되었다. 여러 번의 호명된 경험이 있음에도 불구하고 도저히 적응할 수 없었던 나의 위축된 모습이 아직도 기억에 남아 있다. 이런 날은 수치스러워 점심도 먹지 못하고 친구들을 피해 부모님 원망도 많이 했다.

나는 유난히 욕심도 많고 성격도 까칠했다. 무던히도 나를 감싸주시고 참아주시던 어머니도 참을성의 한계에 느끼면 "너도 꼭 너 같은 아이 낳아서 키워봐라."라며 쏘아붙였다.

 엄마가 된 후, 아이들 교육에 대해서 열의만 있고 경험이 부족했던 나는 아이들의 성격과 의견을 고려하지 않은 채 내 생각을 그대로 밀어붙였다. 나의 어린 시절과는 다르게 물질적인 풍요를 제공한다는 이유로 아이들의 모든 것을 내 통제 범위에 두고 감시하고 다그쳤다.

 그러던 어느 날 일이 터졌다. 첫째 수민이가 해야 할 숙제를 해놓지 않았다. "엄마가 나가서 열심히 일해서 돈 벌어오면, 너는 숙제 정도는 해놔야 정상 아니야."로 시작된 화는 좀처럼 누그러지지 않았다. 주눅이 들어 고개를 숙이고 있던 수민이가 더는 참을 수 없었는지 내 눈을 똑바로 쳐다보며 울면서 소리쳤다.

 "엄마가 지금 이러는 건, 내 머리에 돌을 던지는 거랑 똑같아."

 순간 내 머리에도 엄청난 돌이 던져졌다. 아무 말도 아무 생각도 할 수 없었다. 잠시 딸아이와 휴전을 하고 방으로 들어와 침대에 누웠는데 머리가 빙빙 돌았다.

 '지금 내가 무슨 짓을 한 것일까?'

 돌이켜보면 나는 칭찬에 인색한 엄마였다. 아이들이 잘한 것에 대해서는 당연한 것으로 받아들였고 못 하는 것, 부족한 것에만 집중했다. 그러니 당연히 아이들의 행동이 마음에 찰 리 없었다. 내 속으로 낳은 눈에 넣어도 아프지 않을 아이들이었건만 어느새 아이들이 천덕꾸러기로 보이기 시작했던 것이다.

이런 내가 바뀔 수 있었던 것은 어머니 덕분이었다. 여느 날처럼 퇴근해서 집에 들어오는 내게 어머니는 "오늘 네 딸이 어떤 행동을 한 줄 아니?"로 시작해 끊임없이 아이들하고 있었던 일들을 말씀하셨다.

내가 듣든 말든 어머니는 크게 개의치 않으셨다. "너무 기특하지 않니. 어린것이 어떻게 그런 생각을 했을까? 칭찬 좀 해줘라." 그 때는 그런가 보다 하고 넘겼었는데, 지금 생각해보면 수민이하고의 사건 때문인지 어느새 어머니가 하시는 말씀이 예사롭게 들리지 않았다.
아이가 갑자기 달라진 것도 아닌데 어떻게 어머니의 눈에는 기특한 손녀로 보이고, 엄마인 내 눈에는 천덕꾸러기로 보였던 것일까.

같은 상황이라도 어느 곳에 초점을 맞추느냐에 따라서 결과는 엄청나게 달라진다. 어머니는 아이들의 좋은 모습, 기특한 행동에 초점을 맞추셨고, 나는 아이들의 부족한 부분, 잘못한 행동에 초점을 맞추었다.

삶에서 저절로 얻어지는 것은 없다. 특히 일을 선택한 여자의 삶은 거저 얻어지는 것이 없다. 무언가를 얻기 위해 부족한 것, 잘못된 것에 초점을 맞추면 전쟁이 시작된다. 그 대상이 자신이건, 타인이건 말이다.

"당신의 삶에 만족하십니까?"

이 말은 내가 자주 즐겨보는 뉴스 앱 『TTime(티 타임즈)』에서 행복도가 높은 덴마크 사람들에 대한 내용을 다루면서 던져진 질문이다. 사람들은 어떤 반응을 보였을까? 당신이라면 어떻게 대답할 것인가? 호기심을 가지고 뉴스 앱의 내용을 확인해 보니, **93%**의 덴마크 사람들이 '**그렇다**'라고 대답을 했고, 대한민국 사람들은 **53%**만이 '**그렇다**'라고 대답을 했다. 이 결과에 의하면 대한민국 사람들의 2명 중 1명이 삶에 대한 만족도가 떨어진다고 볼 수 있다. 무엇이 이런 차이를 만든 것일까?

전문가들이 밝혀낸 덴마크 사람들의 행복비법은 일상생활에 있었다. 그것은 바로 '휘게(Hygge)'다.

휘게란 '일상의 소박함을 소중하게 생각하는 가치관'이라고 한다. 뭔가 서늘한 것이 내 머리를 스치고 지나갔다. 덴마크 사람들의 행복 비결이 고작 일상에서 벌어지는 소소한 것들에 있었다니.

덴마크 사람들이 삶의 만족도가 높았던 것은 잘못된 것, 부족한 것에 초점을 맞추지 않고, 이미 가지고 있는 것, 누릴 수 있는 것들에 초점을 맞추어 생활했기 때문이다. 그것이 나와 덴마크 사람들의 차이였고, 삶의 만족도가 높은 사람과 낮은 사람들의 차이였다.

〈Hygg Life〉의 저자 마이크 비킹Meik Wiking은 휘게에 대해 이렇게 말했다.

"샴페인보다 차(茶)가 휘게 하고, 컴퓨터 게임보다 게임이 휘겔리하며,
마트에서 산 비스킷보다 집에서 만든 비스킷이 휘겔리하다.
단순하고 소박하게 자족할 줄 아는 삶이다."

단순하고 소박하게 만족할 줄 아는 삶! 자신이 가지고 있는 것에 만족할 줄 아는 삶, 이런 소박한 삶의 태도가 행복의 밑천이 된다는 것이다. 당신이 행복한 삶을 원한다면 지금 자신에게 있는 것, 좋은 것에 집중하길 바란다. 자신에게 없는 것 잘못된 것, 부족한 것에 집중해 봤자 전혀 득이 될 것이 없다. 오히려 마음만 번잡하고 원망만 키울 것이 뻔하기 때문이다. 따지고 보면 오히려 행복한 감정은 외부적인 상황하고 관련이 적다. 상대방이 잘했느냐 못했느냐보다 자신이 어디에 초점을 맞추었느냐에 따라 달라지기 때문이다. 붓다의 이야기를 통해 행복한 삶이 어디에서부터 출발하는지 알아보자. 어느 날 한 제자가 찾아와 붓다에게 말했다.
"제 안에는 두 마리 개가 살고 있는 것 같습니다. 한 마리는 매사에 긍정적이고 사랑스러우며 온순한 놈이고, 다른 한 마리는 아주 사납고 성질이 나쁘며 매사에 부정적인 놈입니다. 이 두 마리가 항상 제 안에서 싸우고 있습니다. 어떤 녀석이 이기게 될까요?" 생각에 잠긴 듯 한동안 침묵을 지킨 붓다는 아주 짧게 한 마디를 건넸다.
"네가 먹이를 주는 놈이다."

삶도 마찬가지다. 당신이 좋아하는 것에 초점을 맞추면 인생은 행복해지고, 자신이 부족한 부분, 없는 부분에 초점을 맞추면 인생은 불행해진다. 행복을 가까이서 느낄 방법은 오직 하나뿐이다. 당신은 지금 어느 쪽에 초점을 맞추고 있는가?

마음의 병? 의외로 쉽게 나을 수 있다

"인간은 오직 사고(思考)의 산물일 뿐이다. 생각하는 대로 되는 법이다.
생각을 눈에 보이게 만들어라. 내면의 말에 귀 기울이면 지금을 이겨낼
힘이 저절로 생긴다. 자기 생각과 감정을 정확하게 인식하는 순간
무엇이 문제인지 알 수 있다."

인도의 민족운동 지도자 마하트마 간디Mahatma Gandhi가 남긴 말이다.
간디의 말처럼 인생 대부분 문제는 내면의 말에 귀를 기울이지 않아 생기는
문제이다. 지금 당신의 머리가 복잡하고 감정이 편안하지 않다면, 그것은
당신 내면이 끊임없이 상황을 바꿀 수 있는 신호를 보내는 것이다. 더 이상은
안 된다고, 이렇게 살지 말라고 말이다.
마음이 허할 때마다 쇼핑을 자주 하는 친구가 있다. 자기주관이 뚜렷한
친구는 뜻대로 일이 돌아가지 않거나, 주변 사람들과 문제가 생기면 극심한
스트레스를 받았고 이를 쇼핑으로 풀었다. 그녀의 옷장에는 가격표도 떼지
않은 수많은 옷들이 걸려 있다고 한다. 입지도 않을 옷을 왜 사냐고 물으니
자기도 모르겠다고 말하며 웃는다. 마음이 허하거나 스트레스를 받으면
자꾸 물건을 사게 되고, 물건을 산 기쁨도 잠시 다음 달 나올 카드 값 때문에
또 스트레스를 받는다며, "로또나 살까?" 하고는 자기도 어이가 없었는지
한숨을 쉬었다.

앙투안 마리 로제 드 생텍쥐페리Antoine Marie Roger De Saint Exupery의 저서인
『어린 왕자』에 보면, 어린 왕자가 여행 중에 술꾼을 만나 이야기를 나누는
장면이 있다.

"술은 왜 마셔요?"
"창피한 것을 잊으려고."
"뭐가 창피한데요?"
"술 마시는 게 창피해!"

어쩌면 이것이 우리의 모습일지도 모른다. 우리는 어리석게도 같은 행동을
되풀이하며 괴로워한다. 이런 괴로운 상황을 해결할 방법은 의외로 간단하다.
계속 괴로워하며 체념하며 살던가 아니면 단호하게 그 행동을 멈추든가
둘 중 하나를 선택해야 한다.

사람들은 머릿속이 복잡하거나 감정적으로 힘들어질 때 제일 먼저 핑계나
이유를 찾는다. 하지만 그 핑계는 내면의 말을 인정하고 싶지 않거나
적극적으로 해결할 의지가 없을 때 자주 하는 변명에 지나지 않는다. 한마디
로 불만족스러운 상황을 개선할 의지도 없으면서 매일 같은 고민만 되풀이
하는 것이다. 인생에서 기적과 같은 일이 일어나 운 좋게 상황이 저절로
바뀌기를 기대하면서 말이다.

자기 생각과 감정을 깊이 들여다보지 않으면 마음의 '병'이 깊어진다.
마음의 병은 몸에 부정적인 영향을 주어 이유도 없이 여기저기 아프게 한다.
주변에 몸이 아픈 사람이 있다면 자세히 관찰해 보라. 마음이 아픈 것이
몸으로 나타나는 경우가 의외로 많다는 것에 놀랄 것이다.

직장인 H는 스트레스를 받으면 맵고 기름진 음식을 찾아 폭식한다. 한번 고삐가 풀리면 주체할 수 없이 음식을 먹게 되고 이런 식습관은 고스란히 체중 증가로 이어졌다. 체중이 증가하자 몸이 무거워져 만사가 귀찮아지기 시작했고, 이제는 온갖 잡생각이 H를 괴롭히기 시작하면서 우울증까지 생겼다. 이렇듯 몸이 아프면 마음이 약해져 괜스레 서러워지고, 마음이 아프면 없던 병도 만들어 내어 몸이 아프기 시작한다.

몸과 마음은 늘 함께 움직인다.

사십 대 초반, 나에게도 마음의 병이 찾아왔다. 친구들과의 수다, 맛있는 음식, 쇼핑으로도 위로를 받지 못하고 방황하던 때, 친구에게 용하다는 철학관을 소개받은 적이 있다. 대기실에서 순서를 기다리는 동안 나는 철학관에 앉아 있는 것이 무색할 정도로 '절대 먼저 걸려들지 말자, 속지 말자'하며 단단히 마음의 준비를 하고 있었다.

생년월일을 묻고 잠시 생각을 하던 도사가 내 얼굴을 보더니 대뜸 "열심히 살았네. 열심히 살았어."를 탄식하듯이 내뱉었다. 순간 가슴에서 뭔가 '툭'하고 떨어지는 느낌과 동시에 주체할 수 없이 눈물이 쏟아졌다.

눈물은 마음을 정화하는 힘이 있다. 한바탕 눈물을 쏟고 나니 나를 들여다볼 용기가 생겼다. 애써 외면하려고 했던 마음의 소리가 들리기 시작했다. 그제야 나를 괴롭히던 불안감의 근원이 어디에서 시작되는지 알 수 있었다.

사실 그 전까지 나는 18년 동안 현장에서 쌓아온 경험에 대한 의심을 품고 있었다. 온전한 내 것이 아니라는 생각에 힘들었고, 불안감이 들때마다 '이 정도면 괜찮아. 남들도 다 그래.'라며 스스로를 위로했지만, 정작 강의 현장에서 내가 하고 싶은 이야기가 아니라 회사, 고객이 요구하는 이야기를 해야 하는 일이 더 이상 재미있지도 않았고, 의미도 없었다.

그렇게 흥미를 잃어버린 강의는 매너리즘에 빠져 영혼 없이 형식적으로
끝나기 일쑤였다. 남들이 인정해 주는 것도 그때뿐 마음의 밑천이 드러나는
것 같아 더욱 불안하고 초조했다.

그 어떤 순간에도 아이 때문에 일을 포기하지 마라

"선배님, 저 남편 따라 창원으로 내려가요"

"왜? 이제 겨우 자리 잡았는데…. 아깝다. 내려가서 뭐 하려고?"

"천천히 생각해 봐야지요. 아이도 낳아야 하고."

결혼 한 지 얼마 안 된 후배가 느닷없이 남편을 따라 창원으로 내려간다는
말을 전해왔다. 아까운 후배 하나가 이렇게 또 취집을 하게 된 것이다.
우리나라 취업 여성의 상당수가 결혼이나 출산 이후, 또는 자녀가 학교에
입학할 때 자의 반 타의 반으로 회사를 그만두는 것으로 조사됐다.
퇴사 소식을 전하는 본인들은 "어쩔 수 없는 상황이다. 그럴 수밖에 없다."
라고 이야기하지만 지켜보는 선배의 입장은 안타깝기 그지없었다.
후배의 말을 듣고 이런 의문이 들었다.

'여자가 일을 포기하는 것이 정말 아이 때문일까?'

몇 년 전 국내 대기업에서 진행했던 **'여직원을 위한 Bravo My Life'** 과정
에서 워킹맘들의 속마음을 들어 볼 기회가 있었다. 여사가 일을 포기하고 싶
은 이유는 생각보다 다양하고 복잡했다. 그중에서 10여 년 이상을 조직에서
버텨냈던 워킹맘들이 하루에도 여러 번 '사표를 쓰고 싶다'는 마음이
드는 것은 상대적 박탈감과 허무함 때문이라는 이야기가 가장 많았다.
같은 경험을 가지고 있는 나로서는 그 마음을 누구보다도 잘 알고 있었기에
가슴이 아려왔다.

그 옛날 회사에서 마음고생 하며 방황했던 날들이 머리를 스쳐 지나갔다.

나의 경우에도 가슴에 품고 있었던 사표를 던지고 싶었던 순간이 아이 때문만은 아니었다. 내가 일한 만큼 인정받지 못했을 때, 야근도 마다하지 않고 죽어라 일했는데 승진의 기회가 없었을 때, 나보다 늦게 입사한 직원이 먼저 승진했을 때 회사를 그만두고 싶다는 생각이 간절했다. 물론 아이가 사고로 다치거나 아플 때도 일시적으로 사표 생각이 났지만, 회사에서 인정받지 못했을 때만큼 간절하지 않았다.

회사에서 엄청나게 대단한 일을 하는 것도 아니고, 제대로 인정받는 것도 아니면서 굳이 우는 애들 떼어놓고 일터로 나와 '계속 회사에 다녀야 하나', '나 지금 여기서 뭐 하는 거지'라는 생각이 들어 우울하고 힘들었다. 어떨 땐 '차라리 이 시간에 아이를 돌보면 보람이라도 있지'라는 생각이 들어 방황도 많이 했다.

미래에 대한 불안한 마음은 회사에 대한 불만족, 불안감을 자극했고 '아이 때문에'라는 변명으로 도망칠 구실을 만들어 냈다. 육아라는 이름으로 포장된 선택에서 나는 행복할 수 없었다.

실제 육아를 이유로 집으로 돌아간 워킹맘들의 후회를 많이 봐왔다. 38세에 셋째를 출산한 나는 또래 친구 엄마들보다 나이가 훨씬 많았다. 자연스럽게 엄마들 모임에서 '왕언니'로 불리면서, 그들의 고민을 들을 기회가 많았다.

"이대로 괜찮을까?"

전업맘들의 고민은 두 종류였다. 하나는 지금은 괜찮지만 앞으로가 걱정인 전업맘이다. 아이가 태어나면 욕심이 생기기 마련이다. 아이에 대한 욕심은 대부분 돈과 연결되어 있다. 영어 유치원도 보내고 싶고, 사립학교라는데도 보내고 싶고, 아이의 미래를 위해 좋은 교육을 시키고 싶은 것이 엄마의 마음이다. 누가 이런 엄마의 마음을 탓할 수 있을까.

그러나 매번 걸리는 것은 결국 금전적인 문제다. 아이의 미래 때문에 생긴 금전적 문제는 삶에 대한 불만으로 이어지고, 급기야 자신과 남편을 탓하는 지경에까지 이르고 만다. 이런 전업맘의 경우는 몸은 아이와 함께 있지만, 아이의 미래와 금전적 문제로 인해 생기는 마음의 갈등으로 한시도 마음이 편하지 않은 케이스이다.

 다른 하나는 일을 포기하고 육아를 선택했지만, 자신의 선택에 행복감을 느끼지 못하는 전업맘이다. 아이와 함께 하면서도 온전히 아이와 있는 시간에 집중하지 못하고 방황한다. 틈만 나면 외부세계를 동경하며, 여기 기웃 저기 기웃 거리며 일을 포기한 자신의 선택을 후회하는 케이스다.
어디에도 온전히 몰입하지 못하니 아이는 아이대로, 남편은 남편대로, 본인은 본인대로 힘들 수밖에 없고, 집안 분위기가 냉랭할 수밖에 없다.
 어떤 상황이 마음에 안 들어 차선으로 하는 선택은 위험하다.
'조금만 더 참을 걸', '그때 이랬더라면'이라는 후회와 미련이 남기 때문이다.
최선을 선택해도 후회가 남는 것이 삶이다.

"지금부터 20년 뒤 당신은 잘못해서 후회하는 일보다는 하지 않았기 때문에 후회하는 일이 더 많을 것이다. 그러니 밧줄을 던져 버려라. 안전한 항구에서 벗어나 멀리 항해하라. 무역풍을 타고 나아가라. 탐험하라. 꿈꿔라. 발견하라."

미국의 소설가 마크 트웨인mark twain의 말이다. 혹시 이 책을 읽고 있는 당신이 자신의 삶이 마음에 안 들고 불편해서 도망치고 싶다면 이 말을 명심하라. 그 일이 무슨 일이건 회피하기 위한 선택은 두고두고 후회로 남는다.

상황을 바꿀 기회가 있음에도 간절하게 찾아보지 않고, 노력하지 않은 대가를 마음의 비용으로 톡톡히 치러야 하는 순간이 온다. 이미 전업맘을 선택한 많은 여자들의 후회가 그것을 말해 주고 있지 않은가.

더구나 일을 선택하고도 회사가 인정해 주지 않아 마음이 상한 경험이 있는 워킹맘이라면, 순간적으로 욱하는 감정에 휘둘려서 결정한 선택은 위험하다. 그런 위험한 생각 대신 그 감정을 이용하는 방법을 찾는 것이 현명하다. 당신이 느끼는 감정은 당신의 진짜 마음을 들여다 볼 수 있는 기회를 준다. 겉으로 느껴지는 감정보다 중요한 것이 내면에 숨겨진 자신의 감정이다. 마음에 안 드는 외부환경에 초점을 맞추지 말고, 당신이 하고 싶은 것이 무엇인지, 자신이 원하는 것이 무엇인지에 초점을 맞춰야 한다. 그래야 당신이 어떤 미래를 꿈꾸는지 명확하게 찾아낼 수 있다.

아이의 교육을 위해서 돈이 필요하다면 그것도 당신이 일을 선택해야 하는 이유이고, 집에 있는 것이 행복하지 않다면 그것도 일을 선택해야 하는 이유이다. 당신이 일을 통해 행복해질 수 있도록 자신이 원하는 미래가 무엇인지 생각하고 또 생각하라. 자신의 미래를 자신이 고민하지 않으면 누가 대신 고민해 주겠는가.

즐겨보는 TV 프로그램 중 하나가 SBS 『생활의 달인』이다. 생활의 달인은 수십 년간 한 분야에 종사하며 부단한 노력과 열정으로 달인의 경지에 이르게 된 사람들을 소개하는 프로그램이다.

생활의 달인이 오래도록 사랑을 받는 이유는 삶의 현장 곳곳에 숨어있는 달인들 덕분이다. 달인들의 일에 대한 태도, 열정 그리고 엄청난 노력들이 고스란히 시청자들의 마음에 전해지기 때문이다. 같은 일을 해도 일을 바라보는 태도가 다르기 때문에 결과 면에서도 월등히 다르다.

그 어떤 것도 달인의 손에 맡겨지면 그야말로 감탄이 저절로 나오는 결과물이 탄생한다. 그 달인들 중 내 마음을 사로잡은 달인은 봉투 접기의 달인이다. 달인의 아들은 인터뷰에서 "엄마 뭐 하시니?라고 물어보면 생활의 달인 215회를 보라고 말한다."라고 자랑스러운 얼굴로 이야기했다. 그 장면을 보는 순간 '저거다!'라는 생각과 함께 내가 원하는 것이 무엇인지 정확하게 이해할 수 있었다. 내가 그토록 찾아왔던 것을 달인의 아들이 한 인터뷰에서 똑똑히 보았고, 가슴이 요동치는 것을 느꼈다.

달인 아들의 모습에서 볼 수 있는 엄마는 도망치거나 회피하는 엄마가 아니라 열정을 가지고 자기 일을 묵묵히 해내는 엄마였다. 다시 한 번 말한다. 가족을 위해 희생하는 엄마가 아니라 자기 일을 멋지게 소화해 내는 엄마를 아이는 자랑스러워한다. 그러니 당신이 '아이를 위해서' 일을 포기한다는 변명은 더 이상 설득력이 없는 것이다. 자신의 꿈과 행복을 위해 최선을 다해 노력하는 엄마의 모습이 당신이 그토록 사랑하는 아이에게 더 좋은 영향을 끼친다는 의미이다.

그러니 망설이지 마라. 주저하지 마라. 당신도 당신의 아이에게 좋은 영향을 끼치는 엄마가 되고 싶지 않은가. 이것이 핵심이다. 여기에 초점을 맞춰라. 만약 당신이 아이를 위해 일을 포기해도 후회하지 않을 자신이 있다면 망설이지 말고 그 길을 택하면 된다. 단, 어떤 후회도 남겨서는 안 된다. 그러나 당신이 선택을 망설이고 있다면, 주저하는 마음이 있다면 그것은 아이 때문이 아니다. 이럴 땐 자신의 내면의 소리에 집중해야 해야 한다. 무엇을 원하고 있는지, 무엇을 하고 싶은지 정확하게 이해하려고 노력해야 한다. 일을 포기하려는 것이 미래가 보이지 않는 현실에서 벗어나기 위한 선택인지, 정말 아이를 위해서인지 명확하게 구별해라. 그래야 그것이 무엇이든 헤매지 않고 자신의 길을 걸어 갈 수 있다.

후회할 여지가 있는 선택은 삶을 더 불행하게 만든다. 상황에서 벗어나기 위한 선택이 주는 가슴 후련함은 잠깐뿐이다. 얼마 지나지 않아 여기 기웃, 저기 기웃 거리는 자신을 발견할 것이다. 그 길을 걸었던 많은 워킹맘들의 후회를 가볍게 여기지 마라.

워킹맘들이여! 인생에 있어 누구에게나 갈팡질팡 헤매는 혼돈의 시간이 있다. 당신만 그런 것이 아니다. 그런 시간은 사람을 성숙하게 만든다. 당신에게 혼돈의 시간이 찾아오면 내면의 소리에 귀를 기울여라. 진짜 하고 싶은 것이 무엇인지 물어보고 또 물어봐라. 포기는 한 달 후에 해도 된다. 일 년 후에 해도 늦지 않는다. 당신이 마음만 먹으면 언제든지 할 수 있는 것이 포기이다. 언제라도 할 수 있는 것은 잠시 뒤로 미뤄놓고 지금은 하고 싶은 것, 할 수 있는 것에 초점을 맞춰보자. 그것이 삶에 있어 후회를 적게 하는 비결이다. 선택권은 언제나 당신이 가지고 있다.

아직 고민하고 시도하지 못하는 이 땅의 수많은 엄마들이 있는데, 그들에게 한 마디 외치고 싶다.

" 로켓에 자리가 나면, 어떤 자리냐고 묻지 말고 일단 올라타라! "
기회는 처음부터 주어지는 것이 아니라 만들어가는 것이기에
용기를 잃지 말자.

PART

2

실천

3장

여자의 비즈니스 가치를 결정하는
3가지 프레임 읽어내기

나의 성공 비결은 이것이다.
결코 변명을 하지도, 어떤 변명도 받아들이지 않은 것.

나이팅게일 Florence Nightingale

첫 번째 프레임 - 아내
생각하는 것도 프로세스가 필요하다

"박원장 바꿔요."

새내기 비서로 근무한지 3개월쯤 되었을 때의 일이다. 한창 바쁜 오전 시간에 원장님을 찾는 전화가 왔다. 보통의 경우는 전화를 건 사람이 먼저 신원을 밝히고, 통화 가능한지를 물어보는데, 처음 들어보는 목소리의 주인공은 대뜸 "박원장 바꿔요"라고 퉁명스럽게 말했다. 당혹스러웠지만 정신을 차리고 최대한 정중하게 물었다.

"지금 통화 중이신데, 어디시라고 전해드릴까요?"
"어디라고 말하면 알아요? 박원장 빨리 바꿔요."

위협적인 말투는 아니었지만 불쾌한 기분이 들었다. 적당히 핑계를 대고 연결하지 말까 하다가 문득 이런 생각이 들었다.

'다음에도 또 이런 상황이 벌어진다면?'

일하다 보면 별것 아닌 것이 당사자에게 부담으로 다가올 때가 있다. 누구에게 물어보자니 일 못 한다는 소리를 들을까 선뜻 물어보기도 어렵다. 만약 당신이라면 이런 상황에서 어떤 선택을 하겠는가?

선택 1. 다른 사람에게 떠넘긴다.

선택 2. 스스로를 책망한다.

선택 3. 상대방의 무례함을 탓한다.

선택 4. 이해 당사자에게 직접 물어본다.

가장 좋은 방법은 문제 해결의 열쇠를 쥐고 있는 당사자에게 물어보는 것이다. 그래야 차후에 유사한 일이 일어났을 때 똑같은 실수를 하지 않을 수 있다. 그런데 업무 현장에서 만난 동료나 후배들의 선택은 다른 경우가 많았다. 자신의 문제를 스스로 해결해야 하는 암묵적인 조직의 분위기도 한몫을 하겠지만, 자존심을 내세우며 물어보지 않는 경우도 많았다. **자존심**(Self-Esteem)이 무엇인가. 『21세기 정치학대사전』에는 자존심이 이렇게 표현되어 있다.

> 남에게 굽히지 아니하고 자신의 품위를 스스로 지키는 마음으로 자신의 가치, 능력, 적성 등 자기 평가가 긍정적인 것을 의미한다.

사전에도 명시되어 있듯이 자존심은 자신의 품위를 스스로 지키는 마음이며 자기 자신에게 긍정적인 평가를 내리는 것이다.

그렇다면 업무 현장에서 자존심을 지킬 수 있는 방법은 무엇일까? 그것은 스스로가 일의 주도권을 갖는 것이다. 일의 주도권을 갖기 위해서는 문제를 풀어나갈 수 있는 정보가 반드시 필요하다.

그런데 그 정보가 나에게 없다면 문제의 열쇠를 쥐고 있는 사람에게 직접 물어보는 것이 업무 현장에서 자존심을 지키는 유일한 방법일 것이다.

위의 전화 상황과 같은 문제는 비서인 나에게 얼마든지 다시 일어날 수 있는 일이었다. 비서의 전화 업무는 누군가 대신할 수 있는 일도 아니었기에 스스로 방법을 찾아야 했다. 일단 마음을 진정시키기 위해 심호흡을 크게 한번 하고 원장실로 들어갔다.

"원장님, 어디라고 밝히지 않고 전화를 연결하라는 분이 있습니다. 약간 울림이 있는 중저음의 목소리로 원장님을 잘 아는 분 같으신데 판단이 잘 서지 않습니다. 어떻게 할까요?"

순간의 민망함과 바꾼 효과는 대단히 컸다. 나를 당황하게 했던 '박 원장 바꿔요'의 정체는 원장님의 오랜 친구인 김 원장이라는 것을 알 수 있었고, 그가 장난이 매우 심하다는 정보까지 얻을 수 있었다. 비서가 바뀌면 한 번씩은 울게 만들었다는 악명 높은 김 원장의 전화는 잠깐의 민망함과 자신감 덕분에 더 이상 두렵지 않았다.

"김 원장님 안녕하세요. 오랜만에 전화 주셨네요.
원장님 바로 연결해 드리겠습니다."
"어? 어, 그래요."
그날 이후 김 원장이 나를 대하는 태도가 180도 달라졌다.
"이 비서, 박원장 통화되나요?"

경험이 자신만의 노하우로 연결되면 당신은 특별한 존재가 된다.

이것이 많은 직장인이 내세우고 싶었던 자존심 아니겠는가.

핀잔 들을까, 무안당할까 염려하지 말고 경험을 자신만의 노하우로 만드는데 생각의 초점을 맞춰라. 만약 김 원장에 대해 박 원장에게 직접 물어보지 않았더라면 전화가 걸려올 때마다 누구인지도 모른 채 엄청난 스트레스를 받았을 것이다.

그러나 핀잔 들을 각오와 무안당할 각오를 하고 물어본 결과, 상황을 나에게 유리한 쪽으로 바꿀 수 있었다. 김 원장은 더 이상 두려운 존재가 아니었고 그를 응대하는 일은 비서로서의 가치, 능력을 드러낼 기회로 바뀌었다.

업무에서 노하우는 이처럼 사소한 것에서부터 시작된다.

일상의 사소한 것들이 모여 특별한 것을 만든다.

'열심히 일한 당신, 떠나라!' 등의 카피라이터로 유명한 송치복은 그의 저서 『생각의 축지법』을 통해 사소한 것을 특별하게 만드는 차이를 '일하는 자세'를 통해 후배들에게 말하고 있다.

"후배 카피라이터를 보면 여러 부류가 있습니다. 첫 번째 유형은 운전으로 따지면 2년 정도 해서 손에 겨우 운전이 익을 정도의 연차로 카피 딱 한 줄 쓰고 마침표 크게 찍은 다음, 끝까지 그 카피가 세상에서 가장 좋은 카피라고 우기는 사람이고, 두 번째 유형은 회의에 입만 가지고 참가한 뒤, 다른 사람이 내놓은 아이디어를 결정적인 순간 살짝 가필해 자기 것으로 만드는 절묘한 순발력을 가진 사람입니다. 세 번째 유형은 어떤 일을 할 때 최선을 다해 가장 깊이 있는 카피를 누구보다 많이 꺼내 놓는 '성실함' 갖추신 분, 자신의 카피를 고르는 권한을 과감히 파트너에게 넘기는 '아량'을 가지신 분, 시안이 들어가는 순간부터 방송이 끝날때까지 지켜보고 있다가 더 좋은 카피로 고쳐 쓰는 '열정'을 가지신 분입니다."

세 가지 유형 중 어떤 사람이 특별함을 유지하면서 오래도록 최고의 자리를 지킬 수 있는지는 굳이 물어보지 않아도 알 수 있을 것이다. 송치복의 조언처럼 일하는 자세가 특별한 나를 만든다. 특별함은 당신의 생각에서부터 출발한다. 그래서 생각하는 것에도 프로세스가 필요한 것이다 .
아래의 사례로 생각 프로세스를 점검해 보자.

첫째, 많은 카피의 양을 꺼내 놓을 수 있다는 것은 그만큼 몸으로 실행한 경험이 많다는 것이다.

사람들은 이런 경험을 통해 무언가를 선택한다. 우리는 그 선택에 주목해야 한다. 당신이 경험을 통해 어떤 생각을 했고, 어떤 감정을 느꼈고, 어떤 선택을 했는지 기억을 더듬어 보라. 당신만이 가지고 있는 노하우를 발견할 것이다. 많은 직장인이 수년간 같은 일을 했음에도 당당히 내세울 수 있는 자신만의 노하우가 없어 불안해한다.
노하우가 없다고 말하는 사람은 자신의 노하우가 무엇인지 적극적으로 찾아 보려고 노력하지 않은 것이다.

노하우는 발견하는 것이다. 찾으려는 노력이 있어야 자신의 노하우를 발견할 수 있다. 노하우라고 해서 거창하게 생각할 필요는 없다.
일상에서 다른 사람들보다 잘하는 것, 쉽게 할 수 있는 것, 빠르게 할 수 있는 것 또는 다른 사람들이 내게 도움을 요청하는 것, 자주 물어보는 것이 무엇인지 집중적으로 생각해보면 노하우의 단서를 발견할 수 있다.
자신만 모를 뿐이지 당신은 이미 훌륭한 노하우를 가진 사람이다.

둘째, 아주 작은 단서라도 발견되면 반드시 기록으로 남겨라.

경험을 눈에 보이게 만들어야 당신만의 노하우로 인정받을 수 있다. 유난히 수리영역이 어려웠던 2009년도에 수능에서 만점을 받은 일반고 출신의 박창희 군은 수리영역을 풀 때 어떤 생각이 들었냐는 기자의 질문에 이렇게 대답했다.

"40분 동안 문제를 풀고, 나머지 시간은 친구들에게 설명해줄 방법을 찾고 있었습니다."

만점자다운 멋있는 대답이 아닌가. 친구들에게 설명해줄 방법을 찾고 있었다는 박창희 군은 노하우가 어떻게 정교화되고 확장되는지 알고 있는 친구임에 틀림이 없다.

셋째, 당신의 노하우를 타인에게 공유하라.

공유하는 과정을 통해 노하우를 더욱 탄탄히 다질 수 있다. 자신의 노하우를 다른 사람이 이해하도록 전달하지 못한다면 그것은 노하우가 아니다.

박창희 군이 친구들에게 설명해줄 방법을 찾은 것은 자신이 정확하게 이해하고 있는지를 확인하는 작업이었다. 제대로 이해해야 다른 것에도 응용할 수 있다.

대부분의 사람들은 자신의 노하우를 빼앗길까봐 공유하기를 꺼려한다. 그러나 이는 자신의 실력을 다른 사람들이 눈치 채지 못하도록 꼭꼭 숨기면서 자신의 능력을 알아봐 주기를 바라는 것과 같다. 또한 자신이 정확하게 이해하고 있는 것인지 확인할 수 있는 기회를 놓치고 있는 것이다.

자신만의 노하우를 인정 받고 싶으면 과감하게 공유하라. 오픈된 정보와 함께 당신도 주목받을 것이다. 아무 걱정하지 말고 당신이 어떤 생각을 가진 사람인지 드러내라.

언제나 사소한 것이 특별함을 만든다. 경험으로만 그치지 말고 지속적으로 생각하고, 그 생각을 반드시 기록으로 남기고 공유해라. 이런 과정을 통해 당신은 존재가치를 유지하면서 오래도록 최고의 자리를 지킬 수 있을 것이다.

쪼개고, 쪼개고, 또 쪼개고

'코끼리를 냉장고에 넣는 방법'에 대해 각 분야의 유명한 학자들과 맹구가 토론을 벌였다.

진화론자

"지구 온난화가 지속되면 코끼리는 더위 피할 곳을 찾게 됩니다.
이때를 대비해 코끼리 곁에 전원이 공급되는 냉장고를 두고 기다립니다.
그러면 언젠가는 코끼리가 냉장고에 들어갈 수 있게 진화될 것입니다."

수학자

"코끼리를 먼저 미분해서 냉장고에 넣습니다.
그 다음 적분을 하면 되지요."

컴퓨터학자

"컴퓨터 바탕화면에 냉장고 폴더를 만듭니다. 그리고 코끼리·JPG
파일을 구해 냉장고 폴더에 넣으면 코끼리가 냉장고에 들어가게 됩니다."

법학자

"코끼리를 금치산자로 만들고, 닭을 코끼리의 법정대리인으로 설정합니다.
그리고 닭을 냉장고에 넣으면 코끼리는 법적으로 냉장고에 들어간
상태가 됩니다."

맹구

"아이, 뭐가 그렇게 복잡해.
일단 코끼리를 냉장고에 넣어보면 되지!"

　복잡하게 생각하면 일이 더 꼬이기 마련이다. 중학교 2학년 때 오빠
심부름으로 책방에 간적이 있다. 책방에는 100원짜리 동전을 넣고 게임을
하는 파친코가 있었다. 혹시나 하는 마음에 도전했던 파친코에서 2700원이
쏟아지는 바람에 매우 흥분했던 기억이 있다. 돈을 본 순간 욕심이 생겼고
머리는 복잡하게 돌아갔다. 그날 나는 주머니에 있던 500원까지 탈탈 털어
파친코에 넣고 나서야 귀신에 홀린 것처럼 집에 돌아올 수 있었다.
　왜 이런 일이 벌어졌을까?
　'초심자의 행운'이라는 말이 있다. 어떤 일을 처음 경험할 때 일어나는 운이
좋은 상황을 가리켜 초심자의 행운이라 부른다. 초심자의 행운은 일상생활

에서도 자주 목격된다. 초보자는 선택을 할 수 있는 정보나 경험이 턱없이 부족하므로, 단순하게 생각할 수밖에 없고 이런 단순함이 좋은 결과로 이어지는 것이다.

세상 돌아가는 일들도 그렇다. 처음 시작할 때는 단순하고 용감하게 시작하지만, 시간이 흐르고 선택할 수 있는 정보가 많아질수록 미로에 갇힌 듯한 느낌이 든다. 알면 알수록 어렵게 느껴지고, 저걸 내가 어떻게 했을까 하는 의심마저 든다.

20년 무패 신화를 자랑하는 마작의 고수 사쿠라이 쇼이치는 그의 저서 『운을 지배하다』에서 초심자의 행운을 이렇게 말했다.

"승부의 세계에는 복잡하면 패배한다는 보편적인 법칙이 있다. 'Simple is the best'라는 진리가 여기에도 적용된다.
어째서 심플한 것이 좋을까. 심플한 수는 군더더기가 없고 빨리 움직일 수 있기 때문이다. '초심자의 행운'을 부르는 심플함은 '어렵게 생각하지 않는 것'에서 온다. 승부를 복잡하게 만들지 않고, 심플하게 하려면 쓸데없는 생각은 버리고 느끼는 바를 중요하게 여겨야 한다."
가끔은 제대로 시작하기도 전에 지쳐 시작할 엄두도 내지 못하는 일이 벌어지곤 한다. 일과 육아 사이에서 머리 복잡한 워킹맘들도 마찬가지다.

그렇다면 어떻게 심플하게 사고할 수 있을까?

냉장고에 코끼리를 넣었던 맹구의 대답을 기억하는가?

냉장고 문을 연다.

코끼리를 넣는다.

냉장고 문을 닫는다.

단순함 속에 해답이 있다. 사람들이 맹구 같은 바보 캐릭터를 좋아하는 이유는 엉뚱한 질문을 던져 당황스럽게 만들기도 하지만, 사람들이 미처 생각하지 못했던 속 시원한 발언으로 자신의 행동을 돌아보게 하고 반성하게 되기 때문에 좋아하는 것이다.

만약 당신이 해야 할 일이 많은데 어디서부터 어떻게 시작해야 할지 모르겠다면 Simple is the Best 를 기억하라. 단순하게 자신이 할 수 있는 일부터 시작하면 되는 것이다. 무엇을 하던 시작이 있어야 끝도 있는 법이다. 지금 바로 시작할 수 있는 것부터 시작하면 된다. 단순함의 힘을 믿어라.

주변에 '언젠가는'을 입에 달고 사는 사람들이 있다. 언젠가 한다는 말은 안 하겠다는 말과 같은 것이다. 생각해보라. 당신이 생각하는 '언젠가는'이 언제쯤 올 것 같은가. 세상에 무언가를 시작하기 좋은 완벽한 타이밍은 없다. 당신이 생각하는 '언젠가'는 영원히 오지 않을 수도 있다.

완벽한 타이밍을 기다리지 말고, 지금 당장 시작할 수 있는 것부터 시작해야 후회가 적은 법이다. 일단 단순하게 실패할 수 없는 작은 일부터 찾아 시작해 보자.

다음은 오사마 빈 라덴 체포 작전을 성공적으로 이끈 해군 감독 윌리엄 멕레이븐 William McRaven 의 연설이다.

"매일 아침 잠자리를 정돈한다는 건 그날의 첫 번째 과업을 달성했다는 뜻입니다. 작지만 뭔가를 해냈다는 성취감이 자존감으로 이어집니다. 그리고 또 다른 일을 해내야겠다는 용기로 발전합니다. 하루를 마무리 할 무렵이 되면 아침에 끝마친 간단한 일 하나가 수많은 완성으로 바뀌게 됩니다.

그렇게 살아가면서 우리는 깨닫게 됩니다. 인생에서 이런 사소한 일들이
얼마나 중요한지를."

인생은 사소한 일들에 의해 바뀐다.
작지만 뭔가 해냈다는 성취감이 자신을 믿고 사랑할 수 있는 원동력을
제공하기 때문이다.
무언가 성공한 경험이 있어야 또 다른 일에 도전할 용기도 생기는 것이다.
이 단순한 진리를 놓치지 말고 기회로 사용해 보자.

Simple is the best!
Simple is the best!

단순하고 작은 실천이 삶에 커다란 영향을 끼친다. 지금 당장 사소하지만,
눈으로 확인할 수 있는 성공 100%를 보장할 수 있는 행동들을 찾아서 실행
으로 옮겨보자. 몇 번 하다가 그칠 행동이 아니라, 지속적으로 성취감을 맛
볼 수 있는 작고 단순한 것들을 찾는 것이 핵심이다.
성공한 사람들이 추천하는 아침습관 '3분 안에 잠자리 정리하기'도 좋다.
이때 중요한 것은 호텔 수준으로 정리하라는 것이 아니다. 그저 눈으로
보았을 때 정돈된 느낌이면 충분하다. 왜냐하면 과도한 시간 투자는 실천을
오래 지속하지 못하게 만들고 며칠 하다가 포기하게 만들기 때문이다.

나는 이런 사소한 행동을 '**발 들여놓기 전략**'이라 부른다. 될까, 안 될까 결과부터 생각하면 의욕이 떨어지기 십상이다. 단순하게 시작할 수 있는 것을 찾아 발부터 들여 놓으면 된다.

나는 이 단순한 행동이 엄청난 결과로 이어지는 짜릿한 경험을 여러 번 했고, 오늘날의 나를 여기까지 데려가 주었다.

서울여상을 진학해 사회생활을 먼저 했던 내가 대학교에 가겠다고 마음먹었을 때도 가장 먼저 했던 행동이 '발 들여놓기 전략'이었다.

'붙을 수 있을까?' 걱정하는 대신 대학교를 가겠다고 마음먹은 그날 학원을 등록했다. 꼭 붙어야겠다는 생각은 하지 않았다.

그 시점에서 내가 할 수 있는 최소한의 행동, 그것을 찾아 실행으로 옮긴 것만으로도 내가 성장하고 있다는 느낌을 받았고 자존감이 올라가는 데에 도움이 되었다. 수업내용을 이해했느냐, 이해하지 못했느냐도 중요하지 않았다. 나는 내가 할 수 있는 최소한의 행동, 그것에만 집중했다. 시간이 되면 학원으로 향했다. 그리고 수업이 끝날 때까지 앉아 있었다.

그렇게 10개월 뒤에 나는 대학생이 되었다. 나도 놀라고, 주변 사람들도 놀랐다. 대학교 입학 소식을 듣고 친구들이 비법을 물어 왔을 때, 학원부터 등록하라는 나의 말을 들은 친구들의 눈빛에는 의구심이 가득했다.

내가 말하고자 하는 비법의 본질은 '학원을 다녀라'가 아니라 뭐든지 두려움 없이 발을 들여놓으면 된다는 것이었다. 아직도 '언젠가는' 이나 '나중에'를 이야기하고 싶은가. 시간이 흐를수록 당신의 마음만 더 초조해지고 복잡해질 것이다.

사소하고 단순한 것이 인생을 바꾼다. 그러기 위해서는 당신이 할 수 있는 최소 단위부터 시작하면 된다. 이때 중요한 것은 '내가 할 수 있는 것'에 초점을 맞추는 것이다. 내가 직접 통제할 수 없는 일은 해도 효과가 없다.

굳게 마음을 먹어도 스스로 통제할 수 없는 상황이나 대상은 자신이 원하는 방향으로 상황을 이끌고 갈 수 없기 때문이다. 성공한 사람들이 아침습관으로 '3분 안에 잠자리 정리하기'를 추천하는 이유도 바로 이와 같다.

형편없는 하루를 보냈더라도 스스로 잠자리 정도는 충분히 정리할 수 있기 때문이다.

Simple is the Best!
단순함의 힘을 믿어라!

엄마로 아내로 일을 선택한 여자로 1인 3역을 해내는 당신에게도 단순함의 힘이 필요하다. 단순함의 핵심은 해야 할 일을 잘게 쪼개어 행동으로 옮기는 데 있다. 그 단순한 행동이 인생에서 더 많은 것을 성취하게 만들고, 도전을 할 수 있게 만들어 준다. 단순함의 힘을 믿어라.

그리고 실행으로 옮겨 인생을 바꿔보자.

써 먹지 못하면, 진짜 공부가 아니다

나는 시간적인 여유가 생기면 교육 시장에 대한 정보나 교육 트렌드를 파악하기 위해서 이슈가 되고 있는 강의를 찾아다니며 듣곤 한다.

이런 노력으로 인해 고객이 요구하는 이슈에 대한 정보를 빠르게 파악할 수 있고, 향후 어떤 교육이 대세를 이룰지 읽어내어, 강의 영역이 넓어지기도 한다. 예상치 못한 기회를 잡을 때도 있다.

"배웠으면 반드시 일상에서 활용해 보자."

배움에 대한 나의 철학이다. 효과가 있는지 없는지는 배운 것을 일상에서 활용해 보고 그때 결정해도 늦지 않는다. 설사 효과가 없다 하더라도 배움을 활용하는 과정에서 또 다른 배움을 얻게 되기 때문이다.

"대표님은 뭐가 그렇게 궁금한 게 많아요? 그쯤 되면 공부 그만해도 되지 않아요?"

한번은 친분이 있는 강사가 물었다. 순간 '그런가?'라는 생각도 들었지만, 강의를 들으며 좋은 자극과 아이디어를 얻는 경우가 많았기에 배움만큼은 포기할 수 없었다.

때로는 직접적인 도움이 되지 않더라도 새로운 시장을 볼 수 있는 영감을 얻는 경우가 있는데, 이런 날은 세상이 내 편이라는 느낌마저 들었다.

2011년, 교육업계에는 퍼실리테이션^{Facilitation}이라는 새로운 분야가 유행처럼 번지고 있었다. 퍼실리테이션은 이해관계자들이 서로의 생각을 교류하며 아이디어를 논의하는 소통 방법으로 워크숍 형태로 운영되는 교육이다.

퍼실리테이션의 대두는 기존의 주입식 교육에 지친 회사들이 교육생 스스로 해답을 찾아갈 수 있는 교육방식을 선호하는 시점과 맞물려 있었다. 직감적으로 향후 대세는 퍼실리테이션 일거라는 생각이 들어 망설이지 않고 2박 3일짜리 과정을 신청했다. 프리랜서 강사에게 2박 3일짜리 교육은 쉬운 선택이 아니었다. 왜냐하면 강의를 듣기 위해서 지불한 비용도 비용이지만, 2박 3일 동안 강의를 하지 못한 것에 대한 기회비용도 함께 포함되어 있기 때문이다.

그런데도 과감하게 교육을 신청할 수 있었던 것은 지금의 교육방식으로 해결해 주지 못하는 무언가를 얻을 수 있을 것이라는 호기심 때문이었다. 『청춘경영』의 저자 한양대학교 유영만 교수는 그의 저서에서 실행의 중요성을 다음과 같이 말했다.

"72:1 법칙이 있다. 자신이 결심한 사항을 72시간, 즉 3일 이내에 행동으로 옮기지 않으면 단 1%도 성공할 가능성이 없다는 말이다. 무엇인가를 성사시키기 위해서는 결심한 다음 바로 실행에 옮겨야 한다."

유영만 교수가 이야기한 실행의 중요성은 기회를 발견하는 통찰력과 깊은 관련이 있다. 배운 것을 일상에 접목해 보지 않으면 온전한 자신의 것이 되지 못한다. 머릿속에만 있는 지식은 반쪽짜리에 불과하다.

많은 사람이 자신의 머릿속에 있는 지식만을 가지고 판단하여 기회를 놓치는 우를 범한다. 지식과 경험은 천지 차이다. 배운 것은 반드시 경험을 통해 검증되어야 온전한 내 것이 될 수 있다.

경험을 통해 검증된 지식은 통찰력을 발휘하여 또 다른 기회를 볼 수 있게 만들어 준다.기회비용을 지불하고 들었던 퍼실리테이션 교육이 그랬다.

퍼실리테이션 교육이 새롭고 참신한 것은 아니었다. 교육 내용 중 일부는 이미 알고 있는 것도 있었다. 그러나 머리로만 알고 있었지 퍼실리테이션 도구를 제대로 사용해 본 경험이 부족했다. 경험이 부족하니 그것이 얼마나 좋은 것인지 체감할 수 없었고 강의에 반영도 못 했던 것이다.

72:1의 법칙은 무언가를 성사시키기 위해서는 결심하면 빠른 시간 내에 행동으로 옮겨야 얻는 것이 있다는 것을 말해주고 있다. 나는 배운 것이 지식으로만 머물지 않도록 바로 퍼실리테이션 스터디 모임을 만들어 배운 것을 반복하며 학습했다. 몸으로 체득하는 이 시간을 통해 나는 교육생들과 자유롭게 소통이 가능한 퍼실리테이션 기법이라는 무기를 갖게 되었다.

이미 훈련을 통해 퍼실리테이션이 강력한 도구라는 것을 체득했기에 나는 이렇게 좋은 것을 많은 사람과 제대로 나누고 싶어 '인증 전문퍼실리테이터 (CPF-Certified Professional Facilitator)'자격을 취득했고, 지금은 한국 퍼실리테이터협회와 한국농어촌공사의 인증심사위원으로 위촉되어 활동하고 있다.

처음에는 '뭘 그런 것까지 해. 그렇게까지 할 필요가 있을까?'라던 동료들이 지금은 이 자격에 통과하기 위해 자문을 구하고 있다. 이것이 무엇을 말하고 있는지 생각해보라.

배운 것을 써먹지 않으면 시간만 아까울 뿐이다. 자신에도 도움이 되지 않고, 타인에게도 도움을 줄 수 없는 시간 낭비를 왜 하는가?

배운 것을 가장 확실하게 써먹는 방법은 나눔에 있다는 것을 퍼실리테이션을 통해 알게 되었다. 당신이 무언가를 배우는 목적이 무엇인가? 바쁜 시간을 쪼개가며 공부하는 이유가 무엇인가?

모두 당신이 체득한 지식과 경험을 통해 전문가로 인정받고, 최종적으로 자신의 몸값을 높이기 위함이 아니겠는가. 목적이 이와 같다면 배운 것은 반드시 써먹어야 하는 것이다.

일을 선택한 여자에게 배움은 꼭 필요한 것이다. 쉽지 않은 선택을 했으니 이왕이면 자신의 몸값을 높이기 위해서라도 배움을 포기하지 마라.

여자이기 때문에 더 악착같이 배워야 한다. 누구도 아닌 자신의 몸값을 위해서라도 끊임없이 무엇을 배울지 생각해야 한다. 만약 당신이 무언가를 배워보고 싶다면 자신이 하는 일에서부터 시작하는 것이 좋다. 조금 더 구체적으로 이야기하면 업무나 업무와 관련된 영역부터 공부를 시작하면 된다.

직장인에게 몸값을 높이기 위해 이보다 더 좋은 공부는 없다. 많은 직장인이 자기 계발로 선택하는 것이 어학 공부나 자격증 취득이다. 그러나 나의 경험에 의하면 배움이 업무의 연장선상에 있을 때 가장 결과가 빠르게 나왔다. 결과물이 빠르게 나오면 또 다른 것을 시작할 힘이 생긴다.

당신이 어느 정도 업무를 숙지하고 있다면 무엇을 배워야 할지 윤곽을 잡기 쉬울 것이다. 그것부터 시작하면 된다. 그리고 절대로 잊어버려서는 안 되는 것이 있다. 배운 것은 일상에서 써먹어 보는 것이다. 중국속담에 이런 말이 있다.

"귀로 들은 것은 잊게 되지만, 눈으로 본 것은 기억이 되더라.
손수 해보니 이해가 되고, 남에게 가르쳐보니 파악이 되더라."

배운 것에서 그치지 말고 손수 해보면 더 확실하게 이해하고 자신의 것으로 만들 수 있다. 이것이 진짜 도움이 되는 살아있는 공부이고, 당신의 몸값을 높이는 지름길이다.

사람들은 배운 것을 일상에 접목해 본 경험이 있는 사람에게 더 많이 물어보고 조언을 듣고자 한다. 그렇지 않은가. 당신이라면 누구의 조언을 귀담아듣겠는가. 경험도 없이 말만 하는 사람의 조언을 들을 것인가? 아니면 경험을 통해 자신의 노하우가 있는 사람의 말을 들을 것인가. 어떤 사람의 말에 더 파워가 실리는지 물어보지 않아도 알 수 있을 것이다. 그러니 72:1의 법칙대로 배운 것을 일상에 접목해 보자.

배움을 가장 잘 써먹는 방법은 나눔이다. 중국속담처럼 남에게 가르쳐보면 전체를 이해하는 능력이 생겨 통찰력도 기를 수 있다. 그러니 노하우를 빼앗길까 걱정하지 마라.

배움을 나누는 것에는 두 가지 장점이 있다. **하나는 가르치는 과정에서 이해의 깊이가 깊어진다는 것이고, 다른 하나는 주변 사람들의 인정을 받는다는 것이다.** 전자이든 후자이든 두 가지 모두 당신에게는 득이 되는 상황이다.

가끔 노하우를 빼앗길까 전전긍긍하는 사람들이 있는데 당신만큼 깊이를 더하는 데는 시간이 필요하다. 그러니 당신에게 득이 되는 쪽에 초점을 맞추는 것이 더 생산적인 결과를 가져온다.

나눔의 장이 공식적으로 이루어지는 곳이 교육 현장이다. 나는 3년째 K사의 사내 강사양성과정을 진행하고 있다. 사내 강사로 교육에 들어온 교육생은 크게 두 부류로 나뉜다.

첫째는 강의를 하고 싶어서 손들고 자진해서 온 사람과 둘째는 오래 근무했다는 이유로 연차 수에 밀려 끌려 온 사람이다. 문제는 끌려 온 교육생들은 강의를 위한 교수설계를 할 때 애로를 많이 겪는다.

이유는 자신이 누군가에게 전달할 특별한 노하우가 없다고 생각하기 때문이다. 정말 그럴까?

> "당신은 살아가면서 겪은 일을 통해 많은 것을 배웠을 것이다.
> 좋았던 시절도, 힘들었던 시절도 모두 중요하며
> 이 모든 경험에서 배운 교훈들은 더욱 소중하다."

『백만장자 메신저』의 저자인 브랜든 버처드Brandon Butchard의 말이다. 사내 강사가 자주 놓치고 있는 것 중의 하나가 바로 브랜든 버처드의 메시지에 숨어 있다.

강의 중에 이야기를 나누어 보면 현장에서 쌓은 자신만의 노하우가 곳곳에 숨어 있는데 정작 본인만 그 가치를 모르고 있는 경우가 많다. 이런 현상은 사내 강사에게만 해당하는 것은 아니다. 모든 직장인에게도 해당이 된다. 누구나 일을 하면서 힘들게 얻은 정보, 노하우, 교훈이 있을 것이다. 당신이 힘들게 얻은 정보, 노하우, 교훈을 나누어 다른 사람들이 힘든 일을 겪지 않도록 도와줄 수 있는 방법을 찾아라. 그것이 배운 것은 가장 확실히 써먹는 방법이다.

상대방은 당신에게 한 수 배울 수 있어 좋고, 당신은 배운 것을 사람들에게 써 먹어보고 검증할 수 있어서 좋고 그야말로 일석이조 아닌가.

당신의 경험은 소중하다. 경험을 통해 배운 것을 일상에 활용해봐야 진짜 경쟁력이 되는 것이다. 여자로서 일을 선택한 당신도 같은 입장에 있는 후배들에게 전수해 줄 수 있는 것이 많이 있다.

일과 육아 사이에서 당신이 겪었던 경험과 노하우로 후배들이 빠른 시간 내에 일에 정착할 수 있게 도와줄 수 있다. 같은 경험을 한 선배의 말은 그 어떤 말보다도 힘이 되고, 희망이 된다.

그 후배는 가깝게는 당신의 동생, 조카 그리고 딸이 될 수도 있다. 당신이 힘든 시기를 통해 얻은 소중한 경험을 주변 사람들에게 나누어 보자.

써먹지 못하면 그것은 진짜 공부가 아니다.

아내의 경제력이 남편의 기를 살린다

통계청과 현대경제연구원에 의하면 2015년 우리나라 전체 부부 10쌍 중에 4쌍 이상이 맞벌이 가구라는 조사 결과가 나왔다. 맞벌이 이유는 다음과 같다

1위 '경제적으로 안정되기 위해서'

2위 '외벌이로는 생활비가 부족해서'

3위 '각자 자아실현을 위해서'

맞벌이를 하려는 이유

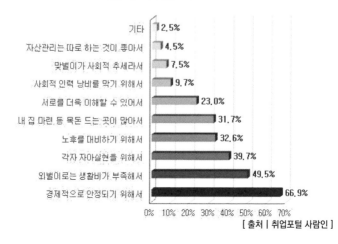

[출처 | 취업포털 사람인]

그럼 미혼 직장인은 어떨까? 취업포털 사람인에서 미혼 직장인 1,362명을 대상으로 '결혼 후 맞벌이 계획 여부'를 조사한 결과 남성은 90.2%, 여성은 89.5%가 '맞벌이를 할 것'이라고 답했다. 맞벌이를 원하는 이유로는 기혼 부부와 같은 '경제적인 안정을 위해서'가 1위로 조사되었다.

'경제적 안정'은 삶의 질에 직접적인 영향을 미친다.
나도 아이 셋을 키우면서 경제적 불안감을 피부로 절감했다. 경제적으로 안정되지 못하니 가파른 집값 상승과 물가 상승은 마음을 불안하게 했다.
어렵게 시작한 신혼살림이다 보니 애초부터 우아한 삶 따위는 기대하지도 못했다. 여기에다 회사들이 경제성장 둔화를 이유로 구조조정, 명예퇴직이란 카드를 들고나오면서 가정경제의 중심이 되었던 가장들이 집으로 영원히 퇴근하는 일이 가까운 지인들에게 일어났다.

워킹맘 K의 남편은 명예퇴직을 한 지 3년째다. K씨는 남편이 명예퇴직할 당시만 해도 이렇게까지 오래 일을 못 할 것이라고 생각하지도 못했다. 마음의 여유가 있었던 남편도 1년이 넘어가자 초조해하기 시작했고, 퇴직금이 바닥을 보이자 가족과 대화가 안 될 정도로 신경이 예민해져 급기야 이혼 이야기까지 오고 갔다며 힘들어했다.

강사들이 기피하는 교육 중 하나가 회사 내 부진자 교육이다. 인사평가가 끝나고 하위 고과를 맞은 사람들이 들어오는 교육으로, 회사에서는 '알아서 나가줬으면' 해서 시행하는 교육인 경우가 대부분이다.
부진자들도 그것을 알지만, 가족의 생계를 책임지고 있기에 회사에 남기 위해 필사적으로 노력하는 모습을 보면 안타까운 마음이 먼저 들곤 한다.

몇 년 전에 TV를 보다가 남편이 뜬금없이 물었다

"나 회사 그만둔다고 하면 어쩔 거야?"
"왜, 누가 갈궈?"
"아니, 그냥 요즘 좀 힘드네."

왠지 힘들어 보이는 남편의 모습에 부진자 교육에서 만난 사람들이 떠올라 나도 모르게 말이 튀어나왔다.

"갈구는 사람 있으면 그만둬. 내가 있잖아."

경제적으로 힘들 때 가정의 위기는 어김없이 찾아온다. 세 아이를 둔 워킹맘으로 살아오면서 아이, 가정에 소홀하다는 이유로 남편과 신경전도 많았다.

전날 집에 위급한 일이 있어도 다음날 마음 편하게 출근하는 남편이 얄밉기도 했지만, 남편이 퇴사를 입 밖으로 낸 것은 처음이라 크게 당황스러웠다. 얄미운 남편이지만 같이 맞벌이를 하면서 가장으로서의 책임감을 누구보다도 성실히 수행했다는 생각이 들자 안쓰러운 마음까지 들었다.
한번은 '남편의 경제적 무능'이 이혼 사유가 되느냐, 되지 않느냐를 놓고 동창들 사이에서 설전이 벌어졌다. 그때 한 친구가 "야, 다 필요 없어. 남편이 돈 잘 벌어와 봐. 시어머니도 예뻐 보인다. 나는 남편이 돈 잘 벌어다 주면 시어머니와 사랑에 빠질 수도 있어."라고 너스레를 떨어 웃음바다가 된 적이 있었다. 뭔가 이상하다는 생각이 들었다. 겉으로는 부부 평등, 가사분담을 외치면서 왜 경제적 책임은 남자들에게만 있다고 생각하는가.

이것은 사회가 많이 변했다 하더라도 아직까지 생계의 책임이 남자에게 있다고 암묵적으로 생각하기 때문이다.

그러나 이것은 공평하지 않다. 맞벌이하는 여자가 가사분담에 있어서 불공평을 느끼는 것처럼, 맞벌이 하는 남자의 입장에서 경제적 책임을 남자에게만 돌리는 것은 분명 불공평한 일이다. 나는 남편의 '경제적 무능'은 남편의 책임이 아니라 여자인 내가 더 열심히 일할 이유라고 생각한다.

이것이 아이 셋을 키우면서 내가 더 열심히 일하는 이유이다. 한 번도 남편이 나와 아이들을 온전히 책임져야 한다고 생각하지 않았다. 가정은 남자, 여자가 함께 꾸려가는 경제공동체다. 그런데 그 책임을 한사람에게만 묻는다는 것은 불공평하고 위험한 일이다.

"굉장한 적을 만났다. 아내다. 너 같은 적은 생전 처음이다."

영국 낭만파 시인 조지 고든 바이런^{George Gordon Byron}이 남긴 말이다.

부부란 서로에게 책임만 물으려고 하면 적이 되지만, 서로가 책임을 지려고 하면 이보다 더 좋은 동반자는 세상에 없다. 서로에게 책임을 지려는 마음은 서바이벌 같은 삶에서 언제 나타날지도 모르는 위험 상황으로부터 서로를 지켜줄 좋은 동반자가 되겠다는 뜻이다. 한마디로 무슨 일이 있어도 전우애로 똘똘 뭉쳐 함께 끝까지 가는 것이 부부 사이이다.

"여보, 내가 열심히 일하니까 좋지?"

"응. 솔직히 좋지. 남자들도 기대고 싶을 때가 있거든."

아내가 남편에게 기대고 싶을 때가 있듯이, 남편도 아내에게 기대고 싶은 순간이 있기 마련이다.

강사라는 직업 덕분에 교육 현장에서 수많은 회사원들을 만났고 그들을 통해 남자들의 조직 생활을 잘 이해할 수 있었다.

내가 본 남자들의 조직 생활은 그야말로 약육강식이다. 치열하기 그지없다.

그 치열함 뒤에는 가장으로서의 무게감, 책임감이 있다는 것을 여자들은 알아야 한다. 가족을 먼저 생각하는 마음이 있기에 자존심 구겨가며 그 자리를 버텨낼 수 있는 것이다.

솔직히 여자들이 그런 상황이라면 얼마나 버텨낼 수 있을까? 수많은 남자들은 가장이라는 이유로 치열하기 그지없는 조직 생활을 오늘도 버텨내고 있다. 비즈니스의 세계는 냉정하다. 자존심을 먼저 내세우면 비즈니스를 제대로 할 수 없다.

때로는 끼어들고 싶지 않은 사내정치도 해야 하는 것이 비즈니스다. 이것이 여자들에게는 없는 남자들의 강점이다. 만약 남자가 온전히 생계를 책임지지 않아도 된다면, 경제적으로 기댈 수 있는 든든한 아내가 있다면 남자들은 훨씬 더 소신 있게 일할 수 있을 것이다. 눈치 보지 않고 자존심을 지키면서 여유로운 마음으로 조직 생활을 할 수 있을 것이다.

이것은 일하는 여자에게도 그대로 적용된다. 경제적 형편 때문에 어쩔 수 없이 일하는 여자와 경제적인 것과는 상관없이 자신의 꿈을 위해 일하는 여자는 다르다. 모회사의 여직원 교육과 관련해서 담당자와 미팅 중에 이런 말이 나왔다.

"남편이 잘나가는 여직원은 대우도 달라요. 똑같은 요구를 해도 '소신 있다, 당당하다' 말하고, 그렇지 않은 여직원은 '뭘 믿고 그래? 눈치가 없어'라고 대놓고 차별대우를 해요."

이 말이 무엇을 뜻하겠는가. 아무래도 남편이 잘나가면 회사에서 눈치 볼 일이 상대적으로 적어지고, 회사에 연연하지 않고 소신껏 당당하게 일할 수 있으니 동료들도 함부로 대할 수 없는 것이다. 그러나 경제적인 어려움 때문에 어쩔 수 없이 회사에 다닌다면, 약자 입장이라 눈치 봐야 할 일이 많고 그만큼 심리적으로 위축됨을 상대방도 잘 알고 있기 마련이다.

10년간 거래를 해온 컨설팅사가 있다. 여기 근무하는 팀장 A가 참으로 독특하다. 느긋하고 여유 있는 성격에다 회사 생활도 아쉬운 게 없어 보여 물어보니 같이 근무하는 직원이 말한다.

"와이프가 사업을 하는데 돈을 엄청나게 잘 벌어요. 결혼을 엄청 잘 하신 거죠."

경제력 있는 와이프 덕분에 일을 안 해도 되지만 자신의 꿈을 위해 일을 한다는 A 팀장은 입사할 때 조건이 월급이 아니라 '하고 싶은 일만 한다. 하고 싶지 않은 일은 안 한다'였다고 한다.

자기 하고 싶은 일만 하는데 회사에서는 뭐라고 할 수가 없다. 일의 결과가 좋기 때문이다. 어찌 보면 지극히 자연스러운 현상이다. 자기가 잘 할 수 있고, 하고 싶은 일만 하니 일의 능률이 오르는 것은 당연하지 않은가.

닭이 먼저냐, 계란이 먼저냐의 이야기 같지만 남편의 경제력이 아내의 기를 살리듯이 아내의 경제력은 남편의 기를 살린다. 그렇지 않은가. 혼자 짊어지는 경제적 책임은 심적인 부담감으로 이어져 사람을 한없이 위축시킨다. 교육 현장에서 만난 수많은 가장이 그랬다. 가족의 생계가 오직 자신에게만 달려 있으니 소신껏 일한다는 것은 어찌 보면 가족의 생계를 위협하는 일이기도 한 것이 현실이다.

나는 나의 배우자가 눈치 보지 않고 소신껏 일하기를 바란다. 당신도 그럴 것이다. 상대방을 탓하기 전에 자신의 경제력을 키울 수 있는 방법을 찾아라. 지원받으며 사는 삶 보다 지원해주며 사는 삶이 인간으로서 더 가치 있고 보람된 삶이다. 일을 선택한 당신은 이미 남편의 기를 살려주고 있는 멋진 여자이다.

두 번째 프레임 - 엄마

옥시토신 호르몬 수치를 높여라

특별히 문제도 없는데 기분이 가라앉고 손 하나 까딱하고 싶지 않은 그런 날이 있다. 온몸의 세포들이 일제히 'Stop'신호를 보내오는 그런 날 말이다. 나는 몇 년 전부터 찾아온 마음의 신호를 여러 번 무시하다 '마음의 병'을 심하게 앓은 적이 있다.

엄마, 아내, 커리어우먼으로 살아오면서 가족, 타인에만 신경을 썼지 정작 나 자신을 들여다보는 시간은 없었다. 40대 후반, 여자라면 누구도 피해갈 수 없는 '갱년기'가 찾아왔다.

이유 없이 감정적 기복이 심해지면서 우울해지고 신경세포들이 예민하게 움직였다. 상대방의 작은 실수도 그냥 넘어가지 못하니 집은 전쟁터가 돼버렸다. 중·고등학교 다니는 두 딸과 연일 벌어지는 신경전에 남편도 더 참을 수 없었는지 짜증스럽게 한마디 했고 그 순간 나는 '아차' 싶었다.

"나도 갱년기야!"

나 힘든 것만 생각했지, 남편 힘든 것은 생각하지 못했다. 미친년 널뛰듯이 뛰는 감정 때문에 가족은 물론이고 같이 일하는 동료와도 틈이 벌어지고 있음을 깨닫고 나서야 나는 자신을 들여다볼 수 있었다.

사춘기와 갱년기를 겪는 사람들은 가족의 배려가 절실히 필요하다. 그런데 우리 집은 딸 둘은 사춘기, 나와 남편은 갱년기를 함께 보내고 있었다. 한마디로 최악의 조합이 만들어진 것이다.

누나들의 사춘기와 엄마의 갱년기 틈바구니에서 연일 눈치를 보던 초등학교 4학년짜리 아들이 긴장감 넘치는 집안 분위기에 힘들었는지 반항하기 시작했다.

"나도 사춘기야. 엄마는 내가 사춘기인 것도 모르잖아. 나도 힘들어."

여자의 갱년기는 몸이 아니라 마음에서부터 시작한다. 위로받지 못했던 마음이 불쑥불쑥 찾아와 몸으로 증상으로 나오는 것이 갱년기의 특징이다.
특히 최선을 다해 열심히 살아온 사람일수록, 많은 희생을 하며 살아온 사람일수록 갱년기 증상은 크고 혹독하다.

최선을 다한 만큼 주변의 인정과 칭찬에 목마르고, 지난 세월에 대한 보상심리가 크기 때문이라고 전문가들은 말한다. 한마디로 갱년기는 마음의 병이다. 그렇다면 '마음의 병'은 어떻게 극복해야 할까?

첫째, 자신의 감정에 집중해야 한다.

마음의 병을 풀 수 있는 실마리는 자신이 느끼는 감정에 있기 때문이다. 무엇 때문에 그런 감정이 생겼는지 알아차리는 노력이 필요하다. 자신이 느끼는 감정은 자신만이 제대로 이해할 수 있다.

그런데 많은 사람들은 자신이 느끼는 감정을 타인에게서 위로 받으려고 한다. 위로가 나쁘다는 것이 아니다. 위로는 사람들의 슬픔을 달래주고, 다시 시작할 수 있는 용기를 주기도 한다. 그러나 무조건적인 위로는 오히려 독이 된다. 자신이 원하는 것이 무엇인지, 그것이 어떤 의미가 있는지 깊게 고민해 보지 않고, 노력해 보지 않은 사람들에게 타인의 위로는 그저 듣기 좋은 말에 불과하기 때문이다.

이런 위로는 일시적으로 기분이 나아질 수는 있어도 근본적인 도움은 되지 않는다. 근본적인 문제는 오직 자신만이 해결할 수 있다. 그렇기에 힘이 들더라도 자신의 감정이 무엇을 말하고 있는지, 어떤 것을 원하고 있는지를 제대로 이해하는 시간을 가져야 한다. 그래야 자신이 무엇을 원하는지 정확하게 알 수 있다.

둘째, 일상에서 에너지를 충전할 수 있는 방법을 찾아라.

우리 몸은 에너지를 주기적으로 충전해주지 않으면 원하는 대로 쓸 수 없다.

사람은 누구나 하루에 쓸 수 있는 에너지의 양이 정해져 있다. 일상에서 에너지를 충전할 수 있는 방법을 찾아야 마음의 병을 극복하는 데 도움이 된다. 크고 거창할 필요도 없다. 소소한 행복을 느낄 수 있는 일상적인 활동이면 된다.

세계적인 부부관계 전문가 존 그레이 박사John Gray는 그의 저서 『충돌』을 통해 여성 호르몬 '옥시토신(oxytocin)을 높이는 100가지 방법'을 소개했다. 그중 직접 경험해 보고 감정 정화에 효과가 좋았던 25가지 에너지 충전법을 공유하고자 한다.

25가지 에너지 충전법

마사지를 받는다.

머리를 손질한다.

매니큐어, 페디큐어를 한다.

친구와 전화 통화를 한다.
(수다는 정신건강에 좋다.)

걸으며 명상하거나 깊은 호흡을 하면서 운동을 한다.

음악을 듣는다.

친구와 재미 삼아 쇼핑을 한다.
(개인적으로는 야시장을 가는 것을 추천한다.)

적어도 한 시간 정도 걷는다.

화초를 기른다.

애완동물을 쓰다듬어주고 안아주고 보살펴 준다.

여자 친구와 여행을 간다.
(추억으로 돌아가 꿈 많았던 자신을 발견할 수 있다.)

좋은 책을 읽는다.
(강력히 추천한다! 때로는 좋은 문구 하나에 마음의 평정을 찾을 수 있다.)

집안일을 도와줄 가사도우미를 구한다.
(적은 비용으로 호사를 누릴 수 있는 방법이다.)

가족끼리 재미있게 할 만한 활동을 계획해 본다.

학부모 모임에 참석한다.
(같은 입장에서 공감대를 형성할 수 있다.)

기부금을 낸다.
(사회에 기여하고 있다는 것만으로도 자부심이 생긴다.)

사회·정치적인 집회에 참석한다.
(뭔가에 기여하는 것 같아 기분이 좋아진다.)

친구가 무언가를 할 때 도와준다.

미술관에 간다.

영화를 보러 간다.
(짧은 시간에 감정을 말끔히 씻어낼 수 있다.)

서점이나 도서관에서 하는 저자 강연회를 간다.
(이것 또한 강력히 추천한다!
에너지가 어떻게 흐르고 있는지 눈으로 직접 확인할 수 있다.)

옷장을 정리한다.

섹시한 속옷을 산다.

트레이너에게 1:1 PT를 받는다.
(실제 1:1 PT를 통해 몸의 라인이 잡히면서 자신감이 상승했다.)

맛집을 찾아다닌다.
(맛있는 음식은 순식간에 기분을 좋게 만든다.)

그러나 내가 소개한 25가지 방법보다, 당신에게 맞는 에너지를 충전할 수 있는 방법을 찾는 것이 더 중요하다. 특히 여성에게 에너지를 충전시키는 활동은 여성호르몬과 관련이 있다. 갱년기 증상은 여성호르몬이 부족해서 나타나는 현상이기 때문에 옥시토신 생산을 자극하면 정신 건강에 도움이 된다. 『만두와 사우나만 있으면 살만합니다』의 저자 사이토 다카시는 기분 전환 방법에 대해 이렇게 말했다.

"스트레스가 쌓였을 때는 어떤 일을 해야 기분이 좋아질지 그 방법을 쭉 적어보면 좋다. 하나씩 적어두면 어려운 일이 생겼을 때나 우울할 때, 또는 자신감을 잃었을 때 '이런 방법으로 기분을 전환하면 되지'라는 생각이 들면서 마음이 가벼워진다."

에너지를 충전해 줄 수 있는 당신만의 방법을 찾아보자. 당신의 기분은 당신이 컨트롤해야 한다. 사이토 다카시의 말처럼 어떤 일을 했을 때 기분이 좋아질지 생각날 때마다 적어 두자. 어떻게 해야 자신의 기분이 좋아지는지 모른다는 것은 감정의 시한폭탄을 안고 있는 것과 마찬가지다.

분명히 말해두지만, 자신의 감정은 자신만이 정확하게 이해할 수 있다. 당신이 느끼는 감정은 오직 당신의 몫이라는 말이다. 그러니 타인에게 위로받으려고 하지 말고, 형식적으로 하는 듣기 좋은 말에 현혹되지 말자. 자신 스스로 에너지를 충전할 수 있는 방법을 찾아보자.

그리고 어려운 일이 생겼거나

우울할 때, 위로받고 싶을 때 미리 적어둔 것들 중 하나를 선택해 실행으로 옮겨 보고 에너지를 가득 충전해 보자.

　대학교 친구는 에너지가 고갈될 때마다 혼자 노래방을 찾는다. 혼자서 목청껏 노래를 부르고 나면 기분이 좋아진다고 했다. 특히 목소리가 쉬도록 노래를 부르고 나면, 나쁜 에너지가 다 빠져나간 것 같아 후련하다고 했다. 친구들은 "취향도 독특해. 혼자서 무슨 재미로"라는 반응이었지만, 내 생각은 달랐다. 생각해보라. 우울할 때 당신은 어떻게 하는가. 누군가 위로해 주기를 기다리는가? 아니면 애꿎은 가족, 친구들을 탓하며 우울한 감정을 그대로 유지하는가?

　자신의 감정을 전환할 수 있는 방법을 알고 있는 사람과 그렇지 않은 사람은 회복의 정도가 다르다. 언제까지 주변에서 나의 감정을 책임져야 하는가? 그런 의미에서 본다면 친구는 취향이 독특한 것이 아니라 현명한 것이다. 마음을 다스릴 방법은 어떤 일을 해야 기분이 확 좋아질지를 아는 것이다. 그것만으로도 마음의 병을 이겨낼 수 있다.

엄마가 포기하면 딸도 포기한다

'중도 포기 유전자'라고 들어봤는가? 어떤 일을 시작할 때 의욕과 열정에 가득 차서 시작하지만, 시간이 흐를수록 의욕이 떨어져 제 기능을 하지 못하는 사람을 중도 포기 유전자를 가진 사람이라고 한다. 살면서 여러 번 포기 해 본 적이 있어서 중도 포기라는 단어는 이해하겠지만 '유전자'라는 단어가 마음을 무겁게 한다. 중도에 포기하는 것도 유전이 된다는 말일까.

워킹맘 K는 아들 문제로 골머리를 앓고 있다. 올해 27살인 아들은 무엇을 시작하면 끝을 제대로 맺어 본 적이 없다. 아들은 고등학교도 K의 노력으로 간신히 졸업했다. 자격증을 따고 싶다고 해서 학원비도 지원해주었지만, 그것마저도 몇 개월 다니다가 포기했다. 회사도 5개월 이상 다녀 본 적이 없다. 이런 아들의 모습을 지켜보고 있자니 K는 애가 탄다. K 자신도 결혼 전에 무엇하나 자기 손으로 성취해보지 못하고 도망치듯 결혼했기 때문에 혹시 아들이 자신을 닮아서 그런 것이 아닌가 불안한 마음을 감출 수 없다고 했다.
워킹맘 K의 상황은 주변에서 흔히 볼 수 있다. 시작은 하지만 끝까지 승부를 보는 사람들이 생각보다 많지 않다.

중도 포기 유전자를 구분할 수 있는 기준이 있다. 혹시 '작심삼일'이라는 말이 매우 친숙하게 느껴지는가. 그렇다면 당신도 중도 포기 유전자를 보유하고 있는 사람일지도 모른다. 부모가 가지고 있는 **'중도 포기 유전자'**는 일상생활에서 아이에게 무의식적인 영향을 끼칠 수 있다.

사람 좋기로 유명한 아버지는 '법 없이도 살 사람'이라는 칭찬이 자자했다. 그러나 양보를 미덕으로 알고 있는 아버지 덕분에 가족들의 생활은 빈곤했다. 책임감 떨어지는 아버지 때문에 어머니는 어린 4남매를 할머니 손에 맡기고 생활전선에 뛰어들어 고생을 많이 하셨다. 어머니는 아버지의 모습이 오빠에게 보일 때마다 "지 애비 닮아서. 꼭 지 애비 하는 행동이랑 똑같다."라고 신세 한탄을 하시곤 했다.

그런 어머니의 모습을 이해하기 시작한 것은 첫째 수민이가 초등학교에 입학하고부터다. 수민이가 초등학교 5학년 때 교내 '왕따 사건'의 주동자로 지목이 되어 학교에 불려간 적이 있다. 면담 중 담임선생님의 말씀이 지금까지도 마음속의 상처로 남아 있다.

"수민이가 어머니를 닮았나 봐요. 말하는 게 어머니하고 똑같아요."

묘하게 질책하는 듯 한 말에 그 옛날 신세 한탄을 하시던 어머니의 모습과 나의 모습이 오버랩 되어 한참 동안 마음을 추스르고 반성해야 했다.

부모의 뜻대로 되지 않는 것이 아이다. 아이들은 오직 일상에서 부모의 행동을 보고 따라 할 뿐이다. 이것이 부모가 먼저 모범을 보여야 하는 이유일 것이다. 아이가 일찍 일어나길 원한다면 부모가 먼저 일찍 일어나야 한다. 아이가 책을 많이 읽기를 바란다면 부모가 먼저 책을 많이 읽어야 한다. 튼튼한 아이로 키우고 싶다면 부모가 먼저 건강한 식습관과 운동습관을 가져야 한다. 본보기를 보여야 하는 부모는 하지 않으면서 아이에게 그런 모습을 기대한다는 것은 이치에 맞지 않는다.

보고 배운 것이 없는데 어떻게 따라 할 수 있다는 말인가.

틈만 나면 게임한다고
중독이라 하지만
난 학교 갔다 와서 할 뿐
난 학원 갔다 와서 할 뿐
난 밥 먹고 할 뿐
난 똥 싸고 할 뿐
학교도 안가, 학원도 안가,
밥도 안 먹어, 똥도 안 싸
틈도 없이 하는 게
중독이지
틈도 없이 잔소리하는
엄마가 중독이지

'**중독**'이라는 제목으로 온라인상에 떠돌아다니는 강기화 초등학생이 쓴 자작시다. 웃음이 나면서도 영리하다는 생각이 든다. 말로는 아이를 당해낼 재간이 없다. 이런 아이에게 부모가 막무가내로 요구한다고 해서 부모 뜻대로 따라주지 않을 것이다.

무엇을 하든 쉽게 포기하는 것은 인생을 실패하게 만드는 큰 원인 중 하나다. 작은 역경만 있어도 "내가 왜 이렇게까지 해야 하나"라고 생각하는 순간부터 자기합리화를 하면서 포기할 수 있는 여러 가지 구실을 찾기 마련이다. 그렇다면 쉽게 포기하는 사람들의 특징을 통해 자신의 모습을 뒤돌아보자.

첫째, 쉽게 포기하는 사람들은 '때문에' 병에 걸려 있다.

"당신 때문에"

"도와주는 사람이 없기 때문에"

"준비가 안 됐기 때문에"

"기회가 없었기 때문에"

"다른 사람이 먼저 했기 때문에"

"많이 배우지 못했기 때문에"

때문에, 때문에, 그 때문에 한도 끝도 없이 이유와 변명을 늘어놓는다. 그 때문에 병에 걸리는 것은 회피 감각만 발달되어 있고 선호 감각이 미숙하기 때문이다. 자신이 무엇을 좋아하는지, 무엇을 하고 싶은지, 무엇을 잘하는지 자기 자신에 대한 감각이 둔하기 때문에 성취해야 할 목표를 향해 노력하기 보다는 작은 역경만 부딪쳐도 회피할 생각부터 찾는 것이다.

"때문에" 병을 고칠 방법은 **"그럼에도 불구하고"**로 바꾸어 생각하는 것이다.

"도와주는 사람이 없음에도 불구하고"

"준비가 안 되었음에도 불구하고"

"기회가 없음에도 불구하고"

"다른 사람이 먼저 했음에도 불구하고"

"아는 것이 많지 않음에도 불구하고"

"처음 해보는 것임에도 불구하고"

이런 사고방식은 자신이 무엇을 원하는지, 무엇을 잘하는지 선호 감각을 찾는 것을 도와 목표를 향해 노력하게 만든다. 당신도 '때문에 병'에 걸려있는가. 그렇다면 지금부터 '그럼에도 불구하고'를 대입해 보자. 당신이 할 수 있는 일과 기회가 생각보다 많이 발견될 것이다.

둘째, '대박 증후군'에 걸려있다.

뭐든지 한 번에 하려고 한다. '대박 증후군' 증상이 있는 사람은 시간과 노력을 투자해서 한 단계 한 단계 밟아 나아가는 사람들을 우습게 생각하고, '어느 세월에'를 외친다. 허황된 꿈에 사로잡혀 쉽게 무언가를 얻으려고 한다. 그러나 세상은 그렇게 호락호락하지 않다. 대박 증후군이 있는 사람은 쉽고, 편하고, 빠른 것을 찾아다니다가 어려운 것을 만나면 금방 포기한다. 쉽게 성공하려는 마음이 포기를 부추기는 것이다. 그러나 세상에 쉬운 것은 없다. 정직하게 땀을 흘려 얻는 결과라야 의미가 있는 것이다. 어렵게 얻은 것일수록 가치 있게 느껴지고, 성취감도 생긴다.

쉽게 얻을 수 있는 것을 경계하라. 대박 증후군이 당신의 인생을 좀 먹는다.

셋째, '머피의 법칙'이 집중적으로 작동한다.

머피의 법칙은 1949년 미국의 에드워드 공군 기지에서 일하던 머피^{Murphy} 대위가 처음 사용한 말로 알려져 있다. 어떤 실험에서 번번이 실패한 머피는 그 원인을 무척 사소한 곳에서 찾게 되었다. 그때 머피는 '어떤 일을 하는 방법에는 여러 가지가 있고, 그중 하나가 문제를 일으킬 수 있다면 누군가는 꼭 그 방법을 사용한다'고 했다. 이것은 안 좋은 일을 미리 대비해야 한다는 뜻으로 한 말이었는데, 사람들은 일이 잘 풀리지 않고 꼬이기만 할 때 '머피의 법칙'이란 말을 쓰게 되었다고 한다.

머피의 법칙은 삶에서도 나타난다. 머리로는 어려움을 극복해야 한다는 것을 알고 있지만, 몸으로 버텨낸 경험이 없으니 쉽게 포기하는 악순환이 반복된다. 때로는 원하는 것을 얻기 위해서는 미련하다 싶을 정도로 버텨내는 것도 필요하다. 버텨낸 경험이 없는 사람은 끊임없이 자신을 의심하고 불신하게 된다. 본디 세상은 자기가 인식하는 대로 돌아가기 마련이다. 어디에 초점을 맞추고 살아갈 것인가. 엄마가 포기하면 딸도 포기한다. 엄마가 해내면 딸도 해낸다.

무엇을 볼 것인가, 열쇠를 쥐고 있는 사람은 언제나 나 자신이다.

일로 성공하는 여자가 육아도 성공한다

'아이는 부모의 뒷모습을 보고 큰다'라는 말이 있다. 부모가 하는 모습을
그대로 보고 따라 하는 아이들의 특징을 표현한 말이다. 어르신들이 아이들
이 노는 모습을 보며 '씨도둑은 못 한다'라는 말을 종종 하시곤 했다.

여기서 말하는 '씨'는 부모로부터 물려받은 유전자, 즉 외모만을 말하는 것은
아닐 것이다. 어렸을 적에 부모의 말과 행동을 보고, 듣고 자라면서
자연스럽게 부모가 했던 행동을 그대로 답습하는 모습에서 나온 말이다.
때문에 '씨도둑은 못 한다'라는 말은 정황상으로 보면 후자 쪽에 훨씬 더
무게중심이 실려 있다.

"아침에 일찍 출근하시면 애들은 누가 깨워서 학교에 보내요?"
워킹맘 후배들이 가장 궁금해하는 질문이다. 그러면 나는 이렇게 말한다.
"애들? 자기들이 알아서 학교에 가는거지. 지각하면 자기만 손해니까."
"대표님은 왠지 그러고도 남을 것 같아요."

남 이야기하듯 말하는 내게 후배들은 납득이 간다는 듯한 눈빛을 보낸다.
프리랜서 강사인 나는 출·퇴근도 일정하지 않고 출장도 잦다. 바쁜 엄마를 둔
탓에 아이들은 스스로 하지 않으면 안 된다는 것을 일찍감치 터득했다.

여러 가지 우여곡절이 있었지만, '내 아이는 자기 할 일을 알아서 스스로 할 수 있다'라는 믿음으로 버텨낸 인내의 결과물이었다.

"엄마는 이거 해라, 저거 해라 나한테 강요하지 않아서 좋아.
내가 하고 싶은 거 하게 해주고, 밀어주려고 하니까
열심히 해야겠다는 생각이 들어.
그리고 엄마도 하고 싶은 일 하면서 열심히 살잖아.
나도 엄마처럼 하고 싶은 일 하면서 열심히 살 거야!"

딸아이의 한마디에 내 믿음이 옳았다는 것을 다시 확인했다. 좋은 결과는 스스로 해내는 과정을 통해 나온다. 세상의 모든 부모는 아이가 자립심을 가지고 자신의 삶을 살아가길 바랄 것이다.

이런 바람이 이루어지려면 부모가 먼저 행동으로 '씨'를 뿌려야 아이도 부모의 바람대로 살아갈 확률이 높아진다. 셋째 종연이가 유치원에 입학했을 때, 유치원 원장님이 학부모들에게 당부했던 말이 있다.

"유치원만 20년 이상 운영을 해보니까 아이가 하는 행동만 봐도 부모님의 성격, 집안 분위기 이런 게 대충 짐작이 갑니다. 어떻게 알 수 있냐고요? 아이가 놀이하는 모습을 통해서요. 아이가 놀이하는 모습을 지켜보면 여기 계신 부모님 중 상당수는 놀라실 거예요. 집에서 부모님들이 쓰는 언어, 행동들이 그대로 아이의 입을 통해서 나오거든요."

유치원 원장님의 말처럼 아이는 부모의 거울이다. 아이는 자신이 본 것을 가감없이 일상에서 재현한다. 부모가 먼저 모범을 보여야 할 이유가 여기에 있다. 많은 워킹맘들은 아이에게 신경 써주지 못하고, 세심하게 챙겨주지 못한 것에 대한 미안한 마음을 가지고 있다.

　그러나 아이는 부모의 생각보다 훨씬 더 영리하고 똑똑하다. 아이의 사고는 어른보다 단순하기 때문에 어른의 삶을 있는 그대로 보고 느낀다.

그 때문에 당신이 신경 써야 할 것은 세심하게 아이를 보살피는게 아니라, 부모로서 자신의 삶이 아이에게 어떻게 비치고 있는지를 객관적으로 살펴보는 일이다.

　TV 프로그램 『어서 와, 한국은 처음이지?』 영국 편에는 죽은 아들을 위해 한국에 온 아버지 데이비드가 나온다. 데이비드의 아들 롭 건틀렛은 탐험가로 2009년 몽블랑 등반 중 사고로 안타깝게 생을 마감했다. 사랑하는 아들을 가슴에 묻은 데이비드는 롭의 친구들과 함께 66세라는 나이가 무색할 정도로 용기 있는 도전을 해 시청자들의 마음을 울렸다. 심장병 수술을 한 데이비드가 1,000Km 이상을 자전거를 타고, 처음 라이딩에 도전하며 체력의 한계를 극복하는 모습은 보는 이로 하여금 부모의 사랑이 어떤 것인지를 충분히 느끼게 해줬다. 한국에서 보내는 마지막 날 데이비드는 아들을 위한 도전에 대해 이렇게 말했다.

　"뭔가 못할 거라고 받아들이면 안 되는 것 같아."

　뭔가를 못 할 거라고 받아들이면 안 될 것 같다는 데이비드의 말은 자녀를 키우는 부모들이라면 반드시 생각해 봐야 하는 중요한 문제이다.

부모인 자신은 '못한다'고 말하면서 자녀들에게는 '열심히 해'라고 말하는 것은 뭔가 이상하지 않은가. 그러니 이제부터는 삶에서 예상치 못했던 걸림돌을 만나면 그것을 도전이나 기회라고 일컫자. 기회는 우리 모두 열렬히 바라고 고대하는 것이다. 이 새로운 단어를 쓸 때 어려움의 개수만큼이나 엄청난 기회들이 얼마나 많이 나타나는지 깨닫고 깜짝 놀랄 것이다.

세계적인 동기부여 전문가 브라이언 트레이시^{Brian Tracy}는 그의 저서 『개구리와 키스를』에서 '문제는 변화할 기회이자 드러나지 않은 축복'이라고 했다. '문제'를 '기회'로 보는 저자의 시선이 참으로 신선했다. 살아가면서 부딪히게 되는 수많은 문제가 기회가 될 수 있다니, 정말 놀랍지 않은가?

주위를 둘러보라. 무엇이 보이는가? 브라이언 트레이시의 말처럼 아이를 양육하면서 발생하는 모든 문제는 당신이 아직 찾지 못한 기회를 발견할 수 있는 암시일지도 모른다.

엄마들은 위기 속에서 기회를 찾는 데 능숙하다. 난관에 봉착했을 때마다 위기를 기회로 멋지게 바꾸어 내는 엄마들을 만날 때면 온몸에 전율을 느낀다. '엄마'라는 이름이 붙여지는 순간 무서울 것도 두려운 것도 없어진다. 엄마는 불가능한 것도 가능하게 만드는 엄청난 힘의 소유자이다. 이것이 우리가 '엄마'라는 단어만 들어도 가슴이 뭉클하고 코끝이 시큰해지는 이유가 아닐까.

교육공무원인 워킹맘 K 씨는 딸을 위해 새로운 도전을 시작했다. 올해 27세인 딸은 대인공포증이 있어 일반적인 사회생활이 불가능했다. 버젓한 대학을 졸업하고도 사회생활을 하지 못하는 딸을 위해 조금이라도 도움을 주고 싶은 마음에 K씨는 심리 공부를 하고 있다.

"심리 공부는 어쩌면 딸을 위한 것이 아니었는지도 몰라요.

딸아이의 심리에 대해서 알면 알수록 저도 치유되는 느낌이 들었어요.

이제는 저도 할 수 있다는 자신감이 생겼어요.

딸뿐만 아니라 학교 현장에서 고통 받는 아이들을 위해 봉사하고 싶어요.

이 도전은 딸뿐만 아니라 저에게도 희망입니다."

실제 워킹맘 K는 심리 공부를 하며 딸을 이해하게 되었고 그 과정에서 가슴속에 있던 응어리가 풀리는 느낌을 받았다고 했다. 딸도 자신을 위해 포기하지 않고 노력하는 엄마의 모습에 용기를 내기 시작했다. K씨는 이제 딸뿐만 아니라 학교 현장에서 고통 받는 아이들을 위해 도움을 주기 위해 심리 자격증에 도전하고 있다고 했다. 삶에서 만난 예상치 못했던 걸림돌이 엄마와 딸에게 '기회'를 제공한 것이다.

문제가 얼마든지 기회로 바뀔 수 있다는 것을 증명한 사람이 또 있다. 바로 고등학교 3학년 아들을 둔 워킹맘 H다. 매일 늦은 시간까지 공부하는 아들을 위해 혼자만 힘든 게 아니며 엄마도 함께 하고 있다고 알려주고 싶어 그동안 미뤄왔던 승진 시험에 도전 중이다. 승진시험을 포기할까 하는 생각도 했지만, 도전해 보지도 않고 포기하는 모습을 아들에게 보여주고 싶지 않았다.

승진 결과를 떠나 열심히 공부하는 엄마의 모습을 보여주고 싶었고, 입시 공부에 지친 아들에게 힘이 되어 주고 싶었다고 했다. 이런 엄마의 노력이 전해졌는지 어느 날 H의 아들이 진지하게 말했다.

"엄마, 승진 시험에 도전하는 모습 멋져요.

나 때문에 더 열심히 한다는 것도

알아. 요즘 엄마를 보면서 느끼는 게 많아요.

엄마도 이렇게 열심히 노력하는데

나도 열심히 공부할게요. 고마워요. 엄마!"

이제는 아들때문이라도 포기할 수 없고 죽이 되던 밥이 되던 끝까지 밀어붙여야 한다고 웃으며 말하는 H의 표정은 희망으로 부풀어 있었다.

워킹맘 K, H의 이야기는 당신의 이야기이다. 아이의 문제에 직접 개입하여 해결하려고 하지 마라. 그것보다 더 좋은 방법은 일을 선택한 당신이 먼저 자기 일에 최선을 다하는 모습을 보여주는 것이다. 엄마가 일로 성공하는 모습을 보여주는 것만큼 아이에게 용기를 주는 것도 없다.

세계적인 베스트셀러를 쓴 작가 세스 고딘^{Seth Godin}은 그의 저서 『세스 고딘의 시작하는 습관』에서 이렇게 말했다.

"도전은 언제 시작하고 기다려야 하는지를 아는 능력을 완성하는 데에

있지 않다. 그보다는 시작하는 습관을 들이는 데 있다. 당신의 마지막 시도는

언제였는가? 지금 시작하지 않으면 누군가가 시작해 버릴 것이다.

떠오르는 순간 바로 시작하라. 서둘러라!"

세스고딘의 말처럼 이것저것 아이에게 강요하지 말고 당신이 먼저 행동으로 옮겨라. 무엇을 망설이는가. 일을 선택한 당신이 가장 빠르게 육아에 성공하는 방법은 일로 성공하는 것이다.

아이의 문제로 걱정만 하지 말고, 아이의 문제를 자신에게 온 도전이나 기회로 생각해라. 당신이 아이를 위해서 무언가를 할 수 있는 기회가 눈앞에 있다. 당신의 행동 하나하나가 아이에게 성공이 되기도 하고 실패가 되기도 한다. 솔직하게 스스로에게 물어보자.

'나는 성장을 위해 열심히 노력하고 있는가?'

육아에 성공하고 싶다면 자신의 성장을 위해 끊임없이 노력하라. 육아에 정답이 없다지만, 노력하는 엄마의 모습은 언제나 아이에게 긍정적인 영향을 끼친다. 아이의 성공을 바라는가? 그렇다면 당신이 먼저 일을 선택한 엄마로서의 근성을 보여라. 그것이 아이의 성공을 돕는 가장 빠른 방법이다.

꼭 알아야 할 좋은 도우미 구하는 법

일하랴, 살림하랴 워킹맘의 하루는 24시간이 부족하다. 만약 당신은 시간을 돈으로 살 수 있다면 얼마를 지불할 의향이 있는가?

워킹맘의 시간은 1분 1초가 아깝다. 눈을 뜨면서부터 잠자리에 드는 순간까지 아껴가며 사용해도 늘 부족한 것이 시간이다. 그중 워킹맘의 아침 시간은 전쟁터를 방불케 한다. 아이를 깨우고, 밥을 먹여 학교에 보내고 출근 준비를 하기에도 벅찬 것이 아침 시간이다.

프리랜서인 나는 출근이 일정하지 않아 규칙적으로 아침을 차려줄 수도 없었고, 아이들도 입맛이 없다는 이유로 포기했다.

그러나 아침 식사를 포기했다고 해서 시간이 여유로운 것은 아니다.

보통 아침강의는 9시부터 시작된다. 강의 시간 30분 전에는 도착해야 하니 강의 장소가 서울과 경기도 인근이면 7시 전에는 집에서 출발해야 하고, 지방인 경우는 새벽 5시를 전후로 집을 나서야 하는 경우도 허다하다.

말 그대로 아침 시간은 씻고 출근하기도 바쁜 시간인 것이다. 강의가 시작되면 교육생에게 몰입해야하니 쉬는 시간 10분, 점심시간 1시간을 제외하고는 개인적인 시간이 전혀 없다.

사실 쉬는 시간도 온전히 쉬는 것이 아니다. 다음 시간 강의 준비를 하다 보면 10분이 눈 깜짝할 사이에 지나간다. 이렇게 하루 8시간을 강의하면 금방 오후 6시가 된다. 퇴근길 차 막힐 것을 대비해서 부랴부랴 출발해 보지만 집에 빨리 도착해야 7시, 늦어지면 10시, 11시를 넘기기 일쑤다.

집에 도착해서는 옷을 갈아입자마자 십 수 년 동안 쌓인 노하우로 기계처럼 움직인다. 먼저 빨래거리를 찾아 세탁기를 돌려놓고 쌓여있는 설거지를 시작한다.

배고프다고 아우성치는 아이들을 위해 부랴부랴 저녁 준비를 해서 같이 먹으면 9시가 된다. 초등학생, 중학생, 고등학생이 있는 우리 집은 아이들 모두학원 끝나는 시간이 다르다 보니, 저녁상을 2번 이상 차려야 하는 날도 허다하다.

식사가 끝나고 나면 초등학생 아들 녀석 과제와 준비물을 확인하고 어수선한 집안 정리를 대충하고 나면 어느덧 12시가 된다.

내가 이렇게 동동거리는 동안 남편은 뭐 하는지 궁금한가? 오십 대에 접어든 남편은 남편대로 시간에 쫓겨 산다. 나와 다른 것이 있다면 남편은 아이, 집안일이 1순위가 아니라는 것이다.

요즘처럼 명예퇴직이니 희망퇴직이니 말이 많은 시기에 회사에서 인정받으며 열심히 일하고 있으니 감사한 마음이 들다가도 육체적으로 힘에 부치는 날이면 남편을 공격하게 된다.

나름대로 최선을 다하고 있는데 이런 공격을 받아들이기 힘들었는지 어느 날 남편이 말했다.

"내가 회사 그만둘까? 당신이 다 책임질 수 있겠어?"

어이없는 질문에 황당하다가도 답도 없는 싸움에 지혜롭게 대처하지 못했다는 생각도 들었다. 비단 우리 집만의 문제가 아닐 것이다. 지금 이 순간도 고군분투하고 있는 모든 워킹맘의 문제이기도 하다. 지금부터 이 문제를 어떻게 현명하게 풀어나가야 할지 생각해 보자.

휴대전화도 배터리를 주기적으로 충전해야 사용할 수 있다. 방전되면 무용지물이 된다. 워킹맘인 당신도 마찬가지다. 일을 더 잘 해내기 위해서, 아이를 더 잘 돌보기 위해서, 남편과 좋은 관계를 유지하기 위해서 에너지를 충전할 수 있는 시간을 갖는 것은 선택이 아니라 필수이다.

가끔 가다 온전한 충전의 시간이 생겨도 미안한 마음, 불편한 마음으로 시간을 보내는 워킹맘들을 보게 된다. 스스로가 이런 상황을 사치라고 생각하기 때문이다.

다시 한번 말한다. 워킹맘인 당신이 일을 더 잘 해내기 위해서, 아이를 더 잘 돌보기 위해서, 남편과 좋은 관계를 유지하기 위해서 자신만의 시간을 갖는다는 것을 선택이 아니라 필수다. 그런 시간이 있어야 온전히 에너지를 충전할 수 있고 자신의 성장을 위해 노력할 수 있는 것이다. 누구에게나 공평하게 주어지는 하루 24시간이지만 워킹맘에게는 전혀 공평하게 작용하지 않는 것 또한 시간이다.

어떻게 하면 늘 부족한 워킹맘의 시간을 확보할 수 있을까.

나는 시간을 돈으로 사는 방법을 추천하고 싶다. 돈으로 시간을 살 수만 있다면 가장 빠르게 시간을 확보하는 방법일 것이다. 요즘은 많은 사람들이 시간을 돈으로 사고 있다. 만약 당신이라면 자신만의 시간을 위해 얼마를 지불할 의향이 있는가.

워킹맘의 최대 골칫거리가 매일 반복되는 가사노동이다. 해도 빛이 안 나고, 안 하면 바로 티가 나는 것이 집안일이다. 18년 동안 워킹맘으로 살아오면서 집안일을 반드시 내가 해야 한다는 생각이 나를 힘들게 했고, 아이들과 남편을 힘들게 했다.

일을 선택한 여자에게 집안일은 의무가 아니다. 선택, 가치의 문제이다. 집안일과 에너지를 충전하는 일 중 어느 것이 더 필요한지에 따라 결정하면 되는 것을 나는 엄마라는 책임감으로 일과 가사를 미련하다 싶을 정도로 버겁게 짊어지고 있었다.

내가 행복하게 일하기 위해서는 반복되는 가사노동을 해결하고 에너지를 충전할 수 있는 시간을 만들기 위한 적극적인 방법을 찾아야만 했다. 그래서 선택한 것이 가사도우미를 고용하는 것이었다. 워킹맘에게 가사도우미는 반복적인 집안일에서 벗어날 수 있는 탈출구이자 동시에 에너지를 충전하거나 자신의 미래를 위해 사용할 수 있는 시간을 확보할 수 있는 중요한 매개체가 된다. 혹시 나와 같은 워킹맘이 있다면 여러 명의 가사도우미를 거치면서 시행착오 끝에 알아낸 좋은 가사 도우미를 구할 방법을 공유하고자 한다.

첫째, 당신만의 시간이 필요한 이유가 무엇인가 생각해 보라.

쉬고 싶어서?

운동하고 싶어서?

자기계발을 위해서?

아이들과 많은 시간을 보내고 싶어서?

새롭게 시작한 일이 있어서?

그 이유가 무엇이든 상관없다. 중요한 것은 당신이 어떤 가치에 비중을 두느냐에 따라 마음이 흔들릴 수 있다는 것이다. 휴식인지, 건강인지, 자기계발인지 아니면 돈인지 분명하게 확인하라.

가사도우미가 집안일을 하는 동안 충분히 휴식을 취했다면 자기 계발을 위해 책을 읽었다면 그것으로 만족하면 된다.

문제는 가사도우미가 집안일 하는 시간에 불안한 마음으로 무엇하나 제대로 하지 못하면서 시간을 허비하는 것이다.

왜 가사도우미를 고용하고 싶은지, 가사도우미 덕분에 생긴 4시간을 어떻게 보낼 것인지 충분히 생각해보고 자신에게 맞는 선택을 하면 된다.

둘째, 가사도우미의 주 종목을 파악해라.

때로는 가사도우미가 마음에 안 들어 '차라리 내가 하고 말지', '돈이 아깝네'라는 생각이 들어 마음이 복잡해질 수도 있다. 가사도우미에게 완벽한 집안일을 기대하지 마라. 대신 당신이 무엇에 민감한지 정확하게 찾아내라.

여러 명의 가사도우미와 시행착오를 거치면서 가사도우미마다 주 종목이 있다는 것을 발견했다. 주종목이 당신이 민감해하는 부분과 맞물려 있다면 나머지는 조금 미흡해도 당신의 만족도는 올라갈 것이다.

화장실 청소에 강점이 있는 가사도우미
주방 식기와 가전제품에 강점이 있는 가사도우미
정리정돈에 일가견이 있는 가사도우미
요리 솜씨가 좋은 가사도우미
아이들에게 친절한 가사도우미

가사도우미의 주 종목이 무엇인지 확인해라, 그러면 당신의 기준에 맞는 가사도우미를 찾을 수 있다. 자신이 무엇에 민감한지도 모르면서 가사도우미에게 완벽한 집안일을 기대한다면 당신은 시간과 돈 사이에서 스트레스를 받을 것이다. 당신이 무엇에 민감한지 분명하게 이해하고 그 기준에 맞는 가사도우미를 찾아라.

셋째, 정기적으로 가사도우미와 시간약속을 잡아라.

가사도우미도 워킹맘이다. 자신들의 일에 보람을 느낄 수 있도록 배려해주자. 가사도우미는 자신의 가치를 믿고 규칙적으로 시간을 보장해 주는 곳을 선호한다. 당신의 기준과 부합하는 가사도우미를 만나면 무조건 규칙적으로 시간 약속을 해라. 불렀다, 안 불렀다하며 나 편한 대로만 하려고 하면 가사도우미와 신뢰를 쌓을 수 없다. 사람은 누구나 자신을 믿어주는 사람에게 최선을 다하기 마련이다.

"이 세상에서 가장 중요한 일을 직접 눈으로 보는 일, 이를테면 집을 짓고 밭을 경작하고 소를 키우고 과일을 따는 경제적인 일을 하는 것이라고 우리는 얼핏 생각하는 것 같습니다. 그리고 눈에 보이지 않는 일, 곧 정신적인 활동을 우리는 하찮게 여깁니다. 그러나 우리의 영혼을 살찌우게 하는 눈에 보이지 않는 일이 무엇보다 중요한 일입니다."

세계를 대표하는 작가 레프 톨스토이 Lev Nikolayevich Tolstoy 의 말이다. 워킹맘의 영혼을 살찌우게 하는 중요한 일은 일상에서 자신만의 시간을 규칙적으로 갖는 것이다. 그리고 우리는 시간을 돈으로 살 수 있는 세상에 살고 있다. 무엇을 선택할 것인가는 오로지 자신이 중요하게 생각하는 가치에 달린 것이다.

세 번째 프레임 - 커리어우먼

결핍을 인생 최대의 자산으로 만들어라

정기적으로 구독하고 있는 웹 사이트 『따뜻한 하루』에 '굴곡진 인생의 길'이란 글이 흥미로운 실험과 함께 올라왔다.

A : 처음부터 끝까지 평평한 길
B : 올라갔다 내려갔다 굴곡이 있는 길

A와 B에 크기와 모양이 같은 구슬을 각각 올려놓고 굴린다면 A와 B 중 어느쪽에 있는 구슬이 목적지에 먼저 도착하게 될까?
영상 속 구슬은 평평한 길보다는 올라갔다 내려갔다 굴곡이 있는 길에서 더 빨리 목적지에 도착했다. 몇 번을 다시 봐도 결과는 같았다.

이 실험이 의미하는 것은 무엇일까? 구슬실험을 우리의 삶에 대입해보자.

A : 역경과 고난이 없는 평탄한 삶
B : 역경과 고난이 있는 굴곡진 삶

당신은 어떤 삶을 선호하는가? 대부분의 사람은 역경과 고난이 없는 평탄한 삶을 선호할 것이다. 당연하지 않은가. 굳이 역경과 고난이 있는 굴곡진 인생을 선택해 고생할 필요가 없다. 나 역시 그렇게 생각했다.

그러나 영상 속 구슬의 움직임을 보는 순간 내 생각이 잘못되었다는 것을 금방 깨달았다. 영상 속 구슬은 굴곡이 심한 길에서 보란 듯이 더 빠르게 움직였고, 평평한 길에 있는 구슬보다 먼저 목적지에 도착했다. 마치 롤러코 스터를 타고 있는 것처럼 초반에는 천천히 오르막길에 올라갔으나 내려올 때는 반동을 이용해서 더 빠르게 내려오고 올라가고를 반복해 어느새 목적지에 도착해 있었다.

실제 우리의 삶도 영상 속 구슬의 움직임과 매우 유사하다.

평탄한 삶보다 고난과 역경이 있는 굴곡이 있는 삶이 더 빠르게 우리를 원하는 목적지에 도착할 수 있도록 자극한다. 안정적이고 평탄한 삶이 나쁘다는 것이 아니다. 다만 삶에서 만나게 되는 고난과 역경이 자신을 단단하게 만들어 목적지에 더 빠르게 도달할 수 있게 만든다는 것을 말하는 것이다. 세계적인 심리학자 토마스 차모로 푸레무지크 Tomas Chamorro-Premuzic 는 그의 저서 『인재 망상-회사가 원하는 '재능'과 '사람을 쓰는 문제'의 거의 모든 것』 에서 이렇게 말했다.

"사람들이 약간의 불행을 느끼지 않는다면 어떤 재화나 가치도 만들어지지 않는다. 불행은 사람들이 현재 상황을 바꿔야 할 동기를 부여하며, 예술, 사회, 과학 문명을 대표하는 걸작들은 모두 불행한 사람들이 자신의 불행을 치유하면서 이루어낸 성취의 산물이다."

토마스 차모르의 말에 의하면 불행이나 결핍은 현재 상황을 바꿔야 할 동기를 제공할 뿐만 아니라 당신이 원하는 미래에 더 빠르게 도달하게 만드는 원동력인 셈이다. 영상 속 구슬의 움직임과 같은 상황이다.

평탄한 길에서보다 굴곡진 길에서 구슬이 더 빨리 움직여 목적지에 도착한 것처럼, 삶에서 만날 수 있는 다양한 불행이나 결핍은 삶의 기폭제로서의 역할을 톡톡히 하므로 지금보다 더 괜찮은 인생을 꿈꾸도록 감정을 부추기고 독려하는 것이다.

양가 도움 없이 어렵게 시작한 결혼생활이 그랬다. 턱없이 부족한 돈으로 전셋집을 얻는다는 것은 열악한 환경에서 생활할 것을 미리 보여주는 예고편과 같았다. 둘째를 임신했을 무렵, 2년 만에 급등한 전세금 때문에 어쩔 수 없이 이사를 해야 했다. 빛도 제대로 들어오지 않는 허름한 연립 1층으로 이사 가던 날, 겉으로는 애써 '이 정도면 괜찮아'라고 말했지만 속은 말할 수 없이 시끄러웠다. 그때 결심한 것이 있다. 아이들이 학교 들어가기 전까지는 번듯한 내 집을 마련하겠다는 야무진 꿈을 꾸기 시작했다. 나는 누구에게도 선뜻 보여주기 꺼려지는 집에 일부러 친구들을 초대하고 동료들을 초대했다.

그들의 눈빛에는 당황스러움과 안쓰러움이 담겨있었다. 그러나 개의치 않았다.

내가 한 단계 한 단계 어떻게 올라가고 있는지 똑똑히 보여주고 싶다는 욕망이 더 컸기 때문이다.

지금 내가 누리고 있는 모든 것들은 결핍이 원동력이 되어 만들어낸 결과물이라 해도 과언은 아니다. 가난이라는 결핍이 있었기에 끊임없이 노력할 수 있었고 그 덕분에 하나씩 채워가는 기쁨도 누릴 수 있었다.

인생에 있어서 결핍은 결코 불행이 아니다. 오히려 결핍이 있었기에 간절한 것이 무엇인지 누구보다도 잘 알게 되었다. 간절하게 원하는 것을 얻는 기쁨은 결핍이 주는 불편함보다 훨씬 크고 강력한 감정을 만들어 낸다.
이런 감정들이 또 다른 것에 도전하게 만들었고 나를 성장시키는 원동력이 되었다.

채워지지 않는 무언가 때문에 불행하다고 느끼는가?
남들에게 당연하게 주어지는 것이 당신에게는 없어서 불평하고 있는가?
끊임없이 자신에게 없는 무언가로 인해 괴로워하고 있는가?

그렇다면 결핍이 주는 감정을 제대로 이해해야 한다. 결핍은 결코 불행이 아니다. 결핍을 느꼈기 때문에 채우고 싶다는 욕구가 생기는 것이다. 결핍을 인생 최대의 자산으로 만들어라. 결핍이 주는 감정을 제대로 이용하면 얼마든지 자신에게 유리하게 상황을 반전시킬 수 있다.

행복과 불행이 함께 공존하는 것이 삶이다. 오르막이 있으면 내리막이 있는 것이 삶이다. 오르막을 목표라고 생각하고 내리막을 고난과 역경이라고 생각해 보자. 목표를 이루기 위해 오르막을 올라가는 일은 분명 힘이 들 것이다. 때로는 예기치 못한 역경을 만나 한순간에 나락으로 떨어질 수도 있다.

그렇다고 모든 것이 끝난 것이 아니다. 당신이 겪은 실패의 경험은 훌륭한 자산이 되어 다시 오르막을 오를 수 있는 용기를 준다.

실패를 경험한 당신은 처음보다 더 빠르고 수월하게 오르막을 오를것이고 내리막의 반동을 이용해 어느새 목적지에 도착해 있는 자신을 발견할 것이다.

나는 영상 속 구슬 실험에서 똑똑히 보았다. 결핍을 채우기 위해서는 올라 갔다 내려갔다 희비를 반복하면서 자신을 단련하는 과정이 누구에게나 필요하다. 결핍이 주는 기회를 제대로 이용하려면 당신이 느끼는 결핍에 강력한 감정의 욕구를 만들어야 한다. 강력한 감정의 욕구는 당신의 목표를 확인하는 것만으로도 작동이 된다. 다음의 질문에 솔직하게 대답해 보자.

당신이 이루고 싶은 목표가 무엇인가

당신이 원하는 삶이 무엇인가

어떤 모습으로 살아가기를 원하는가

무엇을 얻기를 바라는가

어떤 사람으로 기억되고 싶은가

목표를 잃어버리는 순간, 결핍은 부정적인 감정을 만들어 낸다. 불필요한 에너지 소모를 하게 만든다. 목표가 없는 결핍은 끊임없이 자신을 의심하고, 위축되게 만든다. 혹시 당신이 이런 불필요한 감정 소모를 하고 있다면, 가장 먼저 목표가 무엇이었는지 확인해야 한다.

목표는 상황을 명확하게 만든다. 부정적인 감정으로부터 당신을 자유롭게 한다. 만약 당신이 삶의 목표가 무엇인지 모른 채 하루하루를 살아가고 있다면 일상에서부터 하나씩 자신만의 목표를 찾는 훈련을 해야 한다.

사람의 시간은 항상 미래에서 출발한다. 시간은 절대 과거에서 오지 않는다. 그러므로 지금까지의 당신이 어떤 삶을 살았는지는 전혀 중요하지 않다. 이미 지나간 시간 때문에 괴로워하지 말고 앞으로 올 미래의 시간을 어떻게 사용할 것인지 여기에 초점을 맞춰라. 미래의 시간은 오직 당신만이 조정할 수 있다.

지금의 결핍은 채울 수 있는 것은 미래의 시간을 통해서만 가능한 것이다.

당신이 느끼는 결핍이 삶의 자산이 될 수 있도록 강력한 정신세계를 구축하라. 그리고 결핍을 채우기 위한 행동을 하라. 오직 행동으로 옮겨 본 사람만이 결핍을 강력한 자산으로 만들 수 있다.

결핍을 부끄러워하지 마라. 오히려 당당히 드러내고 어떻게 채워나가는지 행동으로 보여줘라. 정작 부끄러운 것은 결핍이 있으면서도 그것을 채우려고 노력하지 않는 것이다. 결핍을 채워가는 과정에서의 실패는 실패가 아니다. 가장 치명적인 실패는 결핍이 있으면서도 아무것도 하지 않은 채 허송세월을 보내는 것이다. 결핍을 핑계 삼지 마라. 결핍을 핑계로 삼는 순간 어제와 같은 오늘, 오늘과 같은 내일이 영원히 지속될 것이다.

가고 싶은 곳이 어디인가?

갖고 싶은 것이 있다면 무엇인가?

가장 보람을 느끼는 일은 무엇인가?

세상에 남기고 싶은 일이 있다면?

하고 싶은 일이 있다면?

돈을 대하는 태도가 바뀌면, 돈이 찾아오기 시작한다

발행 주체가 없는 돈, 일명 온라인 거래상에서만 쓰인다는 가상화폐 '비트코인'이 유행처럼 번지면서 주변에서 비트코인으로 돈을 많이 벌었다는 사람들의 소문이 들려 왔다. 새내기 강사 때부터 함께 일해 온 컨설팅사 대표가 아쉬운 듯 말했다.

"박 대표(비트코인으로 돈을 많이 벌었다는 주인공)가 비트코인 시작할 때 나한테도 사라고 했는데, 그때 샀어야 했는데요. 박 대표는 지금 강의 안 하고 놀러 다녀요."

누군들 대박을 꿈꾸지 않겠는가. 그러나 나는 대박의 허황됨을 잘 알기에 이렇게 말했다.

"나는 '내 조상은 개미다' 이렇게 생각하고 개미처럼 살래요"

한때 나도 대박을 꿈꾸며 소위 말하는 네트워크 사업을 한 적이 있다. 그러나 오래가지 않아 그것이 얼마나 허황된 것인지 제대로 경험했다.

네트워크 사업에 비전을 가지고 일하는 사람들에게는 미안하지만 네트워크 사업이 나에게는 정서적으로 맞지 않았다. 소수의 누군가를 위해 다수가 희생해야 하는 구조가 마음을 불편하게 했다. 그때 결심한 것이 있었다.

'요행을 바라지 말자. 한 단계 한 단계 내 힘으로 올라가자'

어렸을 때 경제적으로 어려운 환경에서 자라 막연하게 '돈을 많이 벌어야지' 생각만 했지 돈이 어떤 파워를 가졌는지 제대로 알지 못했다. 돈에 대해 진지하게 생각해 보지 않았고, 많이 벌고 싶다는 욕심에 돈에 대해 촉각을 곤두세우며 마음고생을 하며 살았던 적이 있다. 새내기 강사 시절에 강사료에 대한 질문은 거의 금기에 가까웠다. 강의료를 물어볼 때마다 '강사는 돈을 먼저 밝히면 안 된다'는 말을 수도 없이 들어야 했다.

그런 이야기를 들을 때마다 마음은 불편했고, 불만을 쌓여갔다. 이상한 것은 나에게는 돈을 먼저 밝히면 안 된다고 하면서 정작 본인들은 돈에 민감하고 집착하는 모습을 보이는 것이었다.

둘째가 7개월에 접어들 무렵, 본격적으로 프리랜서 강사로 활동하기 시작하면서 돈에 대해 진지하게 생각하기 시작했다. 어린아이를 집에 두고 프리랜서 강사를 시작한 것은 분명 돈을 벌기 위해서였다. 그런데 어찌 된 일인지 강사료를 물어봐야 하는 상황이 오면 늘 마음이 불편했다. 때로는 암묵적으로 진행된 교육(업계에서 말하지 않아도 표준으로 정해져 있는 금액)에서 기대 이하의 강의료가 입금되면 분노마저 치밀었다.

폭넓은 연령대의 여성들에게 지지를 받으며 성공한 멘토로 자리 잡은 와타나베 가오루는 그녀의 저서 『왜 그런지 돈을 끌어당기는 여자의 39가지 습관』에서 돈에 대해 이렇게 말했다.

"돈의 움직임은 단순해서 '나가다'와 '들어오다' 두 가지밖에 없다. 그럼 한번 생각해보자. 돈이 들어올 때 당신은 어떤가? 당연히 기분이 좋을 것이다.

가령, 월급날을 떠올려보라. '드디어! 얼마나 기다리던 월급날인가!' 하지만 기쁨의 순간은 사실 오래가지 못한다. 바로 그날부터 돈을 쓸 때마다 한숨이 절로 나오니 말이다. '휴, 또 나갔어. 벌써 이렇게나 쓰다니…'. 돈이 들어오면 기뻐하고 나가면 탄식한다. 당신도 혹시 그런 패턴이지 않은가? 만약 그런 상태라면 위험하다. (중략) 돈이 들어올 때는 '감사와 기쁨'을! 돈이 나갈 때도 '감사와 기쁨'을! 절대로 '마이너스 감정'을 실어서는 안 된다. 가장 중요한 점이다."

돈의 움직임은 단순해서 '나가다'와 '들어오다' 두 가지밖에 없고, 돈이 나가든지 들어오든지 '마이너스 감정'을 실어서는 안 된다는 말에 흠칫 놀랐다. 저자의 말대로라면 나는 돈에 대해 마이너스 감정을 가지고 있었고, 심지어는 들어오는 돈에도 마이너스 감정을 싣고 있었던 것이다. 이 책의 또 다른 부분이다.

"돈이 들어왔을 때와 관련해서 한 가지 더 당부할 것이 있다. 우리는 돈을 받으면서 종종 불만을 토해낼 때가 있다. "월급이 너무 적어" "애걔, 겨우 이거야?" 하며 말이다. 그러면 돈은 마치 자신에게 그렇게 나쁘게 말했다는 것을 아는 듯이 움직인다."

나의 경우도 그랬다. 마이너스 감정을 싣고 들어온 돈은, 쓸 때도 마이너스 감정을 만들어 냈다. 기대 이하의 강사료가 입금된 날이면, '기분 나쁜 돈! 다 써버리고 말겠어!'라는 심정으로 분풀이를 하듯이 카드를 긁었고, 필요하지도 않은 물건을 사들여 방치했다.

돈에 대해 마이너스 감정을 제대로 실은 것이다. 마이너스 감정을 실은 돈은 소비해도 전혀 행복감을 주지 못했다. 오히려 기분 나쁜 감정을 눈치라도 챈 듯이 입금된 강사료보다 더 많은 돈이 지갑에서 빠져나갔다.

돈에 대한 인식에 따라 같은 돈이라도 흐름이 달라진다. 기분 좋은 돈, 기분 나쁜 돈이 어디 있겠는가. 돈은 그냥 돈일뿐이다. 단순하게 말하면 돈은 종이이고, 동전이다. 그러나 당신이 돈에 감정을 싣는 순간 돈은 에너지로 바뀐다. 마이너스 감정을 실으면 부정적 에너지로, 플러스 감정을 실으면 긍정적 에너지로 전환되어 당신의 감정을 지배한다. 감정의 지배를 받은 돈은 당신의 감정대로 움직인다. 이것이 돈을 대하는 태도를 바꾸어야 하는 이유이다.

돈의 에너지를 제대로 경험한 적이 있다. 속 시원하게 말도 못 하고 강의료 때문에 스트레스를 받다가 나름대로 정한 원칙을 정했다. 첫째, 내가 받아야 할 강사료보다 적으면 정중하게 거절하거나, 후배 강사를 추천해 준다. 둘째, 강사료는 적지만 보람이 있거나, 상대방이 고마워하는 상황이라면 기쁜 마음으로 달려간다.

돈에 대해 원칙을 정한 다음부터는 상대방이 적은 강사료를 말해와도 마이너스 감정이 생기지 않고, 오히려 플러스 감정을 경험하게 되었다. 경력이 있는 나에게는 강사료가 기대에 미치지 못하지만, 후배 강사의 입장에서 보면 감사한 상황일수 있다.

나는 후배를 도와줄 수 있어 행복하고, 후배는 실력을 쌓을 기회가 생겨 감사한 상황이기 때문에 서로에게 도움이 되었다.

그리고 돈을 벌기 위해 시작한 강의이지만 나의 재능이 누군가에게 도움이 된다는 것은 돈 그 이상의 가치를 느끼게 했다. 마치 내가 중요한 사람이라는 자부심을 느낄 수 있었고, 일에 대한 만족도가 올라 나의 몸값을 키우는 데 도움이 되었다.

이런 원칙 덕분에 나는 더 이상 돈에 대해 마이너스 감정을 싣지 않고 중심을 잡을 수 있었다.

돈은 에너지가 분명하다. 강사료에 대한 마이너스 감정에서 탈피하고부터 몸값이 올라갔다. 지인의 소개로 교육컨설팅기관을 소개받았다. 3개월에 걸쳐 이루어지는 과정으로 차수가 꽤 나오는 교육이었다. 담당 차장은 교육업무 경험이 많은 사람으로, '차수 보장'을 조건으로 강사료를 낮추어 달라고 요구했다. 고객사의 요구한 대로 진행을 하면 돈에 대해 마이너스 감정이 실릴 것이 분명했고, 그 결과가 어떻게 되는지를 너무 잘 알고 있었기에 정중하게 거절하며, 원하시면 좋은 후배 강사를 소개해 주겠다고 말씀드렸다.

그런데 며칠 뒤 기관에서 나에게 교육을 맡기고 싶다는 의견을 전해왔다. 나중에 담당자에게 물어보니, 교육을 따내려고 연연하지 않고 당당하게 요구 조건을 말하는 것을 보고, 담당 차장이 믿음이 간다는 이유로 적극적으로 추천했다는 것이다. 그 후로도 여러 번 같이 일을 하면서 매번 내가 요구하는 조건을 맞춰 주셨다. 물론 나도 요구한 조건을 들어준 보답으로 매번 최선을 다해 준비하고, 원하는 결과물을 만들기 위해 노력했다.

살다 보면 어쩔 수 없이 돈에 끌려 다니는 상황들과 맞닥뜨리게 된다. 이런 상황은 돈에 대해 마이너스 감정을 만들어 악순환을 반복한다. 혹시 당신도 습관적으로 돈에 대해 마이너스 감정을 싣고 있지는 않은지 확인해 보라.

쥐꼬리만 한 월급!
월급을 받아도 쓸 돈이 없어!
월급을 받아도 행복하지 않아!

이렇게 돈을 벌면서도 행복하지 않고, 쓰면서도 행복하지 않다면 위험한 상황이다. 자신도 모르게 아래와 같은 '가난 사이클'을 반복하기 때문이다.

월급이 적다
쓸 돈이 없다
행복하지 않다

이런 가난 사이클이 반복되면 지속적인 마이너스 감정을 만들어 단단히 굳히기 때문에 돈에 대해 좋은 흐름을 만들 수 없다. 돈은 에너지이다. 다음과 같이 플러스 감정으로 만들어야 돈의 흐름이 바꿀 수 있다.

월급이 들어왔다
필요한 물건을 살 수 있다
감사하다

같은 상황임에도 어떻게 인식하느냐에 따라 돈에 대한 감정이 달라진다. 돈이 찾아오기를 바란다면 돈을 대하는 태도를 바꿔라. 지금 당장 돈에 대한 마이너스 감정을 플러스 감정으로 전환해라. 돈의 움직임은 단순하다. 돈이 들어올 때나, 나갈 때 무조건 감사와 기쁨의 감정을 실어라.

당신의 모든 감각을 열고,

돈이 들어올 때도 '감사와 기쁨'을!
돈이 나갈 때도 '감사와 기쁨'을!

어떤 상황이든 좋은 감정으로 돈의 에너지를 맞이할 준비를 해라. 돈이 당신을 찾아올 것이다.

뇌의 쾌락을 탐닉하라

"이곳에서는 제자리에 머물고 싶으면 최선을 다해 달려야 해. 어디든 다른 곳으로 가고 싶다면 지금보다는 두 배는 빨리 뛰어야 하지."

루이스 캐럴(Lewis Carrol)의 소설 『이상한 나라의 앨리스 - 거울을 통하여』에 나오는 구절이다. 붉은 여왕과 경주를 벌인 앨리스가 아무리 열심히 달려도 제자리임을 눈치채자 붉은 여왕이 한 말이다.

지금의 세상이 딱 그렇다. 세상은 빠르게 변화하고 있고 우리는 변화 속에서 살고 있다. 이동하면서 실시간으로 차표를 예매해서 기차를 탈 수 있고, 지갑이 없어도 휴대전화에 저장된 앱을 통해 결제할 수 있다.

또한, 인공지능 스피커를 통해 집안의 모든 전자장치를 마음대로 조정할 수 있고 물건도 구매할 수 있다.

그야말로 놀라운 세상이 우리 눈 앞에 펼쳐지고 있다.

이러한 놀라운 변화가 반갑기만 한 것은 아니다. 우리들의 삶이 편리하게 바뀐다는 것은 회사에서 일하는 업무수행 방식 또한 빠르게 바뀌고 있음을 의미한다. 변화의 물결 속에 누군가는 기회를 잡고, 누군가는 도태되고 있다. 기회는 새로운 것을 배우고 받아들이는 과정에서 자연스럽게 찾아온다.

우리는 가만히 있으면 도태되는 세상에 살고 있다. 도태되지 않기 위해서라도 변화와 함께해야 한다. 그러나 일을 선택한 당신은 엘리스처럼 제자리에 있기 위해 달려서는 안 된다.

붉은 여왕의 말처럼 자신이 원하는 삶을 살기 위해선 두 배나 빠르게 뛰어야 한다. 이것이 어떻게 가능할까. 다음의 이야기를 통해 알아보자.

사람들이 배를 타고 여행 중에 저마다 가지고 있는 보물을 자랑하기 시작했다. 보물이 없었던 노인은 조용히 그 상황을 지켜보기만 했다. 그런데 갑자기 폭풍이 몰아쳐 배가 침몰했다. 사람들은 가지고 있었던 보물을 모두 바다에 빠트렸고, 겨우 목숨만 건질 수 있었다. 보물을 잃은 사람들은 힘겹게 살아가게 되었지만, 보물이 없던 노인은 삶의 지혜를 가르치는 스승으로 존경받으며 살 수 있었다. 노인은 사람들에게 이렇게 말했다.

"이제야 내 보물을 자랑할 수 있게 되었습니다.
내 보물은 머리와 마음속에 저장되어있는 지식입니다."

빠르게 변화하는 세상에서 당신이 두 배나 빠르게 뛸 방법은 오직 '배움'을 통해서만 가능하다. 배움을 통해 누군가 수많은 역경을 극복하고 찾아낸 방법들을 그저 겸손한 마음으로 자신의 것으로 만들면 되는 것이다. 그것이 빠르게 변화하는 세상에서 기회를 잡는 방법이다.

성공한 사람들에게서 공통으로 발견되는 배움의 도구는 책이었다. 수많은 영웅과 위인들이 경험을 통해 쌓아 놓은 비결의 집결체가 바로 책이다. 엄청난 성공과 기회의 방법들이 세세하게 담겨 있다. 그래서 성공한 사람들은 손에서 책을 놓지 않았다. 배움의 도구인 책을 통해 기회를 잡은 것이다.

페이스북의 창시자 마크 저커버그^{Mark Elliot Zuckerberg}는 책에 대해 이렇게 말했다. "책은 오늘날 어떤 매체들보다도 한 주제에 대해 몰두하고 깊이 탐구할 수 있도록 해 준다."

Windows OS 창시자 빌 게이츠^{Bill Gates}는 독서습관의 중요성을 강조했다. "오늘의 나를 있게 한 것은 우리 마을 도서관이었다. 하버드 졸업장보다 소중한 것은 책을 읽는 습관이다."

별 볼 일 없는 내가 대중 앞에서 강의를 할 수 있게 만든 것도 독서였다. 가랑비에 옷이 젖듯이 강의라는 시장에서 살아남기 위해 무작정 읽었던 책들을 통해 의식의 세계가 조금씩 바뀌기 시작했다. 책을 통해 들어오는 정보의 수준이 달라지니 자연스럽게 세상을 바라보는 시각에도 변화가 생겼다. 상황이 어떻게 돌아가고 있는지를 흐름을 한눈에 찾아내는 사람들을 가리켜 우리는 전문가라고 부른다. 보통 한 분야의 책을 100권 이상 읽으면 누구나 그 분야의 전문가가 될 수 있다. 비전문가인 당신이 전문가가 되는 가장 빠른 방법은 독서이다.

성공한 사람들이 그랬듯이 일을 선택한 당신도 독서를 통해 기회를 잡을 수 있다. 몇 년간의 시행착오 끝에 나름대로 터득한, 기회를 찾는 독서 비법을 공유하고자 한다.

첫째, 책을 읽었으면 자신의 삶에 반드시 적용해야 한다.

책을 막 읽기 시작한 독서초보자 시절 1년에 50권의 책을 읽겠다는 야무진 목표를 달성하기 위한 책 읽기를 시작했다. 초보자들이 그렇듯이 내용도 이해하지 못하면서 몇 권을 읽었는지가 목표가 되어 혼자만의 만족감에 빠져 있을 무렵, 우연히 서점에서 책을 샀다. 그런데 이게 웬일인가. 같은 제목의 책이 책꽂이에 떡하니 자리 잡은 것이 아닌가. 순간 머리가 멍해져 책을 꺼내 들춰보는데 마치 처음 읽는 책처럼 느껴져 당혹감을 감출 수 없었다. 충격에 빠져 책장에 있는 책들을 하나씩 꺼내 보면서 몇 권의 책을 읽겠다는 목표가 얼마나 어리석은 행동인지 깨달았다.

몇 권의 책을 읽었던지 그것이 뇌에 저장되어 있지 않다면 자신의 것이 될 수 없다. 몇 권의 책을 읽었는지에 연연해하지 말자. 대신 책 속에서 얻은 지식을 삶에 적용해 보자. 머리로 이해한 지식도 도움이 되지만, 행동으로 옮겨 본 지식은 성찰과 깨달음을 주어 살아있는 나만의 지혜가 될 수 있다.

몇 년 전 '글로 배웠어요'라는 광고가 유행한 적이 있다. 글로만 배운 요리법과 연인과의 키스법이 실제와 어떻게 다른지 실감나게 보여준 광고였다. 광고와 마찬가지로 책 속의 지식도 실천으로 옮겨야 살아있는 지식으로 만들 수 있고, 기회도 잡을 수 있다.

둘째, 자신의 성장과 발전을 위해 책을 읽어라.

강사라는 직업의 특성상 강의 소재에 바로 활용할 수 있는 책들을 주로 읽게 된다. 당장 써먹기 위한 책 읽기를 한 것이다. 자신의 것으로 완벽하게 소화되지 않은 얇은 지식은 금방 탄로 나게 되어있다. 때문에 '누군가를 위해서', '당장 써먹기 위해서'가 아닌 스스로 성장하고 발전하기 위한 책 읽기를 추천한다.

10년 전부터 나는 '학습모임'에 참여하고 있다. 처음에는 단순한 친목도모로 만남을 이어오다가 이왕이면 서로에게 도움을 주고받았으면 좋겠다는 의견들이 모여 학습모임으로 변경되었다. 모임은 1달에 1번 주제를 정하여 각자 수행한 과제를 발표하고 토론하는 방식으로 진행된다. 과제는 학습모임 3일 전까지 밴드에 올려 공유한다. 서로에게 강요는 없다. 각자 알아서 준비한 만큼만 이야기하면 된다. 그런데 여러 번의 토론을 경험하면서 중요한 한 가지 현상을 발견했다. 학습모임의 주제는 함께 정하지만, 주제에 대한 내용은 각자 알아서 준비하기 때문에 수준의 편차가 생길 수밖에 없다. 누군가는 시간에 쫓겨 급하게 준비하고, 또 다른 누군가는 깊이 있게 연구를 해온다. 토론이 시작되면 돌아가면서 각자 의견을 발표하지만, 어느 순간 토론은 깊이 있게 연구한 사람의 의견을 따라가는 현상이 생긴다.
반론하고 싶지도 않고, 반론을 제기할 수도 없다.

강압적이어서가 아니라 학습모임의 참여자인 나는 그만큼 깊이 있게 과제를 고민하고 연구하지 않았기 때문에 마음에 들던, 마음에 들지 않던 따라가야 하는 현상이 발생한 것이다.

이런 현상은 업무 중에도 발생한다. 직장인 S는 상사의 지시사항이 불만족스러운 경우가 많다.

자신의 업무인데도 상사가 지나치게 개입하고, 자신을 믿지 못하는 것 같아 자존심이 상한다. 그렇지만 조목조목 따지고 드는 상사의 예리한 질문에 자기 생각을 제대로 전달할 수 없어, 상사의 의견을 따라가야 하는 상황이 반복되고 있다. 위에서 말한 학습모임에서 벌어진 일과 매우 흡사하다고 느껴지지 않는가. 후배 중에 자신이 잘 모르거나, 궁금한 것이 있으면 먼 거리를 마다하지 않고 찾아가 배워오는 친구가 있다. 그런 노력 덕분에 그는 사십을 훌쩍 넘긴 나이로 산업계 강사 시장에 들어왔지만 빠르게 자리를 잡아가고 있다.

> "잠깐의 쪽팔림만 참으면 돼요. 원하는 것을 얻기 위해서
> 그 정도는 참을 수 있어요."

아무렇지 않게 이야기하는 후배가 대견하다는 생각이 들었다. 후배의 말처럼 배움에 창피함은 없다. 무엇이 중요한지 알고 그것에 집중하는 것이야말로 자신의 힘을 키우는 진정한 비결이다. 이런 자세는 비즈니스에서는 물론이고, 개인적인 삶에도 많은 영향을 끼친다.
세상은 조금 더 고민하고 노력
하는 사람들 위주로 돌아가게 되어 있다. 이것이 바로 배움의 힘이고
우리가 원하는 삶을 살기 위해서 끊임없이 노력해야 하는 이유이다.

셋째, 저자의 의도를 이해하고, 자기 생각으로 바꿀 수 있을 때 지혜가 된다.

우연히 가입한 카페에서 책 속의 좋은 문장과 그 밑에 달린 해석본을 메일로 받아 보고 있다. 책에서 나온 문장만 있는 것이 아니라 다른 사람의 해석도 같이 볼 수 있으니 그야말로 일거양득인 셈이다.

보내주는 메일 덕분에 귀중한 아이디어를 매일 공짜로 얻는다. 받은 메일 중에 마음에 드는 것들은 따로 저장한 다음 내 생각을 덧붙여 세상에 하나밖에 없는 '나만의 해석본'을 틈틈이 만들어 두는 작업을 수년째하고 있다. 원저자의 생각, 카페주인장의 해석 그리고 나의 해석까지. 이렇게 3가지 관점으로 볼 수 있으니 막연했던 내용이 점점 구체화하고, 나의 가치관과 신념으로 연결되어 일상적인 삶에 많은 변화가 있었다. 분명한건 기회는 늘 준비된 사람에게만 찾아온다.

밀고 당겨줄 누군가가 반드시 필요하다

'깊은 땅속의 에너지를 뽑는 기업도 있고,
깊은 땅속에 에너지를 심는 기업도 있습니다.'

오전 시간에 여유 있게 커피 한잔을 뽑아 들고 펼친 신문에서 한국지역난방공사의 광고 문구를 보았다. 순간 이런 의문이 들었다.

"나는 에너지를 주는 사람인가?, 에너지를 뺏는 사람인가?"

주변 강사들의 깊은 고민 중 하나가 다양한 콘텐츠를 개발하고 고객사를 발굴하여 함께 기회를 만들 수 있는 파트너를 찾는 일이다. 강의는 강사 한 사람이 진행하지만, 한 번의 강의를 하기 위해서는 고객사의 니즈 파악, 교육생 수준에 맞는 강의내용 구성, 교육생들의 흥미 유발을 위한 도구 제작, 시대의 흐름에 맞는 콘텐츠 발굴 등 준비해야 할 것이 너무 많다. 이 모든 것을 혼자 준비하기가 버겁기도 하지만, 빠르게 변화하는 교육 현장에서 경쟁력도 크게 없다. 2003년부터 프리랜서 강사로 활동을 시작하고 나서 주변의 역량 있었던 강사들이 하나둘씩 강의를 포기하고 집으로 돌아가는 것을 지켜보았다. 뜻한 바가 있거나, 더 좋은 기회를 찾아 떠난 것이면 축하해 줄 일이나 시장의 논리에 의해 찾아주는 사람이 없어 자연스럽게 도태된 경우가 많았다.

같이 일했던 사람들이 자신의 꿈을 포기하는 일이 생기면 영향을 받지 않으려고 애를 써도 마음 한구석이 허전하고 불안해진다.

이런 경험을 몇 번 하고서야 함께 마음을 나눌 파트너가 절실히 필요하다고 생각했다.

그리고 이때부터 좋은 파트너를 만나려는 노력이 시작되었다. 강사들 모임에도 적극적으로 참여해 보고, 지인들에게 소개도 받아보고 내 나름대로 노력을 많이 했지만, 마음에 드는 파트너를 만난다는 것은 쉬운 일이 아니었다.

그렇게 까다롭게 고른 파트너와 프로젝트를 진행하면서 출발은 좋았으나, 아니한 것만 못한 처참한 결과에 마음의 상처를 받는 일도 있었다. 사람은 어디를 가나 자기의 마음을 가지고 다닌다고 했다. 나 또한 그랬다. 나도 프로젝트를 진행하면서 손해 보고 싶지 않아 몸을 사렸으니 상대도 마찬가지였을 것이다. 그렇게 서로 행복해질 수 없는 선택을 하고나서야 파트너로서의 나는 어떤 사람인가에 대해를 진지하게 들여다볼 수 있었다.

"가까운 데서 찾아. 원래 등잔 밑이 어두운 법이야!"

초보 강사 시절부터 허물없이 지내던 친한 언니가 고민 좀 그만하라며 툭 말을 건넸다. 언니 말이 맞았다. 행운의 파랑새는 언제나 주변에 있었던 것이다. 대림산업 전사 교육을 진행하면서 3년간 연수원에서 먹고, 자고 희로애락을 함께하며 나를 믿어주었던 윤정이가 있었다. 그렇게 허 대표는 나의 소중한 동반자가 되어 18년이라는 시간동안 함께 하고 있다.

"두 분 보면 참 부러워요. 저희의 롤 모델이라니까요."

허 대표와 나를 지켜본 강사들은 매번 이렇게 이야기한다. 그도 그럴 것이 혼자서는 해내지 못했을 일들을 나는 허 대표와 함께였기에 무리없이 해낼 수 있었다.

사실 욕심내지 않고 둘이서만 해도 충분했으나, 같은 길을 가고 있는 후배 강사들이 역량과 열정은 있으나 기회가 없어 혼자 활동하는 것이 안타까워 그들에게 도움을 주고 싶었고 그렇게 '이룸터'를 설립했다.

허 대표와 내가 '함께하면 파이가 커진다'는 비즈니스 철학이 같았기에 가능한 일이었다.

어떤 일이든 혼자서는 어렵다. 주변에 내가 응원해 줄 수 있고 나를 응원해 줄 수 있는 사람이 있어야 힘이 나서 오래 달릴 수 있다.

이러한 철학이 '이룸터'하면 믿고 맡길 수 있는 회사라는 이미지를 만들어 주었다. "주변에는 쓸 만한 사람이 없어요."라고 말하는 사람들은 중요한 사실을 놓치고 있다. 하고 싶은 일을 하기 위해서는 자신의 꿈을 믿어줄 수 있는 동료가 있어야 한다. 주변에 쓸 만한 동료가 없다고 말하기 전에 자신을 먼저 돌아보자. 당신 옆에 있는 동료도 당신과 같은 생각을 하고 있을지 모른다.

비즈니스에서는 운이 아니라 함께 지지하고 응원하며 목표를 향해 나아갈 수 있는 동료가 절대적으로 필요하다. 그러나 어디 사람의 마음을 쉽게 알 수 있겠는가. 몇 년 전 무턱대고 강의장이 딸린 사무실을 얻어 놓고 고민하는 사람을 만났다. 이미 이런 쪽으로 경험이 있는 나에게 어떻게 하면 좋겠냐고 의견을 물어왔다.

"사업을 하시면서 절대로 포기할 수 없는 것이 무엇입니까?"
"사실 저는 그런 것은 없어요. 저는 오는 사람 안 막고, 가는 사람 안 잡는 스타일이거든요. 누구라도 원하면 저는 함께 할 수 있어요."

더 이상 말을 할 수 없었다. 오는 사람 안 막고, 가는 사람 안 잡는 스타일이 무엇을 의미하겠는가. 분명한 사실은 사람을 소중하게 생각하지 않으면 나 또한 누구에게도 소중한 사람이 될 수 없다는 사실이다. 실제 그 사람은 함께하기로 한 동료들에게 마음의 상처를 받고 지금은 혼자서 꾸려가고 있다. 그럼 좋은 파트너는 어떻게 만드는 것일까?

첫째, 서로의 비전을 확인해야 한다.

일하다가 보면 절대로 양보 못하는 부분이 있다. 궁극적으로 추구하는 가치가 충돌하면 함께 일 하면서 서로에게 상처를 준다. 추구하는 가치가 맞는지 먼저 확인해라. 허 대표와 나는 순간의 이익보다는 사람하고의 관계를 소중하게 생각한다. 함께 하기로 한 동료들에게는 숨김없이 자료를 공유하고 더 좋은 방안을 찾기 위해 노력한다. 한번 맺은 인연은 오래도록 유지한다는 가치가 맞았기 때문에 오랫동안 함께할 수 있었다. 무턱대고 좋은 사람만 찾지 말고, 내가 추구하는 가치와 맞는 사람인지가 확인해라.

둘째, 좋은 에너지를 가지고 있어야 한다.

좋은 에너지를 가지고 있지 않으면 사람을 끌어들일 수 없다. 비즈니스를 하면서 발견한 재미있는 현상은 같은 에너지를 쓰고 있는 사람들끼리 만난다는 것이다. 같이 일하면서 서로를 믿지 못해 기회만 되면 서로를 비난하기 바쁜 사람들이 있다.

그런 사람들이 가진 에너지로는 비즈니스를 확장시킬 수 없을뿐더러 유지하기도 힘들다. 그 때문에 내가 먼저 좋은 에너지를 줄 수 있는 사람이 되어야 한다.

사람의 에너지는 주변 동료들의 열정까지도 흔들 수 있다. 나로 인해서 바뀌는 것이 많다는 것을 기억하라.

셋째, 부정적인 에너지로 주변 사람들을 힘들게 하는 사람은 과감히 포기하라.

사람 때문에 많이도 울고 웃고 했다. 정이 많은 나는 한번 맺은 연을 끊어내는 것이 늘 고통이었다. 사업 초창기에 함께 하기로 한 동료가 이상행동을 보였다. 처음에는 단순한 실수겠지 생각했지만, 여러 번의 경험을 통해 말을 옮기는 것이 그 친구의 특성이라는 것을 알았다. 좋은 말만 옮기면 무슨 문제겠는가? 결국 이 일로 인해 사무실이 발칵 뒤집혔다. 핑계 없는 무덤 없다고 그 친구는 억울하다는 입장이다. 그러나 결단을 내려야 했다. 이 일은 나에게도 상처였다. 부정적인 에너지를 가진 사람은 가족이라도 피하는 것이 상책이다. 부정적인 에너지를 가진 사람들은 자신에게는 책임을 없다고 생각한다. 그런 사람들은 일이 생겼을 때 상대방을 비난하기 바쁘다. 혹 자신의 잘못이 드러나면 그럴 수밖에 없다는 합리화에도 능하다. 주변을 잘 둘러보라. 그리고 혹시 자신이 그러고 있지는 않은지도 점검하라.

넷째, 같이 가기로 한 이상 강의 콘텐츠는 100% 공유한다.

콘텐츠가 생명인 게 강의 시장이다. 파트너이기 전에 선의의 경쟁자이기도 하다. 그러나 이룸터에서는 개발된 콘텐츠는 100% 공유한다. 공유뿐만 아니라 함께 강의를 할 수 있는 기회도 마련해 준다. 때로는 후배 강사를 위해 적당히 빠져주기도 한다.

후배 강사의 입장에서는 자신에게 부족한 강의 콘텐츠를 얻을 수 있고, 강의도 할 수 있으니 그야말로 기회이다. 회사를 이끌어가면서 여러 종류의 후배들을 만난다. 알맹이만 쏙 빼먹고 손해를 절대 보지 않으려는 유형, 자기 것은 공유하지 않고 남의 것을 얻으려고만 하는 유형, 바쁠 때는 신경도 안 쓰다가 한가해지면 기웃거리는 유형, 아낌없이 자신의 아이디어를 내주는 유형 등 정말 다양하다. 만약 당신이라면 누구랑 함께하고 싶은가? 눈앞의 이익만 좇다가는 정말 큰 손해를 볼 수 있다. 당신이 회사에 속해있건 1인 기업가이건 그것은 중요하지 않다. 지금 함께 하고 있는 사람에게 가지고 있는 것을 더 많이 공유해라. 그것이 부메랑이 되어 더 많은 것을 성취하게 될 것이다.

다섯째, 함께 하면 파이가 커진다는 믿음을 가져라.

혼자 일하는 것처럼 편한 것도 없다. 하지만 같이 일할 때처럼 재미있지는 않다. 일이 재미가 없으면 오래 하기 힘들다. 혼자 활동하는 강사들이 가장 힘든 순간이 강의를 마치고 운전할 때다. 특히 힘든 강의를 마치고 운전을 할 때면 별의별 생각이 든다. 그럴 때 굳이 상황을 설명해 주지 않아도 그 마음을 헤아려 주는 것이 동료 강사다. 그런 사람들이 주변에 있기 때문에 파이가 커지는 것이다. 비즈니스에서 경쟁을 빼놓을 수 없지만, 비즈니스는 결코 혼자서 할 수 없다. 파트너를 경쟁상대로 보면 적과의 동침이지만 같은 길을 걸어가는 파트너로 본다면 한없이 가까워질 수 있는 소중한 존재이다. 경쟁의 관점에서 벗어나 함께 성장할 수 있는 방법을 찾아라. 그것이 당신이 원하는 목적지에 더 빠르게 도달할 수 있는 방법이다.

4장

워킹맘의 돈 되는 비즈니스 읽어내기

She is not a girl.
She is a W.O.M.A.N

이걸 지켜보는 모든 소녀들이여.
여러분이 가치 있고 강력하다는 걸
꿈을 이루기 위해 노력할 기회를 얻을 자격이
있다는 걸 결코 의심하지 말라.

힐러리 클린턴 Hillary Rodham Clinton

누구를 위해서도 아닌 자기 자신을 위해 일하라

"쿵"

"어어어어…"

무언가에 부딪힘과 동시에 온몸이 회전하고 있는 느낌이 들었다.
눈 깜짝할 사이에 고속도로에서 사고가 났다. 4차선으로 달리고 있던 내 차를
5톤짜리 트럭이 차선 변경을 하면서 그대로 들이받았다. 그 짧은 시간에 나는
본능적으로 운전대를 꽉 부여잡고 놓지 않았다.

꽝! 꽝! 꽝!

"괜찮아요? 괜찮으세요?"

미처 정신을 차리기도 전에 세차게 창문을 두드리는 소리에 놀라 차 밖으로
나와 보니, 4차선으로 달리고 있던 내 차가 1차선과 2차선 중간에 걸쳐있었
다. 그렇게 인생의 전환점이 찾아왔다. 천만다행으로 몸에 큰 부상은 없었지
만, 사고충격으로 2주간 병원 신세를 져야 했다. 쉴 새 없이 앞만 보고 달려
왔던 나에게 17년 만에 긴 휴식이 주어졌다. 입원하고 3일은 시체처럼
잠만 잤다.

그러다 '어쩌면 내 삶에 시간이 얼마 남지 않았을 수도 있겠구나'라는 생각이 든 것은 보험사 직원이 보여준 사고 영상 때문이었다. 블랙박스에는 트럭에 부딪친 내 차가 그대로 옆 차선으로 옮겨가며 회전하는 장면과 동시에 사고를 피한 다른 차들의 요란한 불빛이 고스란히 담겨있었다. 온몸에 소름이 끼쳐 움직일 수가 없었다. 사고충격으로 차는 폐차되었지만 큰 부상 없이 멀쩡한 나는 믿지도 않았던 신에게 무한한 감사함을 느꼈다. 충격적인 블랙박스 영상에 정신 나간 사람처럼 이틀 정도를 멍하니 있다가 나는 우연히 영화 한 편을 보게 되었다. 그 영화는 지나온 내 삶을 다시 돌아보고, 무엇을 하며 어떻게 살아야 하는지 다시 생각하게 만들었다.

"지금이 아니면 너무 늦을지도 모릅니다.
지금 당신이 가장 하고 싶은 일은 무엇입니까?"

잭 니콜슨Jack Nicholson과 모건 프리먼Morgan Freeman 주연의 영화 『버킷리스트-죽기 전에 꼭 하고 싶은 것들』의 홍보 문구이다. 강렬한 문장에 나도 모르게 빠져들었다. 버킷리스트는 말기 암으로 시한부 선고를 받은 에드워드(잭 니콜슨)와 카터(모건 프리먼)가 한 병실을 쓰게 되면서 얼마 남지 않은 인생 동안 자신이 누구인지, 하고 싶은 일이 무엇인지를 찾는 여정을 그린 영화이다. 엄청난 재력을 가졌지만 자신이 진정으로 원하는 것이 무엇인지 알지 못하는 에드워드와 자신의 꿈을 접은 채 자동차 정비공으로서 가족들에게 헌신하며 살아온 카터의 모습은 살면서 흔히 볼 수 있는 우리들의 모습일지도 모른다.

우연히 카터가 쓴 버킷리스트를 에드워드가 발견하면서 버킷리스트에 적힌 모든 것을 해보자는 에드워드의 제안으로 소원을 이루기 위한 둘만의 여행이 시작된다.

에드워드와 카터가 버킷리스트에 적힌 목록들을 하나씩 이뤄갈 때마다 내 가슴속에서도 무언가 말로 표현할 수 없는 묵직함이 치고 올라와 한참 동안 숨 고르기를 해야 했다. 한편 병실에 있는 동안 나는『내가 원하는 삶을 살았더라면』이라는 책을 읽게 되었다.

　『내가 원하는 삶을 살았더라면』의 저자 브로니 웨어^{Bronnie Ware}는 수년 동안 만족스럽지 못한 직장생활을 지쳐있었다.과감히 직장생활을 정리하고 자신의 꿈을 찾아 떠난 여행 중에 호스피스 병동의 간호사로 환자들을 돌보다가 사람들이 죽을 때 가장 많이 후회하는 것 다섯 가지를 알게 되었다.

Ⅰ　다른 사람이 아닌, 내가 원하는 삶을 살았더라면
Ⅱ　내가 그렇게까지 열심히 일하지 않았더라면
Ⅲ　내 감정을 표현할 용기가 있었더라면
Ⅳ　친구들과 계속 연락하고 지냈더라면
Ⅴ　나 자신에게 더 많은 행복을 허락했더라면

　브로니 웨어는 이 다섯 가지 중에서 죽음을 앞둔 사람들이 가장 많이 후회하는 부분이 '다른 사람이 아닌 내가 원하는 삶을 살았더라면'이라는 것을 알고 충격에 빠졌다고 한다. 그래서 더 이상 사람들이 후회하는 삶을 살지 않도록 용기를 복돋아주기 위해 책을 쓰기로 결심했다고 한다.

다른 사람이 아닌 내가 원하는 삶을 살았더라면! 당신은 어떤가? 진정 자신이 원하는 삶을 살고 있는가? 나는 교통사고 후에 많은 생각과 감정들이 교차해 힘든 시간을 보낸 이유를 브로니 웨어를 통해 명확하게 깨달았다.

지금까지 열심히만 살아왔지, 내가 원하는 삶이 무엇인지 모르고 살았다는 생각에 정신이 번쩍 들었다. 만약 교통사고로 인해 내가 이 세상에 존재하지 못했더라면 아마도 너무 억울해서 구천을 떠돌고 있을거라는 생각을 했다.

누군가의 엄마로, 아내로, 딸로 살아온 당신은 어떠한가. 일을 선택한 여자는 주변 사람들의 기대를 무시하며 살아갈 수 없는 게 지금의 현실이다. 엄마라는 이유로, 아내라는 이유로, 며느리라는 이유로 그들이 원하는 기대에 맞추어 살아가다 보면 어느새 '나'라는 존재를 잊어버리기 일쑤다. 그러다 문득문득 찾아오는 서글픔과 허전함이 마음을 힘들게 한다.

교통사고로 2주간 병원에 있으면서 알 수 없는 서글픔과 허전함 때문에 마음이 힘들었다. 누구보다 열심히 살아왔지만, 정작 중요한 무언가가 빠진 듯한 느낌을 지울 수가 없었다. 그렇게 내가 원하는 삶을 살기 위한 나만의 버킷리스트가 작성되었다. 누구의 기대가 아닌 오직 내가 하고 싶었던 것들, 나를 행복하게 하는 것들, 열심히 살면서 놓치고 있었던 것들을 하나하나 빠짐없이 적어 내려갔다. 내가 하고 싶었던 것을 글로 적는다는 것만으로도 희망이 생겼고 도전할 수 있는 용기가 생겼다. 더 이상 망설일 필요가 없었다.

버킷리스트 중 가장 먼저 시도한 것은 고등학교 친구들과의 여행이었다. 아이 핑계, 남편 핑계, 일 핑계, 이 핑계 저 핑계 대면서 미뤄왔던 여행이었다.

우리가 원하는 완벽한 여행타이밍은 오지 않는다고 친구들을 꼬드겨 싱가포르로 떠났다. 모처럼 여고 시절로 돌아가 깔깔거리며 밤거리를 돌아다녔고 그것만으로도 여행은 즐겁고 행복했다. 오롯이 '나'로서 존재하는 시간이었다. **"우리가 언제 다시 여기를 또 오겠냐"**라는 말을 연발하며 보냈던 3박 4일이라는 짧은 시간 동안 나는 하고 싶었던 것이 많은 꿈 많은 여고생이었다. 자기 계발 전문가인 웨인 다이어 Wayne Walter Dyer는 그의 저서 『행복한 이기주의자』에서 사람들이 타인의 기대에 맞추어 살아가는 이유를 이렇게 말하고 있다.

"현대사회에서는 인성 편향이 자신의 내부가 아니라 외부로 더 기울어진 사람이 전체의 75%에 달한다. 바꿔 말하면 당신도 외적 범주에 드는 사람일 가능성이 크다는 의미. 자신을 통제하는 중심이 외부에 있다는 것은 어떤 의미일까? 본디 외부 지향적인 사람이란 현재의 기분에 대한 책임을 자기 외부의 사람이나 상황에 묻는 사람이다."

웨인 다이어의 말처럼 자신의 기분에 대한 책임을 외부 사람이나 상황에 두고 '어쩔 수가 없었다', '그럴 수밖에 없었다'를 반복하게 되었을 때 우리에게 남는 것은 '후회' 뿐이다. 결국 다른 사람들의 기대에 맞추느라 정작 자신이 하고 싶은 것은 뒷전으로 미룬 채 스스로 괜찮다고 애써 위로하는 삶이 행복할 리가 없다. 이 책의 또 다른 부분에는 이런 내용도 적혀있다.

"의무와 전통은 외부 세력, 즉 외부의 사람이나 상황이 부과하는 것이다. 의무라는 무거운 짐에 눌린 채 다른 사람들이 규정한 관습을 깨뜨릴 수 없다면 그 사람은 외부의 자루에 완전히 들어가 앉아 있는 것이다."

타인의 기대에 맞추어 살아가는 우리에게 일침을 가하는 말이다. 당신은 다른 사람들이 정해 놓은 기대에 맞추어 살 필요가 없다. 그것은 당신이 부과한 것이 아니기 때문이다. 책임감이 강한 나의 삶 또한 그랬다.

환경상 어쩔 수 없이 짊어진 책임감 때문에 다른 사람을 원망하고 비난의 화살을 그들에게 돌렸다. 비난하는 화살의 대상이 '나'라는 생각을 전혀 인지하지 못한 채, 스스로 외부의 자루에 들어가 앉아 있었던 것이다. 그러니 나는 당신에게 이런 말을 해주고 싶다.

지금 당장 당신이 꼭 해야 할 것만 같은 일들을 떠 올려보라. 그리고 그것이 당신이 정말 원하는 삶인지 분명히 확인하라. 당신이 원해서 스스로에게 부과한 짐인지 타인의 기대에 부응하기 위해 억지로 짊어진 짐인지 스스로에게 물어보아야 한다. 당신이 후회하지 않는 삶을 살기를 원한다면 다음의 말을 기억하며 살아야 한다.

'다른 사람이 아닌 내가 원하는 삶을 살았더라면'

삶은 선택이다. 자신이 원하는 삶을 살기 위해서는 시선을 외부세계가 아닌 자신의 내부로 돌려야 한다. 우리는 자신이 원하는 삶을 살 수가 있고 그럴 능력이 있다. 더 이상 방황하지 말고 당신이 하고 싶은 일이 무엇인지 스스로에게 물어보라.

그리고 하고 싶은 것들을 찾으면 눈에 보이도록 적어라. 눈에 보이지 않는 것은 가질 수 없다. 하고 싶은 일이 생기면 아주 작은 것이라도 뇌가 중요한 것으로 인식할 수 있도록 눈에 보이게 적어라. 당신이 하고 싶은 것들을 적어 놓는 것만으로도 희망이 생기고, 도전할 용기가 생길 것이다. 일을 선택한 여자는 자신이 하고 싶은 것을 1순위로 두었을 때, 일도 가정도 다 지킬 수 있다.

진짜 실력은 발밑에서 쌓인다

    네이버 카페에 '삶의 현장'이라는 제목으로 사진과 글을 올렸다. 사진은 강의하는 일상적인 나의 모습이 담겨있었다. 무심코 올린 글에 달린 댓글은 잊어버리고 있었던 나의 열정을 다시 확인하는 계기가 되었다.

    "삶의 현장이라고 말했지만, 누군가에겐 이미 꿈과 희망인 모습이 정말 아름답습니다."

    가족들과 보내는 시간보다 더 많은 시간을 강의 콘텐츠를 개발하고 준비하는 데 사용했다. 그렇게 실력은 매일 반복되는 과정에서부터 쌓여갔다. 단조롭고 끝이 보이지 않는 과정을 반복할 때 실력은 쌓이게 된다. 강의를 시작하고 18년이라는 시간은 늘 준비하고 견디는 과정의 연속이었다. 언제 찾아올지도 모르는 '결정적인 순간'을 위하여, 매일매일 참고 견뎌낸 덕분에 이제는 내가 아니면 안 된다는 고객사도 생겼고, 나를 닮고 싶다는 후배들도 생겼다.

'몸은 두뇌보다 더 똑똑하다.'

    의식지도의 창시자인 데이비드 호킨스^{David Hawkins} 박사의 말이다. 두뇌보다 몸이 더 똑똑하다. 실력도 마찬가지다. 실력은 머리가 아닌 몸으로 습득된다. 몸을 통해 경험한 것들이 실력으로 쌓이는 것이다.

겁이 없었던 초보 시절, 인천에 있는 ○○구청에 강의하러 갔다가 울면서 집으로 돌아온 적이 있다. 냉담하기만 했던 청중의 반응에 준비한 것을 다 쏟아내지도 못하고 예정된 시간보다 일찍 강의를 마치고 도망치듯 강의장을 빠져 나왔다. 담당자는 "공무원들이 원래 반응이 없어요."라고 위로했지만, 그 상황은 누가 봐도 턱없이 부족한 나의 실력 때문에 벌어진 일이었다.

일주일 가량을 슬럼프에 빠져 '강의를 포기해야 하나? 포기하면 뭘 해야 할까?' 답도 없는 고민을 하던 중에 동료 강사로부터 강의는 어떻게 해야 하는지 보여줌으로써 자신을 반성하며 되돌아보게 만들었다는 선배 강사의 이름을 듣게 되었다. 그러고 보니 강의를 시작할 때 제대로 된 훈련도 받지 못했고, 선배 강사들이 어떻게 강의하는지도 모른 채 일희일비(一喜一悲)하였다. 요즘은 인터넷이 발달하여 유명인들의 강의 영상을 쉽게 볼 수 있지만 불과 10여 년 전만 해도 지금과 같은 디지털의 혜택은 상상할 수도 없었다.

주변의 인맥을 동원하여 수소문한 끝에 강의업계에서 실력으로 인정받고 있는 3명의 선배 강사 연락처를 알아낼 수 있었다. 무작정 전화를 걸어 한 번만 만나 달라고 호소했다. 지금 생각하면 참 무모하다 싶지만, 그때는 그만큼 간절했고 절실했었다. 2명의 선배 강사가 만남을 허락했고, 힘이 되는 조언을 들을 수가 있었다. 그리고 한 분과 사제의 연을 맺을 기회도 얻었다.

"10년 넘게 하면서 만나 달라고 부탁을 한 사람은 이영숙 선생이 처음이었어. 나도 처음에는 당황했는데 막상 만나보니 고맙기도 하고, 도와주고 싶더라고."

나를 제자로 받아준 이유였다. 간절하면 통하는 게 세상의 이치다. 무모하다 싶은 행동이 강의를 제대로 할 수 있는 계기가 되었다. 6개월가량을 그의 비서를 자처하며 강의 현장을 생생하게 보고 경험할 수 있었다. 또한, 스승님의 배려로 녹음된 강의 파일을 얻는 횡재도 했다. 이런 기회를 놓치고 싶지 않았다. 녹음된 강의 파일을 일일이 타이핑하여 강의교재로 삼았다. 2시간 분량의 강의내용을 타이핑하는데 평균 5~6시간이 걸렸다. 그걸 왜 굳이 타이핑하냐는 주변 동료의 핀잔에도 '다시는 강의 현장에서 깨질 수 없다.'는 절박함 때문에 지루하고 반복적인 작업을 꿋꿋하게 이어나갈 수 있었다.

무엇이든지 처음이 어렵지, 일단 시작하면 시간은 줄이면서 효과는 높일 수 있는 자신만의 방법을 터득하기 마련이다. 귀로만 들을 때는 몰랐던 것이 글로 타이핑해서 보니 이야기의 구조가 보이기 시작했다. 이야기의 구조가 눈에 들어오니 전체 맥락과 어떤 의도에서 저런 말들을 했는지 조금씩 이해할 수 있었다. 강의를 시작한 지 2년 만에 '강의가 이런 것이었구나!' 하는 깨달음을 얻을 수 있었다. 무엇이든 알면 재미있기 마련이다. 이때부터 강의가 재미있어지기 시작했다. 지루하기 짝이 없던 작업이 더 알고 싶다는 호기심으로 바뀌었고, 실력은 그렇게 쌓여가고 있었다.

"대표님 말 잘하는 비법 좀 알려 주세요."

가끔 말 잘하는 비법을 알려 달라는 사람들을 만나곤 한다. 그래서 이 책을 통해 오랜 시간 공들여 터득한 말 잘하는 나만의 비법을 공개하고자 한다.

첫째, 모방하라.

모방의 핵심은 의도를 이해하는 것이다. 겉만 따라 해서는 실패하기에 십상이다. 따라 하고자 하는 사람의 속마음, 즉 의도를 이해해야 진짜 자신의 실력으로 이어지는 모방이 된다. 그런데 많은 사람이 의도 보다는 겉으로 보이는 결과만 따라 하게 되는데 결국 이것이 실패하는 자의 지름길이 된다.

둘째, 자기 생각을 넣어라.

모방을 통해 상대방의 의도를 이해했다면 자기 생각을 첨부하여야 한다. 자기 생각이 들어가는 순간 모방은 창조가 된다. 세상의 모든 창조는 모방에서부터 비롯되었다. 수많은 모방이 창조를 만들어 낸 것이다.

『어쩌다 어른』이라는 내가 즐겨보는 TV 프로그램이 있다. 각 분야의 전문가들이나 유명인들이 자신만의 이야기를 풀어내는 이 방송은 나의 분야가 아닌 것에 대한 정보도 얻을 수 있고, 세상 돌아가는 이야기도 들을 수가 있어서 늘 즐겨 시청하는 편이다. 특히 강사라는 직업 때문인지 연사들이 이야기를 풀어나가는 구조에 흥미를 느낀다. 전달력이 뛰어난 연사들은 자신만의 말하기 비법이 있다. 전문적인 내용인데, 지식이 전혀 없는 사람들이 들어도 쉽게 이해할 수 있도록 설명한다는 것은 말하기에 숨겨진 비법이 있다는 것이다.

호기심을 참지 못하고 바로 유튜브를 검색해 해당 영상을 다운받아 타이핑을 시작한다. 오래전부터 해왔던 삽질이 빛을 발휘하는 순간이다. 몇 시간에 걸쳐 타이핑이 끝나면 구조분석에 들어간다. 이 과정을 통해 내가 느낀 것은, 말을 문자로 풀어 놓고 보면 구조가 명확하게 보인다는 것이다. 구조를 보면 왜 이해가 잘 되었는지 금방 알 수 있다.

이렇게 찾아낸 구조에 나의 이야기를 넣어 연습하고 또 연습한다. 반복적인 행동이 실력으로 쌓이는 것이다.

이런 방법은 말하기에만 적용되는 것이 아니다. 만약 당신의 동료가 업무에 탁월한 점을 보인다면 어떻게 일을 하고 있는지 잘 관찰할 필요가 있다. 분명 당신 하고는 다른 무언가가 있을 것이다. 이때 결과만 보지 말고 왜 그런 식으로 업무를 하는지 의도를 이해하는 것이 중요하다. 그리고 상대방의 의도가 이해되었으면 자신의 생각을 첨부해라. 왜 좋은지, 어느 부분은 더 보완해야 하는지, 더 좋은 방법이 있다면 그것이 무엇인지 당신의 생각을 정리하는 것이 핵심이다. 요즘은 생각이 경쟁력이 되는 시대이다. 자신의 생각 없이는 그 누구도 설득할 수 없는 것이 비즈니스다.

셋째, 공유하라.

이것은 핵심 중의 핵심인 비법이다. 비즈니스를 하다 보면 혼자만 정보를 움켜쥐고 있으려는 사람들을 종종 만나곤 한다. 불안한 마음을 왜 모르겠는가. 하지만 혼자만 정보를 독점하겠다는 생각에서 벗어나 파이를 키우는 쪽으로 방향을 맞추면 또 다른 기회가 보인다. 세상에 공짜는 없다. 내 경험에 의하면 공유해준 정보들은 항상 타인의 생각이 붙어서 돌아왔다. 내가 미처 생각하지 못했던 것, 내 생각을 더 확고하게 만들어 주는 타인의 생각이 있었기에 지속적으로 성장할 수 있었다. 세상에 이유 없는 특별함은 없다. 그것은 보이지 않는 무단한 노력이 있었기에 가능한 것이다. 70편이 넘는 소설을 쓴 팀 페리스는 어떻게 그렇게 많은 작품을 쓸 수 있었냐는 기자의 질문에 다음과 같이 말했다.

"하루에 쓰레기 같은 단어 200개를 쓰죠. 그게 다입니다.
그러다 보면 그 쓰레기 더미에서 종종 영감을 얻어 다음 책을 쓸 수가 있죠."

하루에 쓰레기 같은 단어 200개만 쓰라고 팀 페리스는 조언한다. 멋진 단어 200개가 아니다. 진짜 실력은 무모하지만, 반복적으로 행해지는 당신의 행동에 의해 소리소문없이 쌓이는 것이다. 일을 선택한 당신에게 묻고 싶다.

"당신은 실력을 쌓기 위해 무엇을 반복적으로 하고 있습니까?"

정보가 곧 돈이다

빌 게이츠, 워렌 버핏, 손정의, 마크 주커버그^{Mark Elliot Zuckerberg}는 공통점이 있다. 세계적인 부자라는 것과 하루 대부분의 시간을 책을 읽는데 투자한 유명한 독서광이라는 것이다. 특히 세계적인 투자가 워렌 버핏은 하루 3분의 1의 시간을 책과 함께한다는 것으로 유명하다. 독서를 많이 한다고 부자가 되는 것은 아니지만, 세계적인 부호 중에는 독서광이 많다는 사실에 주목해야 한다. 무엇이 그들을 독서광으로 만들었을까.

10년 전 중소기업의 부장으로 근무를 하다가 산업체 강사로 전향한 K가 있다. 그는 회사에 근무하면서도 틈틈이 강사로서의 꿈을 이루기 위해 5년 이상을 꾸준히 준비하다 퇴직했다고 했다.

K가 꾸준히 준비한 무기는 독서였다. 모임에서 만나면 늘 책과 함께했고, 주변 사람들에게도 책 선물을 하곤 했다. 그런데 이상하게도 K가 독서에 관해 이야기할 때면 묘한 거부반응이 일어났다.

'이 바닥을 잘 모르니까 저러지. 책으로 강의하나. 백날 읽어 보라지.'

책은 현실하고 동떨어져 있다는 생각으로 K를 무시해 버리기 일쑤였다. 지금에 와서 생각해보니 그런 나의 태도는 사람의 의식이 어떻게 확장되는지 전혀 모르고 벌인 최악의 실수였다. 그 후 K를 다시 만난 것은, 그를 연사로 하는 특강이었다. 그날 나는 엄청난 충격에 빠졌다. 초보 시절의 그는 온데간데 없었고, 그가 내뿜는 에너지는 청중을 압도했다.

확신에 찬 눈빛과 진심이 느껴지는 말은 그가 얼마나 노력을 했는지 단번에 알 수 있었다. 그러나 나는 멋지게 성장해서 돌아온 K를 진심으로 축하해 주지 못했다. 알 수 없는 불편함 때문에 피하듯이 그 자리를 빠져나왔다.

'책하고 현실은 다르다.'고 생각했다. K의 모습은 그런 생각이 한방에 무너질 만큼 충격이었고, 마음이 복잡했다. 진지하게 다시 나를 되돌아봐야만 했던 시간이었다.

"책은 내용 자체를 즐기기 위한 도구가 아니라 인생을 즐기기 위한 도구이다. 특히 실질적인 해법을 얻어 행동으로 옮기려는 목적을 갖고 읽는 책이 그렇다. 즐기기 위해 책을 읽는 것이 아니라 재미를 느낄 만한 세계를 넓히기 위해 책을 읽는다. 그래서 내용이 재미있고, 없고는 중요하지 않다. 문제는 재미가 아니다.

자신의 세계를 넓히는 가장 좋은 방법은 훌륭한 사람의 이야기를 직접 듣는 것이다."

『그들은 책 어디에 밑줄을 긋는가』의 저자 도이 에이지^{英司 土井}의 말이다. 저자는 인생을 즐기기 위한 도구가 책이라고 했다. 예전의 나라면 무시하고 넘겼을 테지만, 이제는 이 말이 무슨 말인지 정확하게 이해할 수가 있다.

강사인 나는 책을 많이 읽어야 한다는 부담감을 가지고 있었다. 직업의 특성상 그래도 다른 사람들보다는 책을 많이 읽어야 한다는 의무감에 읽은 책의 권수에 집착했다. 어느 순간 '1년에 몇 권을 읽었다.'가 자존심의 지표가 되어, 목표를 채우기 위한 책 읽기를 하고 있는 나를 발견했다.

"강사님 리더십과 관련된 책 좀 추천해 주세요."

가끔씩 책을 추천해 달라는 교육생을 만나곤 한다. 대부분 강의를 듣고 호기심이 생겨 묻는 경우가 많은데, 이런 상황이 썩 달갑기만 한 것은 아니었다.

'어떤 책을 추천하지?'

책을 읽었지만 권수에 집착하며 읽었기에 내용이 머릿속에 남아 있을 리가 없었다. 급한 대로 최근에 읽었던 책 중에 기억나는 것을 추천해 주고 나면 여지없이 마음 한편이 불편해지곤 했다. 이런 경험을 몇 번 반복하고 나서야 책 읽기에 심각한 오류가 있다는 것을 알 수 있었다.

사람들이 책을 읽는 이유가 무엇일까. 도이 에이지의 말처럼 '재미를 느낄 만한 세계'의 발견 때문이지 않을까. 빌 게이츠, 워렌 버핏처럼 말이다. '재미를 느낄만한 세계'란 삶에 대한 호기심을 말한다.

호기심은 뇌를 유연하게 만들어 의식이 확장되는 것을 돕는 역할을 한다. 그렇게 확장된 의식이 자신의 생각을 자극해 지금까지 보지 못한 세계를 볼 수 있게 만드는 것이다. 이것이 책을 읽는 이유이고 재미를 발견해 삶을 윤택하게 만드는 것이다. 그런데 나는 이런 원리를 모른 채 책의 권수에 집착하며 오로지 목표를 채우기 위해, 당장 강의에 써 먹기 위해 책을 읽었으니 오래 기억되지 못한 것은 너무 당연한 일 일지도 모른다.

책 읽기의 원리를 이해하고 나서 책을 읽는 방법이 달라졌다. 책의 권수에 집착하는 대신 책을 읽다가 영감을 주는 문장을 발견하면 습관처럼 생각을 메모하고, 삶에 어떻게 적용을 할지 고민하고 행동으로 옮겼다. 이런 책 읽기 방법은 내용을 이해하고 기억하는 데 엄청난 도움을 주었을 뿐만 아니라 나의 삶에도 변화를 주었다. 이 책의 또 다른 구절이다.

"최고의 비즈니스맨들은 목적을 갖고 독서를 하며 새로운 지식이나 식견을 얻어 활동을 시작한다. 행동의 출발점인 것이다. 1년에 몇 번 휴식을 취하러 여행을 가는 수준으로는 여행 전문가가 될 수는 없다. (중략) 독서도 마찬가지다. 경영, 리더십, 마케팅, 재무 등 자신의 분야와 거기서 맞닥뜨린 과제에 대해 온종일 생각하고 있는 전문가에게 독서는 과제를 극복하기 위한 가장 강력한 도구가 된다. 빨간 펜을 들고 내 안으로 스며들게 하고 싶은 문장에 밑줄을 긋고 다음 날 아침부터 행동으로 옮긴다."

펜을 들고 밑줄만 그어도 삶에 도움이 된다. 최고의 비즈니스맨들은 자신에게 주어진 문제를 풀기 위해 책이라는 강력한 도구를 이용했다. 펜을 들고 자신에게 영감을 주는 문장에 밑줄을 긋고 다음 날 행동으로 옮긴다는 말에 나는 전율을 느꼈다. 그렇다. 독서의 출발점은 행동에 있다. 책을 읽고 생각에만 머물러 있으면, 기회는 만들어지지 않는다. 이것은 성적이 잘 나오기를 바라면서 공부는 하지 않는 것과 마찬가지다. 책을 읽고 자신이 직접 행동으로 옮겨보지 않은 지식은 살아있는 지식이 될 수 없다. 온전한 내 것이 아니다. 언젠가 K가 이런 말을 한 적이 있었다.

"책에서 영감을 얻은 것은 꼭 행동으로 옮겨보려고 노력해요. 결과를 떠나서 행동으로 옮겨보고 나면 그게 무엇을 말하는지 정확하게 이해할 수 있죠. 정확하게 이해하면 확신이 생겨요. 나는 그냥 그 믿음을 따라갈 뿐인 거죠."

이것이 K와 나의 차이였다. 마음이 불편해서 인정하고 싶지 않지만 인정할 수밖에 없는 큰 차이였다. 지금까지 많은 책을 읽었지만, 행동으로 옮겨 본 적이 몇 번이었나 스스로에게 되묻지 않을 수가 없었다. 몇 권의 책을 읽었느냐가 중요한 것이 아니었다. 1권을 읽더라도 책 속에서 얻은 영감을 행동으로 옮겨보는 것이 성공한 사람들의 책 읽기 습관이라는 것이다. 아무리 좋은 정보를 가지고 있어도 실제 삶에 적용해보지 않으면 그것은 내 것이 될 수 없다. K의 말처럼 실제 행동으로 옮겨 봤느냐 아니냐에 따라 내용에 대한 이해의 정도가 달라지고 그 깊이를 통해 자신에 대한 믿음과 확신이 달라지니 말이다.

책 읽기의 심각한 오류를 발견한 뒤 내게는 많은 변화가 일어났다.

책의 권수에 집착하지 않고, 도이 에이지의 말처럼 '내 안으로 스며들게 하고 싶은 문장'을 찾아 밑줄을 긋고, 행동으로 옮겨보는 일들이 많아졌다. K가 느꼈던 것처럼 '왜' 그렇게 하라고 했는지 저자의 의도를 이해할 수 있었고, 의도를 정확하게 이해하고 나니 그전에는 보이지 않았던 단서들이 눈에 들어오기 시작했다. 단서가 눈에 보이자 생각에 확신을 가질 수 있었다. 생각에 확신이 생기자 그렇게도 힘들게 느껴졌던 행동에도 탄력이 붙었다. 빌 게이츠, 워렌버핏, 손정의, 마크 주커버그가 '독서광'이 된 이유도 여기에 있을 것이다. 그들도 자신들이 풀어야 할 문제들을 해결하기 위한 도구로 독서를 선택했을 것이다. 독서는 수많은 시행착오를 거쳐 밝혀낸 타인의 경험을 통해 자신의 세계를 넓히는 가장 손쉽고 빠른 방법이다.

만약 당신이 해결해야할 문제 때문에 마음이 복잡하다면, 삶이 이대로 괜찮을까 걱정이 된다면, 지금보다 더 많은 것을 누리고 싶다면, 새로운 기회를 찾고 싶다면, 볼펜을 들고 자신에게 영감을 주는 문장에 밑줄부터 그어라. 그리고 빌 게이츠, 워렌 버핏, 손정의, 마크 주커버그 그랬던 것처럼, 또한 K가 그랬던 것처럼, 내가 그랬던 것처럼 행동으로 옮겨보자.

책을 읽다가 영감을 주는 문장에 밑줄만 그어도 당신의 의식이 확장된다. 확장된 의식은 또 다른 기회를 볼 수 있게 한다. 수많은 부자들이 했던 것처럼 당신도 행동으로 옮겨라. 행동으로 옮기면 자신의 문제를 정확하게 이해할 수 있고 또한 스스로에게 확신을 가질 수가 있다. 지금 당장 펜을 들고 내안으로 스며들게 하고 싶은 문장에 밑줄을 긋고 행동으로 옮겨라. 지금은 책에 밑줄만 그어도 돈이 되는 세상이다.

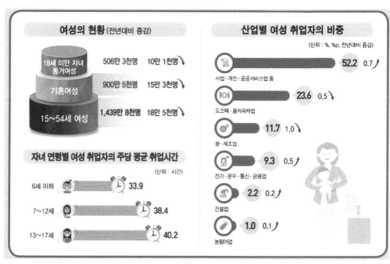

여성의 현황 (전년대비 증감)

18세 미만 자녀 동거여성	506만 3천명	10만 1천명 ↘
기혼여성	900만 5천명	15만 3천명 ↘
15~54세 여성	1,439만 8천명	18만 5천명 ↘

산업별 여성 취업자의 비중

(단위 : %, %p, 전년대비 증감)

사업·개인·공공서비스업 등	52.2	0.7 ↗
도소매·음식숙박업	23.6	0.5 ↘
광·제조업	11.7	1.0 ↘
전기·운수·통신·금융업	9.3	0.5 ↗
건설업	2.2	0.2 ↗
농림어업	1.0	0.1 ↗

자녀 연령별 여성 취업자의 주당 평균 취업시간

(단위 : 시간)

6세 이하	33.9
7~12세	38.4
13~17세	40.2

출저 | 통계청

O_pportunity 기회

한 달에 한 번, 인생을 바꿀 기회가 찾아온다

『2017년 통계로 보는 여성의 삶』을 보면 여성 인구는 2,565만 6천 명으로 총인구의 49.9%를 차지하고 있다. 이 중 30.3%가 여성이 가구주인 것으로 나타났고, 여성의 고용률은 50.2%로 지속적으로 증가하고 있는추세이다. 이 통계는 '경제력' 하면 남성의 능력으로 대변되고 있던 것이 여성에게도 적용되고 있는 지금의 현실을 그대로 말해주고 있다.

20년 만에 연락이 닿은 고등학교 친구들과 카톡 방에서 번개 모임이 결성되었다. 기대감과 설렘을 안고 나간 자리에서 아르바이트가 주요 화제로 등극했다. 여자 나이 40대 후반이면 육아에서 어느 정도 자유로운 시점이라 시간적인 여유는 있는 반면, 아이들은 중·고등학생으로 돈이 많이 들어가는 시기와 맞물려 있다. 남편 혼자의 수입으로 알뜰하게 살림을 한다고 해도 경제적 지출이 크다 보니 매달 적자가 날 수밖에 없는지라 대화 주제는 자연스럽게 돈으로 이어졌다.

　결혼 후 전업주부로 살던 은희는 지인의 소개로 시작한 아르바이트 수입이 꽤 짭짤하다는 이야기를 꺼냈다. 옆에 있던 경숙이가 그 아르바이트 같이하자고 하니 은희는 자신도 꼽사리 끼어 들어간 자리라 언제 잘릴지 모른다고 지금은 혼자 살기도 벅차니 각자 알아서 살자고 너스레를 떨었다. 웃고 떠드는 가운데 지금까지도 활발하게 일하고 있는 나에게 친구들의 관심이 자연스럽게 집중되었다.

"강의한다고? 카톡 프로필 봤어. 근사하게 나왔더라. 그런데 무슨 강의 해? 어떻게 시작하게 됐어?"

강의하고 있다는 내가 신기한지 친구들의 반응이 사뭇 진지한 가운데 은 희가 어렵게 포기해야만 했던 자기의 일에 대한 이야기를 먼저 꺼냈다.

"대학교 졸업하고 취직이 안 돼서 실습 나갔던 ○○대학교병원 의무기록실에 음료수 한 박스 사 들고 무작정 찾아갔어. 월급을 못 받아도 좋으니 일만 하게 해달라고 사정했지. 며칠 뒤에 연락이 와 '월급을 못 받아도 경험이 라도 쌓자'라는 심정이었는데, 나를 좋게 봐주신 실장님 덕분에 월급 도 받을 수 있었고 정말 열심히 일했더니, 최우수 친절직원으로도 뽑혔 다니까. 정식직원이 아니어서 평상복을 입고 다녔는데 상을 받게 되는 바 람에 직원들이 입는 유니폼이라는 것도 입어 봤어. 부서 내 TO(table of organization)만 나면 정식직원으로 발령받을 수 있게 되었는데 유산 끼 가 있는 바람에 그만둘 수밖에 없었어. 아쉬운 것은 1년도 안 돼서 TO가 났는데 내가 잘 닦아 놓은 길에 우리과 후배가 들어갔더라고. 그래도 다행이지. 후배가 들어가서. 그때 그렇게 그만두지만 않았더라면…"

은희는 고등학교 동창이기도 하지만 대학교 1년 후배이기도 했다. 나와 마 찬가지로 어려운 가정형편에 사회생활을 먼저 시작했고 자신의 꿈을 위해 뒤늦게 대학에 들어갈 정도로 자신의 삶에 적극적인 아이였다.

여자이기 때문에 출산, 육아를 이유로 어렵게 얻은 기회마저 포기할 수밖에 없었던 은희의 모습은 남편, 아이들 위주의 생활을 하다가 어느 순간 '나는 누구일까?', '다들 잘 살고 있는데 나만 뒤쳐지고 있는 것은 아닌가?' 같은 고민을 하는 30대-40대 여자들의 전형적인 모습이기도 하다.

　영국의 소설가인 버지니아 울프Adeline Virginia Woolf는 『자기만의 방』에서 여성은 재산권의 부재, 가난, 출산, 육아, 가사 때문에 지적 활동의 기회도 원천적으로 봉쇄됐다고 말했다. 이러한 봉쇄가 여성이 남성에게 의존할 수밖에 없는 나약한 존재로 만들었기 때문에 여성에게 경제적 자립이 얼마나 중요한지, 여성의 삶을 어떻게 변화시킬 수 있는지를 숙모에게 받은 유산 500파운드를 통해 이렇게 말하고 있다.

　"그 당시의 쓰라림을 기억하건대, 고정된 수입이 사람의 기질을 엄청나게 변화시킨다는 사실은 참으로 놀라운 일이라고요, 이 세상의 어떤 무력도 나에게 500파운드를 빼앗을 수 없습니다."

　버지니아 울프의 말처럼 경제력은 남성뿐만 아니라 여성에게도 자신의 삶을 보다 적극적으로 변화시킬 수 있는 중요한 요소이다. 누구의 눈치도 보지 않고 자신이 쓰고 싶을 때 마음대로 사용할 수 있는 돈은 물질을 뛰어넘는 중요한 가치를 가지고 있다. 6살, 4살 아들을 둔 후배가 진지하게 퇴사를 고민하고 있다고 말했다. 이유는 월급의 70%는 육아도우미 아줌마의 월급으로, 30%는 교통비, 밥값, 품위 유지비로 지출된다는 것이다. 어떤 날은 '아줌마 월급 주러 회사 다니나?'라는 생각까지 든다고 했다.

"안 가져온 서류가 있어서 잠시 집에 들렀는데, 도우미 아줌마가 음악을 틀어놓고 우아하게 커피를 마시고 있더라고요. 순간 '뭐지?'라는 생각이 들었어요. 나는 엄청 치열하게 일해서 아줌마 월급 주는데, 아줌마의 삶의 질이 나보다 높은 것 같더라고요. 막상 월급 주고 나면 별로 남는 것도 없는데 차라리 내가 아이를 보는 게 낫지 않나 싶어요."

이럴 바엔 본인이 덜 쓰고 아이들을 보는 것이 더 낫지 않겠냐고 물어왔다. 지금 당장의 상황만 보면 후배의 말이 맞을 수도 있다. 그러나 여자에게 일은 돈보다 중요한 가치가 있다. 나는 2살 터울, 5살 터울의 삼 남매를 기르면서 친정 어머니의 손을 빌렸다. 어머니의 평생 생활비를 보장하겠다는 엄청난 공약을 한 다음에서야 어머니 손에 아이 셋이 맡겨졌다. 처음에는 후배처럼 내가 버는 돈의 상당한 부분이 어머니 월급으로 지출되었다.

그런데도 내가 일을 놓지 못하고 있는 것은 두 가지 이유였다.

첫째, 아이들은 빠르게 자란다.

육아에 지친 당신만 느끼지 못할 뿐이다. 생각해 보라. 육아에 10년~20년의 세월이 필요한 것이 아니다. 길어야 7~8년이다. 아이는 초등학교만 들어가도 엄마의 간섭을 싫어한다. 엄마만 찾던 아이가 친구를 먼저 찾는 시간은 반드시 온다. 아이가 친구를 먼저 찾는 것은 지극히 자연스러운 현상이다. 그 짧은 시간 때문에 자기 일을 포기하는 것은 두고두고 인생의 후회할 일로 남는다. 가족들이 각자의 일로 바쁘고, 아이도 더 이상 엄마의 손길이 필요하지 않을 때 '내 인생은 뭔가?' 후회하지 말고, 그 시간을 어떻게 극복하며 보낼지 연구하는 것이 현명한 방법이다.

둘째, '돈'은 자신의 꿈을 실현해주는 도구이다.

경제력을 포기한다는 것은 자신의 꿈을 포기한다는 것과 마찬가지다. 너무 과한 표현이라고 생각되는가? 그렇지 않다. 우리는 무엇을 하더라도 비용을 지불해야 한다.

"백만 원이라도 현금으로 줬으면 좋겠어. 마음 편하게 쓰게."

의사 남편을 둔 영진이의 말이다. 경제적으로 어려운 것은 아니지만 남편 명의의 카드로 생활비를 쓰다 보니 매번 사용 내역이 남편에게 문자로 전송 되고, 어김없이 전화가 온다고 했다.

"뭐 샀어?"

질리지도 않는지 매번 물어보는 남편이 어느새 스트레스의 주범이 되어 카드를 쓸 때마다 망설이게 되고, 개인적인 용품은 자신의 카드로 결제한다 며 하소연했다.

"더럽고 치사해서 내가 벌어서 써야 할까 봐."

씁쓸하게 웃는 표정에서 영진이의 편치 않은 마음이 고스란히 느껴졌다. 이 세상에 내 마음대로 쓸 수 있는 돈은 내가 번 돈밖에 없다. 온전한 자신의 삶을 살고 싶다면 스스로 경제력을 갖추어야 하는 시대에 우리가 살고 있다.

버지니아울프의 말처럼 고정적인 수입은 여자, 남자를 떠나서 자신을 더 당당하게 만들고, 또 다른 꿈을 꿀 수 있도록 돕는 중요한 도구이다. 한 마디로 삶의 윤활유와 같은 존재가 바로 경제력이다.

언제든 내가 하고 싶은 것을 할 수 있게 만드는 것!
언제든 갖고 싶은 것을 살 수 있게 하는 것!

이것은 '경제력'을 갖춘 사람에게만 주어지는 특권이다. 자신이 원하는 것을 원하는 때에 갖거나 할 수 있는 자유는 그야말로 인생의 축복이다. 이런 축복을 육아, 가정을 이유로 포기하려고 하는 것은 미친 짓이다. 아이는 성장하면 부모의 품을 떠나 자신의 삶을 사는 것은 세상의 이치이다. 당신도 그랬고, 당신의 아이도 그럴 것이다. 그 짧은 시간 때문에 당신의 일을 포기하지 마라. 남는 것은 후회뿐이다.

여자에게 있어 경제적 주권은 돈, 그 이상의 가치가 있다. 아이도 남편도 채워줄 수 없는 당신의 미래가 그 안에 있다. 여자이기 때문에 희생하고 포기해야 하는 것이 아니라 여자이기 때문에 더 당당하게 경제적 주권을 누려야 한다. 일을 선택한 여자에게 경제적 주권이란 인생을 바꿀 기회를 의미한다. 일을 선택한 당신에게는 한 달에 한 번, 당신의 인생을 바꿀 기회가 찾아온다. 더 많은 것에 도전하고 성취할 기회가 매달 찾아온다는 것은 축복이다. 이것은 일을 선택한 여자만이 누릴 수 있는 당당한 특권이다. 조급한 마음으로는 욕심밖에 낚을 수 없다.

조급한 마음으로는 욕심밖에 낚을 수 없다

"생선 한 마리 주세요."

 생선 장수가 장사를 마무리할 무렵 오랜 단골인 손님이 찾아왔다. 생선 박스 안에는 집에 가지고 가려고 남겨둔 팔다 남은 생선 한 마리뿐이었다. 생선 장수는 잠시 망설이는가 싶더니 이내 생선 박스 안에 손을 넣고 휘휘 저은 뒤 생선 한 마리를 꺼내 들고 말했다.

"고놈 실하다! 이놈으로 드릴까요, 손님?"
"조금 작은 것 같은데요. 다른 것은 없나요?"

 생선 장수는 아무 말 없이 다시 생선 박스 안에 손을 넣어 휘휘 저어 생선 한 마리를 들어 올리며 말했다.

"어휴. 큰 놈 한 마리 남아있었네요. 운 좋으십니다. 요놈으로 할까요?"
 손님은 망설이다가 이렇게 말했다.

"두 마리 다 주세요."
"네? 두, 두 마리 다요?"

비즈니스를 하다 보면 순간적인 욕심이 화를 부르는 경우를 종종 보게 된다. 사이버에이전트를 설립하고 최연소로 도쿄 증권거래소 마더스(MOTHERS)에 회사를 상장한 후지타 스스무藤田晋는 그의 저서 『운을 지배하다』에서 비즈니스에서 탈락하는 사람들에 대해 이렇게 말했다.

"비즈니스란 일종의 경주이다. 거기서 탈락하는 사람을 순서대로 꼽아보면 첫째는 인내력이 부족한 사람, 둘째는 목표를 낮게 설정하는 사람, 셋째는 고정관념이 강해서 변화하기 힘든 사람이다."

그는 비즈니스라는 경주에서 가장 먼저 탈락하는 사람은 언제나 인내력이 부족한 사람이라고 했다. 왜 인내력이 부족한 사람이 가장 먼저 탈락하는 것일까? 그것은 비즈니스에는 정답이 존재하지 않기 때문이다. 요즘처럼 빠르게 변화하는 환경에서는 어제의 성공이 오늘의 성공으로 이어지지 않는다. 때문에 비즈니스에서 자신이 원하는 결과를 만들어내기 위해서 무엇보다도 필요한 것이 참고 견뎌낼 수 있는 인내력일 것이다.

30대 초반에 인내력 부족이 비즈니스를 어떻게 망가트릴 수 있는지 값비싼 경험을 했다. 프리랜서 강사로 업계에 막 발을 내디뎠을 때 지인의 소개로 PI(Personal Identity)로 이름이 알려진 홍 교수를 만나게 되었다. 오랜 시간 PI에 대해 연구해온 분으로 나의 브랜딩에도 도움이 되고 강의하는 데도 도움이 되겠다 싶어 제자로 일을 하게 되었다.

그런데 내 기대와는 달리 PI 프로젝트는 도통 진척의 기미가 보이지 않았다. 느긋한 성격의 소유자인 홍 교수는 '때를 기다리자, 안되면 다음에 하자, 기회는 또 온다.'는 말로 위로했지만 나로서는 이해하기 힘들었다.

설상가상으로 전혀 다른 분야에서 일하던 사람들이 영입되면서 중심을 잃은 듯한 홍 교수의 모습이 나를 더욱 불안하게 만들었다. 어느새 불안감은 '나라도 살고 보자.'라는 조급한 마음으로 바뀌어 있었고, 얼마 지나지 않아 나라도 살고 보자고 발버둥 친 것이 오히려 독이 되고 있었다는 것을 알 수 있었다.

비즈니스는 사람과의 관계를 통해 이루어진다. 사람과의 관계에서 가장 중요한 것은 단연코 신뢰일 것이다. 그렇다면 신뢰는 어떻게 만들어지는 것일까. 홍 교수와의 관계를 통해 나는 비즈니스에서 신뢰란 미래를 알 수 없는 불안한 마음에도 불구하고 끊임없이 자신을 믿고 견뎌내는 자기와의 싸움이라는 것을 절실히 깨달았다. 후지타 스스무의 말처럼 인내력 부족한 사람이 가장 먼저 비즈니스에서 탈락하는 이유를 제대로 경험한 것이다. 나의 인내력 부족은 홍 교수와의 비즈니스를 무산시켰을 뿐만 아니라 내가 저지른 만행 덕분에 많은 시간을 죄책감 속에서 보내게 했다.

비즈니스는 신뢰가 무너지는 순간 물거품이 되고 만다. '어쩔 수가 없었어'라고 자기 합리화를 해보지만 이미 '이러면 안 된다'라는 것을 잘 알고 있는 경우가 많다. 그렇지 않다면 왜 망설이겠는가. 왜 기분이 찝찝하겠는가.

이런 감정의 신호를 무시하면 비즈니스는 부메랑이 되어 자신에게 다시 돌아온다. 게임 이론에 고전적인 사례로 자주 등장하는 '죄수의 딜레마' 가 있다. 죄수의 딜레마는 두 사람이 서로 협력하는 것이 최선이지만 각자 자신의 이익만 먼저 생각함으로써 자신뿐만 아니라 상대방에게도 불리한 결과를 만드는 현상을 말한다.

1984년 미시간대학 정치학과 교수인 로버트 액설로드가 '죄수의 딜레마' 게임을 이용해 흥미로운 실험을 했다. 로버트 액설로드는 죄수의 딜레마 실험을 통해 가장 높은 보수(이익)를 얻을 수 있는 전략을 공개적으로 모집했다. 이 게임에는 전 세계적으로 유명한 게임이론가, 컴퓨터 공학자, 경제학자, 심리학자들이 대거 참여하였다. 과연 누구의 전략이 우승을 거머쥐었을까? 쟁쟁한 경쟁자를 뚫고 최종적으로 채택된 전략은, 토론토 대학 심리학과 교수인 아나톨 라포트가 발표한 전략이었다.

'Tit for Tat'

아나톨 라포트[Anatol Rapport]가 내놓은 가장 높은 보수(이익)가 되는 전략은 '눈에는 눈, 이에는 이' 전략이었다. 이 전략을 보는 순간 나도 모르게 '아…' 라는 탄식이 나왔다. 내가 조금만 더 일찍 이 전략을 알았더라면, 그랬더라면 어땠을까. 아나톨 라포트[Anatol Rapport]의 전략은 사람의 심리를 기가 막히게 꿰뚫고 있었다.'Tit for Tat' 의 핵심은 다음과 같다 모든 비즈니스는 선하게 시작한다!

비즈니스를 하는 모든 사람은 반드시 기억할 필요가 있다.

모든 비즈니스는 선하게 시작한다!

상대방이 호의를 보이면 호의로 반응하고, 상대방이 악의로 대하면 악의로 대응한다는 '상호성의 원칙'에 기반을 두고 있는 전략이 'Tit for Tat' 이었다. 내가 홍 교수와 비즈니스를 시작할 때는 선하게 시작했지만 이후 미래에 대한 불안한 심리가 조급증을 만들어 나라도 살고 보자는 '악의'의 바퀴였다. 나의 '악의'에 홍 교수 역시 '악의'로 대응한 것은 너무 당연한 일일지도 모른다. 그 철없던 시절 'Tit for Tat'의 원리를 모른 채 죄책감에 시달리면서도 한없이 상대방을 원망하는 어리석은 행동을 했었다.

이쯤에서 앞의 상황으로 다시 돌아가 보자. 팔다 남은 생선 한 마리를 팔기 위해 단골손님을 속였던 생선 장수를 기억하는가? 어쩌면 생선 장수는 우리들의 모습일지도 모른다. 유혹 앞에서 흔들릴 수 있는 것이 사람의 마음이다. 한번 두 번 하다 그만둘 일이라면 당신의 욕심을 마음껏 차리는 것이 도움이 될 것이다.

그러나 모든 비즈니스는 돌고 돌아 결국엔 나에게 돌아온다. 순간의 조급함, 불안, 욕심이 애써 만들어 놓은 기회가 한순간에 물거품이 되기도 한다. 생선장수처럼 말이다.

때문에 후지타 스스무도 인내력이 부족한 사람이 가장 먼저 비즈니스에서 탈락한다고 말한 것이다.

조급한 마음으로는 욕심밖에 낳을 수 없다. 판단을 흐리게 만드는 주범이 욕심이다. 조급할수록 마음에 들어찬 욕심을 느긋한 마음으로 기다릴 수 있어야 기회를 내 것으로 만들 수 있다. 홍 교수와의 값비싼 경험 덕분에 생긴 나의 비즈니스 원칙이다.

모든 비즈니스는 선하게 시작한다!
그중에서 제1의 원칙 다음과 같다.
나 자신에게 먼저 선하게 시작한다!

나 자신에게 먼저 선하게 시작한다는 것은 자신을 굳게 믿고 신뢰하겠다는 나의 의지이다. 신뢰를 뜻하는 trust의 어원은 '편안함'을 의미하는 독일어의 trots에서 연유되었다. 사람은 누군가를 믿을 수 있을 때 마음이 편안해진다. 이는 상대방이 배신하지 않을까 염려하고 의심할 필요가 없기 때문이기도 하지만, 상대방의 배신에 대처하기 위해 불필요하게 소모되는 시간과 노력을 절약할 수 있는 효과 때문이기도 하다. 이러한 원리는 비즈니스에서는 타인뿐만 아니라 자기 자신에게도 해당이 된다.

내가 '나에게 먼저 선하게 시작한다.'는 원칙을 만든 이유가 여기에 있다. 일을 선택한 당신도 자신에게 먼저 선하게 다가가려는 노력이 필요하다. 조급한 마음으로는 비즈니스라는 경주를 제대로 치를 수 없다. 자신에게 먼저 선하게 다가갈 수 있을 때, 욕심을 내려놓고 기다릴 줄 아는 여유도 생기는 법이다.

겉모습도 전략이다

"사람은 마주치고 소통한다. 하지만 '본래의 나'로 만나서 소통하는 것이
아니다. 상대방에게 '보여지고 기대된 나'로 만나서 소통하는 것이다."

미국의 사회심리학자 조지 하버트 미드 ^{George Herbert Mead}의 말이다.
모든 비즈니스는 '본래의 나'가 아니라 '보여지고 기대된 나'로 상호관계를
맺어 간다. 일을 선택한 당신이 직장인이든, 프리랜서이든, 자영업자이든
마찬가지다. 당신을 만나고 있는 사람이 당신에게 어떤 모습을 기대하고
있는지 잠시 생각해 보자.

내가 보는 나	타인이 보는 나

"엄마, 강의 가?"

옷 입은 모습만 보고도 아이가 묻는다. 강의가 있는 날이면 공들여서 화장
하고, 신경 써서 옷을 입는다. 인생에 있어서 가장 중요한 사람을 만나는 것
처럼 최선을 다해 준비한다. 이것이 나를 만나는 사람들에 대한 최소한의 예
의라고 생각하기 때문이다.

그러나 오랜 시간 비즈니스를 하면서 최소한의 예의라고 생각하며 했던 행
동들이 결코 상대방을 위한 것만이 아니었음을 알게 되었다.

공들여 화장과 머리를 하고, 신경 써서 옷을 입은 날은 이상하게도 행동에 자신감이 실렸다. 마치 가벼운 옷차림으로 백화점에 갈 때와 제대로 차려입고 백화점에 갔을 때 위축되는 감정과 여유 있게 둘러볼 수 있는 감정의 차이라고나 할까. 분명한 것은 시간에 쫓겨 흡족하게 준비하지 못하고 출근한 날은 어김없이 부족한 모습에 신경이 쓰였고, 행동에 자신감이 떨어지는 것이었다. 겉으로 보이는 모습만 빼고 모든 것이 똑같은 '나'인데도 말이다.

비즈니스 관점에서 보면 보이는 겉모습은 훌륭한 전략이다. 늘 시간에 쫓기는 것이 비즈니스다. 그 짧은 시간 안에 상대방을 안심시킬 수 있는 전문가다운 이미지 연출은 비즈니스에서 반드시 필요한 전략이다.

UCLA 대학의 심리학과 교수인 앨버트 메라비언Albert Mehrabian은 언어, 비언어적인 메시지의 상대적 중요성을 연구해 화제가 되었다. 앨버트 메라비언의 연구에 의하면 사람의 인상을 결정하는 3가지 요소는 시각적인 효과, 청각적인 효과, 말의 내용으로 구성되어 있다. 먼저 시각적인 효과는 전체 인상의 55%를 차지할 정도로 비중이 큰데 주로 태도, 용모, 복장, 표정, 시선 처리 등이 여기에 속한다. 청각적인 효과는 33%로 목소리 크기, 억양, 음성, 말씨 등이 여기에 속한다. 마지막 7%는 말의 내용으로 표현되는 단어나 언어 구사력 등을 말한다. 이 중에서 겉으로 보이는 시각적인 효과는 짧은 시간에 당신이 만나고 있는 사람에게 많은 영향을 끼친다. 특히 비즈니스에서 보이는 이미지의 중요성을 강조하고 있다.

아래 4가지 유형 중 어느 사람과 일하고 싶은지 순서대로 나열해 보자.

I   첫인상이 좋은 사람
II   첫인상도 좋았는데 이야기를 나누어보니 더 좋은 사람
III 첫인상이 별로인 사람
IV 첫인상도 별로인데 이야기를 나누어보니 좋은 사람

당연히 2번이 선호도가 가장 높을 것이고, 그 다음이 4번일 것이다. 이것을 비즈니스적인 관점에서 보면 4번은 2번에 비해 엄청난 손해를 보고 있다. 시간과 싸움이 비즈니스인데 그것을 짧은 시간에 다 보여주지 못한다는 것은 큰 손해이다. 이것이 보이는 이미지를 관리해야 하는 이유이다. 겉모습도 전략이라도 말하는 이유는 또 있다. 표정이나 태도는 당신의 감정의 상태에 따라 변할 수 있지만, 옷차림, 헤어스타일, 화장 등은 당신의 감정의 상태와는 별개로 연출할 수 있기 때문이다. 비즈니스에서 당신의 겉모습은 타인에게 호감을 주는 일과 연결되어 때문에 잘 관리할 필요가 있다.

그중에서 당신이 신경 써야 하는 첫 번째 전략은 얼굴이다. 얼굴은 그 사람의 에너지가 고스란히 흐르고 있는 곳이다. 기본적으로 사람들은 생동감 있고, 긍정적인 에너지가 흐르는 얼굴을 선호한다. 당신이 예쁘냐, 예쁘지 않냐를 말하는 것이 아니다. 타고난 생김새와는 상관없이 얼굴에 흐르는 에너지를 말하는 것이다. 당신 얼굴에 흐르는 에너지는 온전히 자신이 만든 결과이다.

비즈니스를 할 때 기피 대상 1호는 아파 보이는 얼굴이다. 창백해 보이고, 어딘가 아파 보이는 얼굴은 연예할 때만 통한다. 비즈니스에서는 절대 금물이다. 누가 아파 보이는 사람과 일을 하고 싶겠는가. 거울에 비친 당신의 얼굴을 자세히 보라. 생동감이 느껴지는가. 기분 좋은 에너지가 느껴지는가. 이것부터 체크하는 것이 이미지 전략의 출발점이다.

생동감과 기분 좋은 에너지가 느껴지는 연출은 화장법으로 가능하다. 눈과 입술은 당신의 에너지와 연결되어 있다. 당신만의 기분 좋은 에너지를 보여줄 수 있는 통로인 셈이다. 자신감 넘치는 또렷한 눈매는 아이라인과 마스카라로 연출할 수 있고, 붉은 계열의 립스틱만 발라도 생동감을 느끼게 만들 수 있다. 서비스업종에 근무하는 사람들은 예외 없이 붉은 계열의 립스틱을 바른다. 이유는 얼굴에서 느껴지는 생동감 때문이다. 조금만 웃어도 얼굴이 환해 보이기 때문에 붉은 계열을 선호하는 것이다. 가끔 이해되지 않는 직장인들이 있다. 온종일 창백한 얼굴로 근무하다가 퇴근 시간이 다가오면 화려하게 변신하는 유형의 여자들이다. 혹시 당신 주변에도 그런 사람이 있는가? 정말 이상한 일이다. 회사에서 인정받기를 바라면서 행동은 아마추어처럼 하고 있으니 말이다. 프로처럼 행동하고 준비하라. 그래야 진짜 프로가 될 수 있다.

두 번째 전략은 옷차림이다. 비싼 옷, 좋은 옷을 입으라는 것이 아니다. 자신이 하는 일에 맞는 옷차림을 말하는 것이다. 자신이 좋아하는 옷, 편안한 옷차림과 프로답게 보이는 옷차림은 전혀 다르다. 옷을 살 때 어떤 기준을 가지고 있는가.

프로처럼 보이고 싶으면 최우선으로 고려되어야 할 사항은 업무와 어울리는 옷차림이다. 당신만을 위한 편안한 옷차림은
경쟁력이 없다.

"대표님은 옷을 어디서 사세요?"

쉬는 시간에 조용히 다가와 어디서 옷을 사는지 물어보는 교육생들을 가끔 만난다. 옷도 입어봐야 고르는 안목이 생긴다. 옷 고르는 안목이 없었던 시절 동료 강사들이 입고 다니는 브랜드를 물어서 옷을 샀다. 동료가 입었을 때는 그렇게 멋있어 보이던 옷이 왜 나에게는 어울리지 않는지 여러 번 실패하고 나서야 나에게 어울리는 브랜드를 찾기 위해 노력했다. 자신의 체형에 맞는 브랜드를 찾아야 한다. 시간과 돈을 투자해라. 아깝다고 생각하지 말고 당신을 최고의 상태로 보여줄 수 있는 옷차림을 연구해라. 프로들은 옷차림부터 다르다.

당신은 어떤 헤어스타일을 선호하는가.

Ⅰ 지금까지 해왔던 헤어스타일
Ⅱ 관리하기 편한 헤어스타일
Ⅲ 요즘 유행하는 헤어스타일
Ⅳ 어려 보이는 헤어스타일

세 번째 전략은 헤어스타일이다.

소위 잘나가는 여자들의 헤어스타일에는 공통점이 있다. 바로 깔끔한 커트 머리나 단발머리로 이지적인 분위기를 연출한다는 것이다. 이유가 무엇이라고 생각하는가. 취향이 같아서라고 생각하는가.

혹시 사람들은 '본래의 나'로 만나 소통하는 것이 아니라, '보여지고, 기대된 나'로 소통한다는 조지 허버트 미드의 말을 기억하는가. 잘나가는 여자들은 비즈니스에서 프로다운 모습을 기대한다는 것을 알고 있기에 프로다운 이미지의 헤어스타일을 고수하는 것이다. 일을 선택한 당신도 자신의 관점이 아니라 비즈니스 관점으로 자신을 연출하는 것이 필요하다. 당신이 프로답게 보일 수 있도록 만드는 헤어스타일을 연출하라. 자신만의 개성도 좋지만, 사람들 인식에 자리 잡고 있는 고정적인 이미지를 무시할 수 없다. 여성스러움이 아니라 커리어우먼으로 보일 수 있는 헤어스타일이 좋다.

헤어스타일은 속상한 기분을 전환할 때만 바꾸는 것이 아니다. 자신을 새롭게 인식시키고 싶을 때, 새로운 마음으로 출발하고 싶을 때, 전문가로 승부하고 싶을 때 전략적으로 사용하면 효과가 있다. 보이는 이미지가 다는 아니지만, 사람들은 보이는 이미지를 믿는다. 화장하고, 헤어스타일을 바꾸고, 옷을 잘 입는다고 해서 당신이 바뀌는 것은 아니다. 그러나 사람들은 보이는 그대로의 모습으로 당신을 평가한다. 비즈니스에서는 보이는 겉모습도 훌륭한 전략이 된다.

일하기 좋은 시스템을 만들어라

도미노 게임을 해본 적이 있는가? 몇백 개, 몇천 개의 도미노에 신경을 집중하여 일렬로 세워놓고, 하나만 잘 쓰러뜨려도 연쇄반응을 일으켜 저절로 넘어간다. 마지막에 있던 도미노까지 쓰러지는 모습을 보면 묘한 흥분과 함께 쾌감마저 든다. 일에서의 성공도 하나씩 쓰러지는 도미노처럼 시작된다.

1983년, 과학자이자 작가인 론 헤이트 헤드^{Alfred North Whitehead}는 『미국 물리학 저널』을 통해 도미노 하나가 줄지어 선 다른 도미노를 쓰러뜨릴 뿐만 아니라, 자신보다 훨씬 더 큰 도미노도 쓰러뜨릴 수 있다고 말했다. 즉 한 개의 도미노는 자신보다 1.5배나 큰 것도 넘어뜨릴 수 있는 힘을 가졌다는 것이다.

2001년 샌프란시스코 과학관의 한 물리학자가 론 헤이트 헤드의 이론을 실험으로 재연했다. 뒤에 있는 도미노를 앞의 도미노보다 1.5배 크게 만들어, 8개의 도미노를 가지고 실험을 했다. 결과는 놀라웠다. 첫 번째 도미노는 높이가 5㎝이었지만 마지막 도미노는 1m에 가까웠다. 5㎝ 도미노를 쓰러뜨리자 각각의 도미노가 넘어지면서 마지막에 있던 1m 크기의 거대한 도미노도 쓰러졌다.

만약 이것이 8개가 아니라 50개, 100개였다면 어떤 일이 벌어졌을까? 첫 번째 도미노는 5㎝지만 11번째 도미노는 웬만한 성인 남성보다 클 것이고, 18번째 도미노는 피사의 사탑만큼 큰 도미노일 것이다. 23번째 도미노는 에 펠탑보다 클 것이고, 31번째 도미노는 에베레스트보다 클 것이다.

일에서의 성공도 도미노 효과와 비슷하다. 그 때문에 좋은 결과를 만들어 내기 위해서는 삶에서도 도미노 효과를 만들어 내야 한다.

"도미노 효과는 당신의 업무나 사업처럼 큰 그림을 그려야 하는 일에도 적용되고, 매일 다음번엔 무슨 일을 할 것처럼 결정을 내리는 아주 작은 순간에도 적용된다. 성공은 성공 위에 쌓이고, 이런 일이 반복적으로 일어나면 최고로 높은 수준의 성공을 향해 움직일 수 있게 된다."

『원씽-THE ONE THING』의 저자 게리켈러[Gary C.Kelly]의 말이다.
엄마로 아내로 커리어우먼으로 1인 3역을 하는 당신에게도 어떤 유혹에도 흔들리지 않고 몰입할 수 있는 도미노 효과가 필요하다. 일을 선택한 당신이 한 단계 한 단계 힘을 비축하기 위해서는 어떤 도미노 효과가 필요한지 알아보자.

첫째, '왜 일을 하는가?' 끊임없이 목표를 확인하는 도미노가 필요하다.
목표가 분명하다고 모두 성공하는 것은 아니다. 그러나 무엇 때문에 일하는지 모르면 당신이 원하는 결과를 만들 수 없다. 환경적 조건이 갖추어져도, 당신의 머릿속이 '왜 일을 하는지' 모르는 채 흙먼지를 일으키고 있다면, 어떤 에너지도 당신의 것으로 끌어당길 수 없다.

'10억이 생긴다면?'
돈만 있으면 과감하게 사표를 던지고, 하고 싶은 일을 찾아 할 수 있을 거라고 말하는 사람들이 있다.

정말 돈에서 벗어나면 인생도 우리가 원하는 대로 달라질 수 있을까? 예일 대학교 경영대학원 심리학과 교수인 에이미 브제스니예프스키[Amy Wrzesniewski]는 이렇게 말한다.

"생업과 천직은 따로 있는 것이 아닙니다. 많은 이들이 자신의 인생을 바꿀 천직을 발견하고자 하지만, 이건 환상에 불과하죠. 대신 '지금 내가 하는 일을 어떻게 바라보는가?'라는 물음을 통해 지금 하는 일을 천직으로 만들 수 있습니다."

"지금 내가 하는 일을 어떻게 바라보는가?"
몸은 '여기'에 있으면서, 마음이 '다른 곳'에 있다면 어떻게 좋은 결과를 만들 수 있겠는가. 같은 일을 하는 A와 B가 아래와 같은 마음으로 일을 하고 있다고 가정해보자.

A : 먹고 살기 위해서, 어쩔 수 없이 일을 해야 한다.
B : 일이 힘들긴 하지만, 일을 통해 자신이 성장할 수 있고 조직과 사회는 조금씩 발전한다.

A와 B 중 누가 기회를 잡을 확률이 높을까. 지금 하는 일이 당신과 맞지 않아도 자신의 성장을 위해 관심을 기울이면 기회는 만들어지기 마련이다. 여기에서 중요한 것은 일이 당신과 맞지 않아도 자신의 성장을 위해 관심을 기울이는 것이다. 당신의 성장에 관심을 기울여야 기회를 잡을 수 있다.

특히 세상은 목적의식을 가지고, 지루하고 힘든 일들을 통해 결과를 만들어 낸 사람들을 중심으로 움직인다. 그 때문에 당신이 가장 먼저 확인해야 하는 도미노는 '왜 일을 하는가?'라는 목적의식의 도미노이다. 그 목적을 자신의 성장에 초점을 두는 것도 좋은 방법이고, 누군가를 행복하게 하겠다는 것도 훌륭한 방법이다.

에이미 브제스니예프스키는 천직을 찾는 연구를 통해 타인의 행복에 기여하겠다는 목표를 가진 사람이 그렇지 않은 사람보다 지루한 일을 더 즐겁게 해내고, 힘든 순간을 끈기 있게 극복해 낸다는 것을 밝혀냈다. 자신의 노력이 사회에게 도움이 된다는 것을 알기에 실망과 좌절을 감수한 것이다. 당신은 어떠한가?

일하는 엄마에게 영향을 가장 많이 받는 것은 아이다. 내가 책을 쓰겠다는 마음먹은 것도 아이들을 위해서였다. 사회, 국가에 도움이 되겠다가 아니라 딸들에게 도움이 되고 싶었다. 이유는 같은 여자이기에 인생 선배로서 엄마로서 어떻게 살아가야 하는지 나의 경험과 생각을 진솔하게 들려주고 싶었다. 그리고 힘들게 공부하는 고등학생인 첫째, 중학생인 둘째에게 엄마도 열심히 노력하고 있다는 것을 알려주고 싶었다. 혼자가 아니라 엄마가 함께하고 있다는 것을 느끼게 해주고 싶었다.

"엄마는 다른 엄마들하고 다른 것 같아. 친구 엄마 중에 책 쓰는 사람은 엄마밖에 없어. 왠지 나도 엄마처럼 더 열심히 살아야 할 것 같아."

책을 쓰고 있다고 조심스럽게 이야기를 꺼내자 감동한 얼굴로 둘째가 말했다. 둘째의 말에 힘입어 지루하고 힘들지만 지금 이 순간도 책을 쓰고 있다.

'책이 인쇄되어 나오면 또 어떤 말을 할까?' 기대하며 기필코 책을 내겠다는 목표를 매일 끊임없이 확인하며 실행으로 옮기고 있다.

목표를 먼 곳에서 찾지 말자. 지금 하는 일이 당신 주변 사람들에게 어떻게 기여하는지 찾아보자. 지금 하는 일이 당신을 어떻게 성장시키고 있는지 찾아보자. 그것이 당신이 목표를 향해 가는데, 길을 잃지 않고 바르게 갈 수 있는 방법이다.

둘째, 자신의 관심과 가치를 연결할 수 있는 도미노를 찾아라.

어떤 일을 하든 100% 만족할 수는 없다. 무엇을 하든 채울 수 없는 것이 있기 마련이다. 가지지 못한 것에 초점을 맞추지 말고 지금 하는 일에서 개인적인 관심이나 가치로 연결할 수 있는 도미노를 찾아야 한다. 아무리 괴롭고 힘든 일이라도 개인적인 관심이나 가치를 실현하는 데 도움이 된다면, 고통은 즐거움으로 바뀔 수 있다.

매일 매일 평가를 받아야 하는 강사라는 직업은 스트레스가 이만 저만이 아니다. 물 위에 떠 있는 백조의 모습은 우아해 보이지만, 물 밑의 발은 정신 없이 움직인다. 어떤 일을 하던 물 위에 떠 있는 우아한 모습만 보고 덤비면 이내 좌절하기 마련이다.

현실은 물 밑이다. 정신없이 온 힘을 다해 움직이는 발이 있다는 것을 보지 못하면 하루하루가 지옥일 수 있다.

그렇다고 물 밑의 발만 보면 희망은 보이지 않는다. 지금 하는 일에서 개인적인 관심이나 가치를 찾아야 하는 이유가 여기에 있다.

회사를 떠나면 회사 근처는 얼씬도 하지 않겠다고 말하는 직장인들이 많다. 그러나 당신이 무엇을 하든 지금의 경험이 있기에 당신이 있는 것이다. 일 하는데 자신에게 도움이 되는 것을 찾아 자신이 성장하는 데 초점을 맞춰라. 회사는 그 다음이다. 자신이 성장해야 다른 사람을 도와줄 수 있다.

"이 회사에서는 그 어떤 것도 하고 싶지 않아요."

회사생활에 지쳐서 나온 말이라는 것을 잘 안다. 그러나 우리는 지혜로워질 필요가 있다. 충분히 실험하고 검증할 수 있는 장이 열려있는 곳이 회사이다.

당신이 하고 싶은 것을 안 하겠다는 것은 앞으로도 아무거도 영원히 아무 것도 안 하겠다는 말과 같다. 아주 작은 것이라도 당신의 업무와 연결된 관심사나 가치를 찾아라. 눈을 크게 뜨고 보면 반드시 찾을 수 있다.

셋째, 롤 모델 도미노를 찾는 것이다.

롤 모델이 있는 것과 없는 것은 일에 대한 시각을 크게 바꿔놓는다. 초보강사 시절 연속된 좌절감을 맛보고 강의에 대한 회의가 들 무렵, 선배강사의 초보시절 이야기에 큰 위안을 받았다.

선배 강사 역시 지금의 자리에 있기까지 많은 실패와 좌절을 극복하는 게 꿈을 이루기 위해서 반드시 거쳐 가는 단계라는 것도 알게 되었다.

나는 고령의 나이에도 건재하게 활동하는 선배강사들을 보며 새로운 희망을 꿈꾼다. 이것이 롤 모델을 찾아야 하는 이유이다.

주변에 롤 모델로 삼을 만한 사람이 없다면, 자기개발서나 유명인을 관찰해서 자신의 삶에 어떻게 적용할 수 있을지 생각하는 것도 좋은 방법이다. 같은 일을 하더라도 어떤 관점을 가졌는지에 따라 일의 방향성이 달라지고 결과가 달라진다.

당신에게 좋은 영향을 끼칠 수 있는 롤 모델을 찾아 삶에 반영하라. 그 안에서 당신은 방향성을 찾아 지속적으로 성장할 것이고, 누군가는 그런 당신의 모습을 롤 모델삼아 새로운 희망을 꿈꿀 것이다.

움직여야 유연해진다

취업포털 잡코리아에서 2030 직장인 1,162명을 대상으로 조사한 설문결과에서 직장인 10명 중 7명은 자신이 타임푸어, 즉 '시간거지'라고 느끼는 것으로 조사됐다. 직장인들이 '타임푸어'라 포기한 것에 대한 질문에는 이렇게 대답했다.

1위　체력·건강관리 49.6%

2위　대인관계 46.0%

3위　자기계발 37.5%

업무에 지친 직장인들의 현실을 그대로 보여주는 결과라 안타까웠다. 그러나 시간을 핑계로 체력·건강관리를 포기하면, 나중에 땅을 치고 후회할 일이 벌어진다. 체력이 받쳐줘야 일에 능률도 오르는 법이다. 사람들은 아프기 전까지는 건강이 얼마나 중요한지 모르고 살아간다.

나 역시도 그랬다. 엄마, 아내, 커리어우먼으로 1인 3역을 하며 하루하루 바쁘게 살던 시절, 만성피로는 훈장처럼 따라다녔고, 해야 하는 일에 치여 운동은 꿈도 꾸지 못했다. 운동할 시간이 있으면, '모자란 잠이나 보충하자'는 마음으로 온종일 시체처럼 늘어져 있었다. 그렇게 하루 정도 쉬어주면 다음 날 컨디션이 회복되곤 했는데, 어느 순간부터는 온종일 쉬어도 몸이 회복되지 않았다.

"어리석은 일 중에 가장 어리석은 일은, 이익을 얻기 위해 건강을 희생하는 것이다."

독일의 철학자 쇼펜하우어 Schopen hauer의 말이다. 꼭 나를 두고 한 말 같았다. 일과 가정 사이에서 생기는 수십 개의 사소한 일들이 언제나 건강보다 우선이었다. 어느 날 강의 중 현기증과 더불어 몸이 휘청거리는 이상 징후를 느끼고 나서야, 건강하게 살기 위해서는 '뭐라도 해야겠다'는 생각으로 헬스클럽을 찾았다. 난생처음 와보는 헬스클럽은 새로운 세상이었다. 무거운 덤벨을 들고 땀을 뻘뻘 흘리는 사람과 러닝머신 위에서 뛰는 사람들의 모습에서 묘한 이질감과 동시에 에너지가 느껴졌다.

"체력이 너무 약해져서, 근력을 키우고 싶은데 어떻게 해야 할까요?"
"회원님이 하실 일을 하나뿐입니다. 내일부터 매일 나오시면 됩니다. 매일 나오기만 하면 좋아져요."

정말 쉬운 일이라는 듯이 가볍게 말하는 트레이너의 말이 얄미웠지만 반박할 수 없었다. 체력을 키우고 싶으면, 당연히 그만큼의 시간을 투자해야 하는데 어떻게 하면 적게 움직이고, 빨리 근력을 키울까 요령만 묻고 있는 내 모습이 한심해 보였으리라.

"뇌는 의식적이건 무의식적이건 상관없이 반복적으로 하는 행동을 중요한 일이라고 인식한다. 그리고 그것이 거듭 반복되면 기억의 창고에 저장된다. 그 결과 특별히 의식하지 않고도 쉽게 하는 행위, 이것이 뇌과학에서 말하는 습관의 정체다."

비즈니스 코치이자 웹 컨설턴트인 『지속하는 힘』의 저자 고바야시 다다아키의 말이다. 뇌는 반복적으로 하는 행동을 중요한 일이라고 인식하고, 중요한 것들을 뇌에 저장하려는 습관은 가지고 있다. 하루에 오만 가지 생각을 하는 것이 인간인데, 뇌도 살아남으려면 중요한 정보와 중요하지 않은 정보의 구별이 필요했을 것이다. 그 때문에 무엇인가를 해내려면 반복적인 행동이 필요한 것이다. 그래야 뇌가 중요한 일로 인식하여 기억할 테니 말이다. 고바야시 다다이키는 인간의 모든 행동은 3단계를 거쳐 성립한다고 말한다.

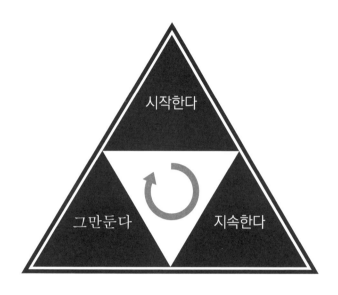

 반복적으로 시작하고, 지속하고, 그만두었다가 다시 시작하는 것이 인간의
행동이다. 이런 반복적인 행동을 통해 지속하는 힘이 생기고 그것이 습관
이 되는 것이다.

 많은 직장인이 생각하는 것처럼 '시간이 없어서' 운동을 못 하는 것이 아니라,
습관이 안 되어 있기 때문에 운동을 못 한다는 말이다. 실제로 인간 행동의
절반은 습관으로 이루어져 있다. 생각해 보라. 아침에 일어나서 출근하기
까지 대부분의 일들이 습관처럼 움직인다. 일도 마찬가지다. 특별하게 제동이
걸리지 않는 이상 대부분 습관처럼 일한다.

 그렇다면 건강한 삶에 대해서도 이렇게 말할 수 있지 않을까?

"운동습관이 건강한 삶을 살게 한다."

이 책의 또 다른 내용이다.

"뇌가 중요하다고 인식해 이행하는 행동이 습관이다. 이것이 습관의 정체다. 하지만 본질은 아니다. 그렇다면 습관의 본질은 무엇일까? 습관의 본질은 나를 믿는 마음, 곧 신념이다. 습관으로 만들기 위해서 '나도 할 수 있어', '못할 것도 없지' 처럼 나 자신을 믿는 마음, '이것을 실천하면 인생이 바뀐다'는 신념이 있어야 하기 때문이다."

습관의 본질을 정확하게 짚어낸 말이다. 사람들은 건강을 위해, 몸매를 위해 운동하겠다고 마음먹지만, 한편으로는 '될까?', '가능할까?', '힘들 텐데' 등과 같은 부정적인 마음도 함께 가지고 있다. 자신을 의심하고 믿지 않는 것이다.

그러다 보니 머리는 '운동하러 가야지' 생각하면서, 몸은 침대에 누워 움직이지 않는 것이다.

처음 운동을 하겠다고 주위사람들에게 말했을 때, '하면 좋지. 그런데 마음대로 안 될 걸'이라는 반응을 보였다. 그런 반응에 승부욕이 생긴 나는 트레이너의 말처럼 헬스장에 매일 출근 도장을 찍었다. 그랬더니 몸이 서서히 변하기 시작했다. 매일 화장실 앉아 배를 움켜잡고 이것만 없었으면 했던 지방덩어리가 줄어들었다. 지방이 줄어드니 숨어있던 복근들이 보이기 시작했다. 배의 복근이 눈으로 확인되던 그 날부터 일상생활에서 복근을 만지며 주문을 외우는 버릇이 생겼다.

희한하게도 복근에 손을 대면 에너지가 느껴지고, 자신감이 생겼다. 복근과 자신감이 무슨 관계였을까. 바로 '할 수 있다'는 믿음이었다.

운동을 통해 나에 대한 믿음을 확인하는 것만큼 기분 좋은 일이 또 있었다. 나로 인해 주변 사람들이 운동을 시작했다는 것이다. 세상을 변화시키기는 어렵지만, 가까운 주변 사람들은 변화 시킬 수 있었고 내 믿음은 점점 강해졌다.

'내가 건강해지면, 내 주변에 있는 사람들도 건강해진다.'
'내가 변하면, 주변 사람들도 변한다.'

비즈니스를 하며 그토록 찾아 헤매던 리더십의 요소를 운동을 통해 경험했다. 스스로 모범을 보이는 리더만큼 강력한 존재는 없다. 영향력을 미치는 리더는 스스로 모범을 보이는 리더였다. 이것이 리더의 주변에 사람들이 모이는 이유일 것이다.

더 이상 시간을 핑계로 미루지 말자. 당신이 원하는 삶을 살기 위해서는 무엇보다도 체력·건강관리가 우선순위가 되어야 한다. 체력이 회복되면 당신을 둘러싸고 있는 에너지가 달라진다. 당신의 에너지가 사람들이 바꾸고 그런 모습에서 당신은 새로운 에너지를 충전 받는다. 선순환이 이루어지는 것이다.

올해 47세인 워킹맘 H는 뒷목이 뻐근함을 느껴 병원을 찾았다. 검사 결과 고혈압, 당뇨, 고지혈증 진단을 받았다. 성인병을 연달아 3개를 진단받고 멘붕에 빠졌다. 이제는 조금만 무리해도 바로 저혈당이 와서 일도 조절해서 하는 상황이 벌어졌다.

건강에 적신호가 오니 날카로워지는 모습을 자주 들킨다. 몸이 아프면 마음이 아프고, 마음이 아프면 몸도 아파지기 마련이다. 몸과 마음은 뗄 수 없는 관계인 것이다. 몸이 건강해야 마음의 여유도 생긴다. 엄마로, 아내로, 커리어우먼으로 1인 3역으로 바쁜 당신도 행복하게 살기 위해서는 건강이 우선시되어야 한다.

고바야시 다다아키가 말한 인간행동의 3단계를 이용해서 건강한 삶을 위한 습관을 만들어보자.

1단계, 목표를 통해 시작할 수 있는 힘을 키워라.

목표가 있어야 의식에 힘이 실린다. '체중 5kg을 빼겠다'와 같은 목표가 아니다. 습관으로 정착시키기 위해서는 뇌가 좋아하는 방법을 사용해야 한다. 복부 운동을 20개씩 3세트 하겠다, 하체 운동을 15개씩 2세트를 하겠다 등과 같은 반복적으로 수행할 수 있는 목표를 말한다. 체중이 빠지는 것은 오랜 시간이 걸리지만, 오늘 목표한 운동량을 달성하는 것은 누구나 할 수 있다. 뇌는 꾸준히 정보가 들어와야 중요한 일이라고 인식한다.

건강한 생활습관의 본질은 자신을 믿는 마음이다. 아무것도 생각하지 말고 일단 몸으로 움직여보자. 움직여야 몸도 마음도 유연해 진다. 몸의 변화는 누구보다 자신이 가장 먼저 느낄 수 있다. 그러니 일단 움직여 보자. 당신은 뭐든지 할 수 있는 사람이다.

1%, 100일만 반복하기

세계 최대의 동영상 사이트 유튜브(YouTube)에 6~7살쯤 되어 보이는 딸과 아빠의 대화 장면이 올라왔다. 과자를 지키고 싶은 딸과 아이의 과자를 먹고 싶어 하는 아빠 사이에 설전이 벌어졌다.

"아빠, 과자를 많이 먹으면 어떡해?"

"배고프니까 그렇지."

"배고프면 밥을 먹어야지. 과자를 먹으면 어떡해."

배가 고프면 밥을 먹어야지 과자를 먹으면 어떻게 하냐는 아이의 표정에 답답함이 묻어 있다. 아빠와 딸이 바뀐 것 같아 웃기기도 하면서 한편으로 어린 꼬마가 벌써 세상의 이치를 깨달았나 싶어 놀랍기도 했다.

때로는 아이를 통해 삶을 배우기도 한다. 머리 복잡할 것 없는 아이는 보이는 대로 느끼는 대로 이야기할 뿐이고, 그 심플함에 세상사는 지혜가 숨어 있다. 배고프면 밥을 먹어야 하는 것처럼, 무언가를 얻기 위해선 그에 합당한 노력을 해야 한다.

『3개의 소원, 100일의 기적』의 저자 이시다 히사쓰구 石田久二는 지인에게 들었던 비지니스에 성공한 사람들의 비법을 다음과 같이 소개했다.

날마다 소원을 종이에 열 번 쓴다.

　이시다 히사쓰구가 흘려들었던 이 이야기를 같은 자리에서 있었던 친구는 꾸준히 실천해 넉 달 만에 월 수입 천 만원을 넘겼다는 사실을 알게 되었다. 친구의 실천에 자극 받아 바로 소원 적기를 실행으로 옮겼다.

　결과는 어땠을까? 그 또한 보통 사람답게 한 달 만에 포기했다며 그는 꾸준히 무엇인가를 실천하는 것에 대한 어려움을 이야기했다. 이 이야기를 읽다가 문득 의문이 생겼다. 100일, 그것도 소원 3개만 꾸준히 쓰면 이루어진다는데 뭐가 그렇게 어렵다고 포기했을까 의문이 들어, 나도 '소원 적기'를 실행으로 옮겼다.

　결과는 어떻게 되었을 것 같은가? 처음 일주일은 아주 순조롭게 진행되었다. 그러나 시간이 흐를수록 100일을 꾸준히 한다는 것이 얼마나 힘든 일인지 온몸으로 체감해야 했다. 어떤 날은 소원을 적지 않고 잠자리에 든 것이 생각나 튕기듯이 침대에서 일어나야 했다. 불을 켜고 소원을 적어 나가면서 깨달은 것이 있다. 습관! 그것은 습관이었다. 삶에서 무언가 간절히 원하는 것도 습관이 되어야 이루어지는 것이다.

　소원을 이룬 사람과 이루지 못한 사람의 차이는 바로 습관의 차이였다. 생각해 보라. 당신은 얼마나 오랫동안 소원을 빌어봤는가? 소원이라고 말하면서 바쁜 일상에 기억의 뒤편으로 사라진 소원을 당신은 얼마나 기억하고 있는가.

여기서 분명히 해둘 것이 있다. 이시다 히사쓰구가 소개한 비즈니스에 성공한 사람들은 100일 동안 소원을 적었기 때문에 소원이 이루어진 것이 아니라는 점이다.

이것보다는 소원을 잊어버리지 않기 위해 100일 동안 노력한 습관에 초점을 맞추어야 한다. 100일 동안 간절하게 소원이 이루어지기를 바라고 있는데 어찌 우주가 도와주지 않겠는가. 100일이라고 하는 시간은 우주의 에너지를 내 편으로 끌어당기기에 충분한 시간이다. 습관은 삶에 지대한 영향을 미친다.

산속에 아버지와 아들이 살았다. 부자는 매일 소가 끄는 수레를 이용해 시장에 가서 장작을 팔았다. 시장으로 가는 길은 지형이 구불구불하고 험했다. 경험이 많은 아버지는 앞에서 소를 이끌었고, 눈이 밝은 아들은 소가 끄는 수레의 뒷부분을 책임졌다. 구불구불한 굽은 길이 나올 때마다 아들은 소리쳤다.

"아버지! 꺾어요!"

그러던 어느 날 아버지가 병이 나서 아들이 혼자 수레를 끌고 시장에 가게 되었다. 그런데 굽은 길에 도달하자 소가 멈춰 꿈쩍도 하지 않았다. 아들이 소를 밀어보기도 하고, 끌어 보기도 하고, 신선한 풀로 유인도 해보았지만 소는 말을 듣지 않았다. 아들은 도무지 이유를 알 수 없었다. 그러다 문득 한 가지 생각이 아들의 머리를 스치고 지나갔다. 아들은 소귀에 대고 소리쳤다.

"아버지! 꺾어요!"

그러자 신기하게 소가 움직이기 시작했다. 바로 이것이 습관의 힘이다. 한번 만들어진 습관은 일상이 되고, 그 일상들이 쌓여서 인생이 만들어진다.

이시다 히사쓰구가 왜 '100일의 기적'이라고 했는지 그 이유와 일맥상통하는 이야기이다. 보통 좋은 습관을 몸에 익히려면 최소한 21일의 시간이 필요하다고 전문가들은 조언한다. 적어도 3주 이상은 꾸준히 몸에 익혀야 우리 뇌도 중요한 정보로 인식해서, 그 행동을 지속해서 할 수 있도록 신호를 보낸다.

나의 경우는 습관을 정착시키는데 21일보다 2배나 많은 50일이 걸렸다. '소원 적기'를 통해 알아낸 나의 습관 정착시간은 정확하게 50일이었다. 어떻게 50일의 시간을 알아냈는지 궁금한가. 소원 적기를 잊어버리고 잘까 봐 눈에 잘 띄는 책상 가운데 소원 노트를 두었는데, 50일이 되던 날 나에게 온 택배를 아들이 소원 노트 위에 올려놓았다. 그런데 눈에 보이지도 않았던 소원 노트가 잠자리에 들기 전 자연스럽게 떠올랐다. 그렇게 소원을 이루기 위한 습관 하나가 50일 만에 정착되었다.

"성공하기 위해 반드시 자기관리에 철저한 사람이 될 필요는 없다. 아니, 생각보다 훨씬 적은 자기 통제력만으로도 성공할 수 있다. 그 이유는 단 하나다. 성공은 옳은 일을 해야 얻는 것이지, 모든 일을 다 제대로 해야 얻을 수 있는 것이 아니기 때문이다. 성공을 이루는 비결은 올바른 습관을 선택하고 그것을 확립하기에 필요한 수준만큼의 통제력을 갖추는 것이다. 그게 전부다."

아마존, 뉴욕 타임스 베스트셀러 1위에 오른 『원씽-THE ONE THING』의 저자 게리 켈러^{Gary Keller}의 말이다. 게리 켈러의 말처럼 소망하는 것을 얻기 위해서 우리에게 필요한 것은 아주 작은 자기 통제력이다.

모든 것은 다 잘할 필요가 없다. 소망하는 것을 이루는데 필요한 올바른 습관 그리고 그 습관을 이어나갈 아주 작은 통제력만이 성공하는 데 필요하다.

실제 성공한 사람들의 대부분은 모든 면에서 자기관리가 뛰어나지 않았다. 오히려 몇몇 부분에서는 실망스러운 부분도 있었다고 한다. 그러나 이들은 습관의 중요성을 알고 성공에 필요한 중요한 몇 가지 습관을 몸에 익히고 실천했다. 여기에서 중요한 것은 성공에 필요한 몇 가지의 중요한 습관이다.

당신은 소원을 이루기 위한 몇 가지 중요한 습관을 지니고 있는가? 또는 중요한 습관이 무엇인지 인식하고 행동으로 옮기고 있는가? 아니면 하루하루 최선을 다해 열심히 살면서도 "왜 내 인생은 별로 달라지는 것이 없나?" 하며 실망과 좌절을 반복하고 있는가

성공한 사람들의 경험에서 보았듯이 습관은 선택과 집중의 문제다. 성공을 위해, 소원을 이루기 위해, 지금보다 더 나은 미래를 위해, 가족을 위해 그것이 무엇이 되었든 원하는 것을 이루기 위해서는 몇 가지 중요한 습관을 행동으로 정착시켜야 한다. 인생은 마음먹기에 달려 있다. 한 가지 좋은 습관을 정착시키기 위해 자신의 행동을 통제할 수 있다면 그 습관은 다른 일을 더 손쉽게 할 수 있도록 도와준다.

이것이 좋은 습관을 지니고 있는 사람들이 보통 사람들보다 더 많은 일을 해내는 이유이다. 좋은 습관을 반복적으로 실행하는 법을 알고 있기 때문에 결과도 보통 사람들보다 좋은 것이다.

소원은 당신의 습관을 통해 이루어진다. 삶에서 경쟁상대는 외부세계에 있는 것이 아니다. 당신이 무엇을 하든 가장 어려운 경쟁상대는 자기 자신이다.

그 때문에 성공하기 위해서는 좋은 습관 몇 가지가 필요한 것이다. 행동으로 보여준 습관은 당신이 누구인지 말해 주며, 당신이 얻은 성취는 한 번의 행동에서 이루어지는 것이 아니다. 지속해서 이루어진 습관에 의해 만들어진 것이다.

건강이 문제가 되는가?

미래가 걱정되는가?

가족관계가 소홀해져 신경 쓰이는가?

미루는 습관 때문에 아무것도 못하고 머리만 복잡한가?

올 초에 세운 목표를 아직도 실행하지 못 하고 망설이고 있는가?

그렇다면 가장 먼저 어떤 습관을 몸에 익혀야 할지 생각해야 한다. 습관이 거창할 필요는 없다. 일상에서 내가 시도할 수 있는 사소하지만 중요한 것을 찾으면 된다. 1%의 가능성만 있어도 그것이 무엇이든 눈감고 딱 100일만 노력해 보자. 1%의 가능성이 100%의 가능성으로 바뀔 수도 있다.

성공한 사람들의 습관도 아주 사소한 것이 많다. 예를 들면 아침 일찍 일어나기, 규칙적으로 운동하기, 명상하기, 이루어야 할 목표 적기, 일기 쓰기, 독서하기 등 말이다. 너무 사소하다고 느껴지지 않는가. 그러나 이런 사소한 습관을 지속해서 하는 사람은 별로 없다. 이것이 성공한 사람과 보통 사람의 차이이다. 나는 사소한 것일수록 오랜 시간 반복하기 어렵다는 것을 '소원 적기'를 통해 뼈저리게 경험했다. 일을 선택한 당신도 육아와 일을 동시에 해내려면 사소하지만 중요한 습관이 있어야 한다. 지금 당신에게 필요한 습관이 무엇이든 딱 100일만 실행으로 옮겨보자. 그 간절함이 당신 인생 최대의 전환점 될지 누가 알겠는가?

A_mbitious 야망
엄마들이여, 야망을 가져라

43.6%의 시청률을 기록한 MBC 드라마 『선덕여왕』을 보면, 국선 문노와 덕만공주가 왕권을 놓고 치열하게 설전을 벌이는 장면이 나온다.

"공주님, 왜 여인이 한 번도 왕을 하지 않았다고 생각하십니까? 왜 눌지왕께서 부자상속을 정착하셨다고 생각하십니까? 황실 내부의 권력투쟁을 최대한 막기 위해서입니다. 황실 내부의 권력투쟁은 그 자체로 왕권의 약화를 의미합니다. 현대 여인 왕이 된다? 부마가 되려는 자들의 권력투쟁은 치열할 것입니다. 아니 여인이 왕이 된다는 것만으로도 귀족들의 반발은 극에 달할 것입니다. 더구나 백성은요. 백성은 아예 이해조차 하지 못합니다. 하늘을 공개하려 첨성대를 지어도 거기서 아들을 낳게 해달라고 비는 백성인데 여인인 왕을 이해하겠습니까? 그 모든 분란과 조각난 국론을 모아서 대업을 이루신다고요? 그게 되는 일이었다면 왜 공주님이 하셔야 합니까? 우리는 이미 역사에서 본적 없는 위대한 여성 정치가를 갖고 있습니다. 미실이 했어야지요."

"미실은 못합니다."

"왜요? 미실이 성골이 아니라서요?"

"아니요. 미실은 꿈꾸지 않으니까. 미실은 왕이 될 능력은 있으나 왕을 꿈꾸지 않았기에, 그 자리에 오를 수 없는 겁니다. 오로지 꿈꾸는 자만이, 계획을 세우고 방법을 찾아냅니다."

국선문노와 덕만공주가 나눈 이 대화 장면은 명장면 중의 명장면이다. 이미 위대한 여성 정치가 미실이 있는데 '왜 덕만공주, 당신이 왕이 되어야 하느냐'는 문노의 질문에 덕만은 당당하게 말한다.

"꿈꾸지 않으니까."

덕만공주의 말처럼 능력이 있어도 자신의 삶에 대해 꿈꾸지 않으면 미래는 없다. 그것이 여자이든 남자이든 마찬가지다. 오직 꿈꾸는 사람만이 계획을 세우고 방법을 찾아 자신의 꿈을 이루는 것이다.

당신은 어떤 미래를 꿈꾸고 있는가? 아이 셋을 낳고, 출산휴가를 1달 이상 써 본 적이 없다. 오히려 임신은 나에게 기회였다. 배가 불러오기 시작하면 강의를 당분간 쉬어야 하니 5~6개월 남짓한 시간은 부족한 것을 채울 수 있는 절호의 시간이었다.

석사 마지막 학기, 논문 준비를 할 무렵 셋째가 생겼다. 38세 고령산모인 나는 '위험군에 속하니 조심해야 한다.'는 의사의 말은 들리지도 않았다. 내가 건강하니 아이는 당연히 건강하게 태어날 것이고, 오직 논문에 몰입할 수 있는 시간이 생겼다는 것이 기뻤다.

"극성이다. 극성!"

주변 사람들이 뭐라고 하던 내가 극성일 수밖에 없는 이유가 있었다. 바로 가난이었다. 가난이 사람을 어떻게 위축시키는지 잘 알고 있기에 단순하게 가난에서 벗어나겠다가 아니라 물질적, 정신적으로 풍요로운 삶을 살겠다는 것이 인생 최대의 목표가 되었다.

> "가난하게 태어난 것은 당신의 잘못이 아니지만
> 가난하게 죽는 것은 당신 잘못이다."

세계적인 부자 빌 게이츠의 말이다. 아이들이 태어나면서부터 풍요롭게 살 겠다는 목표는 더욱 확고해 졌다. 빌게이츠의 말처럼 가난하게 태어난 것은 어쩔 수 없는 일이지만, 가난하게 죽는 것은 100% 자신에게 잘못이 있는 것 이다. 인생은 여러 가지 선택 중에서 무엇을 선택하느냐에 따라 달라지게 되어있다. 덕만공주가 왕이 되기로 결심한 이유이다.

꿈이 없는 사람은 자신이 원하는 삶을 살아갈 수 없으며 풍요로운 삶을 살 수 없다. 미실처럼 능력은 갖추었으나 스스로 왕을 꿈꾸지 않으면 왕이 될 수 없는 것이다. 그러나 능력이 부족해도 왕을 꿈꾸기 시작했으면 왕이 될 수 있는 방법을 찾기 마련이다. 일을 선택한 우리도 마찬가지다. 이왕 일을 시작했으면 큰 꿈을 꾸고 업계에 한 획을 그을 수 있는 멋진 미래를 꿈꿔보자. 당신의 아이가 엄마를 자랑스러워하며 당신처럼 멋진 꿈을 꿀 수 있도록 말이다.

어쩌면 당신을 가로막고 있는 것은 현실적인 상황이 아닐 수도 있다. 스스로 한계를 만들어 놓고 자신을 가두고 있는 것일 수도 있다. 한계는 당신이 만드는 것이며 처음부터 위대한 사람은 없다. 평범한 사람들의 위대한 도전이 있었을 뿐이다.

당신도 이왕 일을 선택했으면 자기만의 만족에서 그치지 말고 더 큰 꿈에 도전해 보자. 불가능하다고 생각했던 것이 진짜 현실로 바뀔 수 있다.

요즘 '카페인 우울증'이라는 말이 유행한다. 카페인 우울증이란, 카카오톡, 페이스북, 인스타그램 등의 앞 글자를 따서 만든 약자이다. 카페인 우울증은 SNS를 통해 타인의 행복한 일상을 보며 자신의 처지와 비교하기 때문에 생기는 상대적인 박탈감, 열등감이 우울증으로까지 이어진 것이다. 그런데 이상하지 않은가. 우울증을 앓고 있으면서도 자신은 변하려고 조금도 노력 하지 않는다는 것이 말이다. 자신의 삶은 자신만이 변화시킬 수 있다. 그리고 변화는 오로지 당신이 어떤 꿈을 꾸고 있느냐에 따라 달라진다. 당신의 꿈을 실현하기 위해서는 먼저 당신의 감정을 잘 이해해야 한다.

SNS에 올라온 타인의 행복한 모습에 부정적인 감정이 드는 것은 잘못된 것이 아니다. 다만 부정적인 감정에 집착하는 대신 그 감정이 무엇을 의미하는지 잘 이해해야 한다. 부정적인 마음 뒤에 숨어 있는 진짜 자신의 마음을 알아야 상황을 바꿀 수 있다.

동료 강사 중에 SNS를 활발하게 하는 사람이 있다. 매일매일 자신이 간 곳, 하고 있는 일 등을 올렸다. 이것이 반복되자 나는 어느 순간 "또 자랑질 시작이네, 또 잘난 척이네."로 반응했고 그런 나를 보고 흠칫 놀랐다. 안 봐도 되는 글을 굳이 보고, 그것 때문에 비위가 상하는 것을 느끼며 '왜 스스로 이런 감정이 드는 걸까?' 묻고 또 물었다. 당신이 느끼는 감정은 당신이 원하는 것을 정확하게 알고 있고 나 또한 그랬다.

나도 멋진 삶을 살고 싶다.
나도 하고 싶은 일을 하며 살고 싶다.
나도 누군가에게 영향을 끼치며 살고 싶다.

감정이 알려준 나의 마음을 확인하는 순간 생각이 바뀌었다.

기분 상하기보다는 어떻게 하면 내가 원하는 삶에 더 가까이 갈 수 있을까 방법을 찾기 시작했다. 조금이라도 도움이 될 것 같은 생각들은 바로 행동으로 옮겼다. 나의 꿈은 그렇게 실현되는 중이다.

결혼정보회사 듀오에서 미혼남녀들을 대상으로 조사한 결과에 의하면 10명 중 6명이 SNS 때문에, 상대적 박탈감을 경험해 봤다고 대답했다.

그러나 여기에는 당신이 모르는 함정이 있다.

"우울할 때 SNS에 글을 올려."

전문직을 가지고 있는 L은 유난히 자신을 드러내고, 포장하는 것을 좋아한다. 틈만 나면 화려하게 옷을 입고, 분위기 좋은 장소에서 사진을 찍어 SNS에 올린다. 사진으로 보는 그녀의 일상은 호화롭고, 행복해 보인다. 그러나 일상에서 만나는 그녀의 삶은 우울하고, 끊임없이 누군가에게 집착하는 모습을 보인다. 사람은 삶이 불안하거나, 위태로울수록 '인정받고 싶은 욕구'가 강해진다. 아는 사람이 아닌, 모르는 사람이 다는 '좋아요'나 댓글에 집착하는 이유가 바로 그것이다. 자신의 존재기반을 온라인 세계에서 구축하려는 사람은 진정으로 자신이 원하는 삶을 살아갈 수 없다. 우리는 온라인 세상이 아니라 '현실'속에 살고 있기 때문이다.

'나도 할 수 있을까?' 많은 사람들이 스스로에게 묻는 말이다. 그렇다! 몇 번을 물어보아도 내 대답은 '그렇다' 이다. 그것이 무엇이든 남들이 할 수 있는 것은 당신도 할 수 있다. 누군가 해냈다는 것은 당신도 해낼 수 있다는 증거다.

당신이 꿈꾸는 모든 것들은 당신의 행동에 따라 얼마든지 실현 시킬 수 있다. 현실에 안주하지 않고, 자신의 꿈을 위해 한 걸음씩 나아갈 때 그것은 현실이 된다.

소년이여, 야망을 가져라! Boys, Be Ambitious! 이는 일본의 홋카이도 대학의 전신인 삿포로 농학교의 초대 교장을 지낸 미국인 과학자이자 교육자인 윌리엄 S. 클라크[William Smith Clark]의 명언으로, 위키백과의 원문 내용은 이렇다.

BOYS, BE AMBITIOUS, not for money, not for selfish accomplishment, not for that evanescent thing which men call fame. Be ambitious for attainment of all that a man ought to be

소년이여, 야망을 가져라. 돈을 위해서도 말고 이기적인 성취를 위해서도 말고,

사람들이 명성이라 부르는 덧없는 것을 위해서도 말고.

단지 인간이 갖추어야 할 모든 것을 얻기 위해서

물질적인 대가나 타인의 평가에 집중하기보다는 오직 자신의 꿈을 위해서 해야 할 일에 집중한다면 기대 이상의 대가를 받게 된다. 돈 때문에, 타인의 시선 때문에 당신이 존재하는 것이 아니다.

오직 당신의 꿈을 이루기 위해 존재하는 것이다. 그것이 인간이 갖추어야 할 모든 것을 얻는 방법이다. 엄마들이여 더 크게 생각하고, 더 큰 뜻을 품고 살아가자. 큰 뜻을 품고 살아가는 여자에게 기회는 늘 열려 있다.

열정을 사수하는 아주 쉽고도 놀라운 방법

"무엇을 해야 내가 살아 있음을 느끼며 살 수 있을까 심각하게 고민했다.
그리고 어떻게 해야 아침마다 진정한 나를 발견하게 될지 생각해 보았다.
결국 꿈을 이루며 살아야 한다는 결론을 내렸다.
물론 꿈은 다른 사람에게도 있다.
그러나 나는 꿈을 이루지 못하며 살 바에는 차라리 죽는 게 나을 것 같았다.
그렇게 하지 못하면 살아가는 의미조차 없을 테니까."

영화 『시티 오브 엔젤』 OST로 유명한 캐나다 출신 싱어송라이터 사라 맥클란McClean의 인터뷰 내용이 눈에 들어왔다. 꿈을 향한 그녀의 열정이 고스란히 느껴져 어느새 내 마음도 일렁거렸다. 사람들은 자신의 꿈을 이루며 살아가길 바라지만, 진정으로 자신의 꿈을 이루며 살아가는 사람은 생각보다 많지 않다.

"일기를 쓸 수 있는 소재를 얼마나 제공해 주셨어요?"
"네? 소, 소재요?"

일기 쓰기 강사의 질문에 말문이 막혔다. 매일 저녁 일기 쓰기를 놓고 딸아이와 전쟁을 벌이다가 정보라도 얻을 수 있을까 등록한 강좌에서 강사에서 역으로 질문을 받고 적잖이 당황했다. 일기 소재라니.

방학 때마다 일기를 개학 10일 전쯤부터 몰아서 썼던 문득 초등학교 시절이 떠올랐다. 머리를 쥐어짜며 없던 일도 만들어 썼고, 분량을 채우기 위해 여러 개로 쪼개어 썼던 것이 일기에 대한 기억이다. 가장 쓸모없는 숙제가 일기라고 생각했는데, 이제는 아이와 일기를 놓고 전쟁을 벌이고 있다.

"일기를 이렇게 밖에 못써!"

매일 반복되는 일상에 일기를 이렇게밖에 못 쓰냐고 타박만 했으니 '얼마나 답답했을까'에 생각이 미치자 미안한 마음마저 들었다. 그런데 일기 쓰기는 아이들에게만 해당이 되는 것이 아니다. 이 상황을 어른들에게 적용해보자.

"제가 하고 싶은 것이 무엇인지 모르겠어요."
"딱히 잘하는 게 없어서요."
"하고 싶은 것이 있어도, 지금 상황에서는…"

수많은 직장인이 자신의 꿈이 뭔지, 자신이 무엇을 잘하는지, 어떤 일을 하고 싶은지 몰라서 방황하는 것을 많이 보았다. 아이들의 일기 쓰기 숙제는 성인들에게도 해당이 되는 것이다. 하루하루 충실하게 살고는 있지만, 자신에게 어떤 가능성이 있는지, 무엇을 하고 싶은지, 어떤 것을 할 수 있는지 스스로 제공하는 삶의 소재가 턱없이 부족하다 보니 생기는 일이다.

이럴 땐 사라 맥클란의 말처럼 진지하게 자기 자신에게 물어보고, 또 물어보며 자신의 삶 속에서 스스로 답을 찾아야 한다. 이것은 누군가 대신해줄 수 있는 일이 아니다.

미래에 대해 고민이 많았던 나는 고등학교를 졸업하고 3년 동안 모은 돈을 대학교 등록금으로 사용했다. 그러나 현실은 냉정했다. 대학교를 졸업을 하고도 6개월가량을 백수로 지내야만 했다. 27살이라는 적지 않은 나이에 백수로 지난다는 것은 폐인이 된 것 같았다. 아침에 눈을 뜨는 시간이 가장 고통스러웠다. 천장이 스멀스멀 나를 향해 내려오는 압박감에 시달리다가 살기 위해서라도 방법을 찾아야만 한다는 생각이 들었다. 다행히도 지인분의 도움으로 예치과병원의 대표원장님 비서로 근무할 수 있는 기회를 얻었다.

"열심히 하겠습니다!"

무조건 열심히 하겠다는 각오를 다지며 출근길에 올랐지만, 어찌된 일인지 병원환경에 적응되자, '이게 아닌데'라는 생각이 하루에도 몇 번씩 들면서 슬럼프가 찾아왔다.

"여기에 올인 해도 후회하지 않을까?"
"정말 나에게 '기회'가 주어질까?"
"더 늦기 전에 오랫동안 할 수 있는 전문적인 일을 찾아야 하지 않을까?"

간사한 것이 사람의 마음이라고 취업만 되면 소원이 없겠다던 마음은 어느새 내가 하고 싶은 일, 인정받을 수 있는 일, 잘 할 수 있는 일을 하고 싶다는 마음으로 바꾸었다. 그러자 모든 것이 불안해 보였고 불만족스러웠다.

상반되는 두 가지 조건 속에서 방황하며 내가 할 수 있는 일은 내가 진정 원하는 것이 무엇인지를 묻고 또 물어 보는 방법밖에 없었다. 그렇게 답도 없는 질문을 반복하던 중에 우연히 기회가 찾아왔다. 예치과 병원은 대표원장님의 독특한 경영철학을 기반으로 운영 되었다. 교육에 대한 남다른 철학을 가지고 계셨던 대표원장님의 경영방침에 따라 매주 토요일은 1시간씩 일찍 출근해 학습발표 시간을 의무적으로 가졌다. 지금으로 말하면 여러 조직에서 효과가 검증된 '학습조직'과 같은 구조였다. 그 학습조직이 20여 년 전에 작은 병원에서 시작되고 있었다. 학습발표는 직원들이 강사도 되고, 교육생도 되어 현장에서 적용할 수 있는 여러 가지 노하우들을 공유하고 토론하는 자리였다. 직원들이 성장해야 병원도 발전할 수 있다는 대표원장님의 강력한 의지가 반영된 시간이었다.

직원들은 돌아가며 1년에 1번, 많아야 2번 정도 주제를 정해 발표를 했다. 바쁜 시간 쪼개 발표준비를 해야 한다는 부담감이 있었지만 그에 상응하는 혜택도 있었다. 1시간 빠른 출근에 아침을 못 먹었을 직원들을 위해 빵과 음료는 물론이고, 출근길에 힘들이지 않고 학습에 몰입할 수 있도록 1만 원씩 택시비도 지급되었다.

또한 매월 첫째 주 화요일은 예치과 네트워크 병원에 근무하는 직원들이 모두 모이는 자리에서 그달의 최우수 발표자를 투표를 통해 공개적으로 선정했고 시상도 이루어졌다. 최우수로 선정된 직원은 본인이 원하기만 하면 다른 일도 해볼 기회가 주어지기도 했다. 그러나 이런 기회를 반기는 직원은 생각보다 적었다.

기회는 언제나 주변에 있었다. 그러나 애석하게도 기회는 보려고 하는 사람의 눈에만 보인다. 장난기가 많은 기회는 누군가 애타게 자신을 찾아내는 즐거움을 맛보고 싶어한다. 그 때문에 당신이 기회를 찾고자 한다면 기회를 찾으려는 강력한 의지와 노력이 뒤따라야 한다. 학습발표는 나에게 기회로 다가왔다.

직원 대부분이 치위생사였기 때문에 환자 또는 진료와 관련된 내용을 발표했지만, 비서였던 나는 환자를 직접적인 대면하지 않기 때문에 어떤 주제로 발표할까 고민하던 끝에 지금은 고인이 되신 구본형 작가의 저서의 『익숙한 것과의 결별』을 정리해 발표하기로 했다.

그때 당시만 해도 파워포인트를 다룰 줄 아는 직원이 병원에서 2~3명밖에 없었다. 고등학교 시절 손에 붕대를 감아가며 타자 자격증을 따기 위해 보냈던 시간이 빛을 발휘하는 시간이었다. 몸으로 체득한 경험은 어떠한 형태로든 인생에 도움이 되는 순간이 반드시 온다. 그동안 묵혀두었던 타자 솜씨를 발휘하여 멋지게 자료도 만들고 유인물도 준비했다.

자료와 유인물까지 만들어 발표한 직원은 내가 처음이었다. 직원들은 '이렇게까지 해야 해'라는 표정을 지었지만 어쨌든 나는 그달의 최우수 발표자로 선정되었다. 고백하건대 태어나서 처음으로 공개석상에서 상을 받았다. 그날의 짜릿한 감정은 그토록 찾아 헤매던 미래에 대한 고민을 해결할 수 있는 단서를 제공해 주었다.

'겨우 발표 한 번에' 누군가는 이렇게 말할지 모르지만 단 한 번의 경험으로 바뀔 수 있는 것이 인생이다. 자신 안에 숨어 있는 강점은 처음부터 강점이라고 말하며 등장하지 않는다. 일상에서 우연히 '어쩌면…'이라는 경험의 단서들이 강점으로 전환되어 빛을 발휘하는 사람들을 수없이 봐왔다.

일을 선택한 당신도 자신에게 어떤 가능성이 있는지, 진정으로 하고 싶은 것이 무엇인지 몰라 방황하고 있다면 당신 안에 숨어있는 열정을 깨워야 한다. 당신의 경험 속에서 열정이 숨어있다. 열정은 당신을 더욱더 강하게 만든다. 열정을 통해 당신의 능력을 향상시킬 수 있는 강점을 발견할 수 있다. 내가 그랬던 것처럼 당신의 경험을 뒤져본다면 숨어있는 강점을 찾을 수 있다. 단 한 번의 경험이라도 좋다. 경험 속에서 에너지가 충전되는 느낌을 받았거나, 강해지는 기분이 들었다면 강점 순위에 올려놓아도 좋다.

기억에 떠오르는 경험들을 적어보자. 경험들 중에서 긍정적인 감정을 느끼게 해준 것은 왼쪽에, 부정적인 감정을 느끼게 해준 경험들은 오른쪽에, 잘 알 수 없는 것들은 가운데에 적어 놓아 보자. 그러면 훨씬 더 구별이 잘된다. 자신이 인생에서 경험한 것들의 밝은 면과 어두운 면을 구분해 놓는 것만으로도 자신을 빛내고 있는 강점을 찾을 수 있는 단서가 된다.

긍정적인 감정의 경험은 가공되지 않은 원석에 가깝다. 이 원석을 찾아 지속적인 긍정 감정을 느낄 수 있도록 만드는 것이 중요하다. 이것이 당신의 열정을 사수하는 아주 쉬운 방법이다. 긍정적 감정의 원석을 가공하여 빛나는 보석으로 만드는 것은 오직 당신 손에 달려있다.

남자와 여자 사이에서 중립을 선포하라

"엄마, 엄마는 일이 재미있어? 행복해?"

뜬금없이 딸아이가 묻는다. 수업 시간에 선생님이 자신이 좋아하는 일을 하는 사람이 행복도도 높고, 돈도 많이 벌 확률이 높다고 했단다. 사뭇 진지한 딸아이의 표정에서 가능성 많은 미래를 보았다.

만약 내가 일을 선택하지 않았다면 어떤 삶을 살고 있었을까? 생각만으로도 아찔한 기분이 든다. 예민한 성격 덕분에 나는 신경 쓸 무언가가 필요한 사람이었다. 아마도 일을 선택하지 않았다면 남편과 아이들에게 그들이 원하지도 않은 에너지를 쓰면서 힘겹게 살고 있을 것이다. 다행스러운 것은 나는 에너지를 집중시킬 수 있는 일을 일찌감치 선택했다는 것이다. 내가 일에 몰입한 덕분이 남편과 아이들은 자연스럽게 나와의 신경전에서 벗어날 수 있었다. 서로의 행복을 위해 정말 다행스러운 일이 아닐 수 없다. 아이 셋을 키우면서 수많은 우여곡절이 있었지만, 한 번도 일을 그만두어야겠다고 생각해본 적이 없었다. 일 그 자체가 나였기 때문이다.

어느새 사십을 훌쩍 넘어 오십을 바라보는 나이에 일이란, 생계를 유지하는 수단 이상의 의미가 있다. 매일 아침 눈을 떴을 때 출근할 곳이 있다는 것만으로도 무한한 감사를 느끼며 하루를 시작한다.

해야 할 일과 하고 싶은 일이 있다는 것만으로도 삶의 활력소가 된다. 이런 결과는 일을 포기하지 않고 묵묵히 버텨낸 18년이라는 시간이 있었기 때문에 가능했다는 것을 나는 알고 있다.

일은 행복한 삶을 살아가기 위한 1순위 조건이다. 사람은 일을 통해 자신을 드러내고 세상과 소통한다. 온전한 내 이름 석 자로 존재하게 만드는 것이 일인 것이다.

"내 꿈은 건물주야"

"건물주가 되면 뭐 하실 건데요?"

"뭐하긴요. 따박따박 월세 받은 걸로 편안하게 살아야지요."

따박따박 받을 수 있는 월세는 분명 매력적인 삶의 조건이 될 수 있다. 그러나 건물주가 되어 편안하게만 살아가기 위해 당신이 태어난 것이 아니다. 그대로 칼을 빼 들었으면 무라도 베어야 하듯이 삶도 어렵고 힘들지만 무언가를 이루어 놓았을 때 값진 삶이 되는 것이다.

검색엔진에서 자료를 검색하다가 우연히 인생에 있어 불쌍한 사람의 조건을 발견했다.

1 인생에 있어 불쌍한 사람은 할 일이 없는 사람

2 1번보다 더 불쌍한 사람은 같이 놀아줄 친구도 없는 사람

3 2번보다 더 불쌍한 사람은 돈도 없는 사람

4 3번보다 더 불쌍한 사람은 여기저기 아픈 사람

웃어넘기기에는 너무나 많은 것을 시사하고 있다. 또한 일은 행복한 삶을 살아가기 위한 필수조건이다. 때문에 할 일이 없는 사람은 상대적으로 마음의 빈곤함을 느낄 수밖에 없다. 본래 인간은 일과 함께 태어났고, 일과 함께 죽게 되어 있다. 일을 안 하고 편안하게 살고 싶은 마음이 없는 것은 아니지만, 막상 일을 안 하고 가만히 있으면 온갖 잡생각이 떠올라 조바심이 나기 일쑤다. 일은 여자, 남자를 떠나서 오직 자기 자신으로 존재하며 성장해 가고 있음을 느낄 수 있는 유일한 도구이다.

또한 일을 통해 우리는 친구도, 돈도, 건강도 모두 얻을 수 있다. 일과 돈, 일과 친구, 일과 건강, 일과 사랑은 모두 연결되어 있다. 일이 무너지기 시작하면 다른 것도 영향을 받는다. 연쇄반응이 일어나는 것이다. 그러나 반대로 생각해 보면 상황은 달라진다. 인생에 있어 하고 싶은 일 하나만 제대로 해도 나머지는 덤으로 얻어 갈 수 있다는 말이기도 하다.

중요한 것은 인생의 모든 출발점이 '일'이라는 것이다. 내가 살아있음을 느끼게 하는 것도, 내가 가치 있는 사람이라는 것도, 내가 세상에 기여할 수 있는 것이 많다는 것도 일을 통해 느낄 수 있다. 일이 풍요로운 삶의 출발점이 되는 것이다. 한마디로 나를 제대로 표현할 수 있는 것이 일인 것이다. 일에 완전히 적응하기 위해서는 고통의 시간도 감수해야 하지만 자신이 하는 일에 탄력이 붙기 시작하면, 일을 통해 짜릿한 성취감을 맛볼 수 있다. 성취감은 마약과도 같다. 해냈다는 성취감만으로도 또 다른 도전을 할 수 있는 용기가 생긴다. 바로 이런 경험을 통해 자신이 성장하고 있음을 느끼게 되면 삶의 만족도는 높아진다.

서른 살에 부와 성공을 거머쥔 롭 무어^{Rob Moore}는 그의 저서 『MONEY-새로운 부의 법칙』에서 미시간 대학에서 실시한 돈과 관련된 조사 결과를 언급했다.

사람들은 무엇 때문에 가장 많이 걱정하는가? 돈 때문이다.
사람들을 가장 행복하게 만드는 건 무엇인가? 돈이다.
사람들은 가장 불행하게 만드는 건 무엇인가? 돈이다.

개인적으로 나는 이 설문결과에 1,000% 동의한다. 지난날을 돌이켜보면 돈 때문에 걱정한 시간이 많았다. 무엇을 하려고 해도 늘 돈이 발목을 잡았다. 이런 상황에서 벗어날 수 있었던 것도 지금까지도 포기하지 않고 일을 했기 때문에 가능했다. 돈을 벌기 위해서 일을 시작했지만, 돈만 보고 일을 한 것은 아니었다. 돈은 인생을 살아가기 위한 수단이지 결코 결과가 될 수는 없다. 세계에서 가장 영향력 있는 인물로 뽑힌 오프라 윈프리는 그의 저서 『내가 확실히 아는 것들』에서 삶에 대해 이렇게 말했다.

"삶을 이끄는 것은 당신 자신이다. 진창에서 허덕일 것인가 꽃처럼 활짝 피어날 것인가는 언제나 당신 손에 달려 있다. 당신의 삶에 가장 큰 영향을 끼치는 단 하나의 존재는 바로 당신 자신이기 때문이다."

사람은 누구나 가고자 하는 인생의 방향이 있다. 그 인생의 방향을 정하는 데 일은 중요한 역할을 한다. 일은 자신을 삶의 주인공으로 살 수 있게 한다. 내 삶의 주인공으로 살기 위해 나는 일을 선택했다.

삶의 주인공으로 살기 위해 겪는 어려움이나 고단함은 아무것도 아니다. 오히려 그 어려움이, 그 고단함이 길잡이가 되어 더 많은 것을 성취하게 했다.

중소기업의 재직자들의 직무능력 향상을 위해 정부 사업비로 교육을 진행한 적이 있다. 처음 사업을 시작했을 당시 가능성은 제로였다. 이 분야에 경력도 없었고 제안서를 쓸 능력도 없었다. 그러나 나는 이것이 기회라고 생각했다. 이 사업을 따내기만 하면 1년은 안정적으로 갈 수 있는 강의시수를 보장받을 수 있기 때문이었다. 기쁜 마음에 동료 강사에게 함께 해보자고 제안했다. 그런데 내 예상과는 달리 동료 강사는 난색을 표했다. 동료 강사는 가능성이 별로 없는 것에 시간을 낭비하고 싶지 않다고 했다. 그렇게 혼자만의 삽질이 시작되었다. 꼬박 10일 넘게 시간을 투자해 제안서를 제출했고 나는 그 사업을 따낼 수 있었다. 그때 나의 상황과 맞는 이야기가 있어 소개해보려 한다.

폭우가 쏟아지는 한밤중에 한 소녀가 산길을 걷고 있었다. 한 치 앞도 보이지 않는 어둠 속을 소녀는 작은 손전등에 의지하며 한 걸음씩 걷고 있었다. 어두운 산길에서 온몸으로 비를 맞으며 걷고 있는 것도 무서웠지만, 굉음과 함께 번쩍거리는 천둥과 벼락은 더 무서웠다.

그런데 갑자기 손전등이 꺼졌다. 온천지는 암흑으로 변했고 발 앞에 뭐가 있는지 보이지 않아 소녀는 걷고 싶어도 걸을 수가 없었다. 이대로 동이 틀 때까지 비를 맞으며 기다려야 하나 생각하며 공포감에 빠질 무렵 소녀의 눈에 곧게 뻗은 길과 나갈 방향이 보였다.

"우르릉. 쾅!"

벼락의 불빛에 잠깐 길이 보인 것이다. 소녀는 그 길을 향해 몇 걸음 걸은 뒤 다시 벼락이 내리치기를 기다렸다.

"우르릉. 쾅!"

소녀는 다시 벼락의 불빛을 보고 걸음을 옮겼다. 이제 소녀는 무서움보다는 벼락이 치기를 기다리며 조심스럽게 걸어서 무사히 집에 도착할 수 있었다.

많은 어려움과 고통이 있었지만 일은 나를 온전한 우뚝 설 수 있게 해주었다. 소녀가 무서웠던 벼락이 주는 밝은 빛을 이용해 무사히 집에 갈 수 있었듯이, 나도 일을 통해 어떻게 살아가야 할지 방향성을 찾았다.

삶을 이끄는 것은 언제나 나이다. 편안한 삶만을 원하면서 살아갈 것인지, 어려움과 고통이 있더라고 자신의 존재가치를 느끼며 살아갈 것인지는 당신의 선택에 달려 있다. 나에게 가장 많은 영향을 끼칠 수 있는 사람은 오직 자기 자신뿐이다. 오프라 윈프리가 많은 사람에게 영향력을 끼칠 수 있었던 것도 오롯이 자신으로 존재했기 때문에 오프라 윈프리라는 이름 여섯 자를 빛날 수 있었던 것이다.

비즈니스도 육아처럼, 육아도 비즈니스처럼

취업준비생들이 취업을 위한 스펙 경쟁이 끝이 없다. '취업 3종 세트' (학점, 학벌, 토익)'은 기본이고, 지금은 '취업 9종 세트' (3종 세트, 자격증, 어학연수, 공모전 입상, 인턴경력, 사회봉사, 성형수술)까지 나왔다. 취업하기 위해 어마어마한 노력을 하는 것이다. 그렇다면 여러 가지 스펙 중에서도 가장 중요한 스펙은 무엇일까.

대기업 교육담당자와 신입사원 교육에 대한 이야기를 나누다가 여러 가지 스펙 중에서도 '인턴 경험'을 가장 중요시한다는 것을 알게 되었다. 이유는 입사하고 싶은 회사에서 인턴 생활을 먼저 해보고, 입사를 결정했기 때문에 회사 분위기나 업무에 대한 적응이 상대적으로 빠르고, 적응이 빠른 만큼 경력을 쌓는 데도 도움이 되기 때문에 이직률이 적다는 것이다. 그러니 회사에서는 인턴 생활을 먼저 해보고 빠르게 적응할 수 있는 사람에게 기회를 먼저 주는 것은 당연한 선택일 것이다.

그럼, 일을 선택한 여자에게는 어떤 스펙이 경쟁 무기가 될 수 있을까. 인턴 경험을 중요시한다는 교육담당자의 말에서 힌트가 숨어있다. 인턴 경험이 중요한 스펙으로 자리 잡은 것은, 그 경험을 통해 미래의 시행착오를 줄일 수 있기 때문이다. 이런 맥락으로 본다면 육아 경험도 아주 훌륭한 비즈니스 스펙으로 활용할 수 있다는 말이다.

일을 선택한 여자에게 육아 경험은 경쟁력 있는 스펙이 된다. 엄마들 모임에 참석해 보면 육아가 얼마나 힘든 일인지 그녀들의 말속에서 충분히 짐작하고도 남는다. 이렇듯 힘든 육아가 비즈니스 스펙이라고 생각해 본 적이 있는가. 그 엄청난 경험이 충분히 스펙이 될 수 있음에도 불구하고, 스스로 인정하지 못해 제대로 사용하지 못하고 있다.

"일할래?, 아이 볼래?"

일할 것인지, 아이를 볼 것인지 물어보면, 일을 선택한다는 엄마들이 의외로 많다는 것에 놀랐다. 이미 아이 셋을 키워본 나로서는 충분히 그녀들의 마음이 이해가 간다. 8살, 6살, 1살 세 아이와 힘겨운 육아 전쟁을 벌일 때 너무 힘든 날은 의도적으로 일을 만들어낸 경험이 있다. 안 보면 보고 싶고, 같이 있으면 스트레스를 받는 것이 육아다. 일도 똑같다. 일을 안 하면 일을 하고 싶고, 막상 일을 시작하면 내 뜻대로 되지 않아 스트레스를 받는다. 환경만 집으로 옮겨 온 것뿐이지, 육아도 비즈니스의 장인 것이다.

"딸을 통해 인생을 배우고 있어."

동료 강사의 말이다. 하나 있는 딸이 엄마 마음을 들었다, 놨다 하니 엄마의 마음은 연일 천당과 지옥을 오고 간다.

"이 세상에 엄마한테 함부로 하는 사람은 너밖에 없어"라고 딸에게 말하니, "내가?"라며 살짝 피해 가는 딸이 얄밉기까지 하단다. 여기에 딸의 친구에게 우선순위에서 밀렸다며 배신감마저 든다고 허탈해했다. 어찌 익숙하지 않은가. 아이를 키워본 엄마라면 한 번씩은 아이들에게 배신감을 느낀다.

아이에게 받은 배신감은 남편에게 받은 것보다 마음의 상처가 더 크다. 고등학교 동창은 고등학생 아들이 여자 친구가 생겼다는 말에 충격을 받았고, 엄마보다 여자 친구가 우선이라는 것을 느꼈을 때 엄청난 배신감이 밀려와 3일 동안이나 마음을 추슬러야 했다고 했다. 이런 배신감에도 불구하고 아이를 포기하지 않는 이유는 무엇일까. 사랑 때문이다. 사랑하는 마음이 있어서 쉽게 포기할 수 없는 것이다.

일도 마찬가지다. 노력한 만큼 결과가 나오지 않아도, 때로는 내 공을 누군가가 가로채도, 아무리 열심히 해도 인정해 주는 사람이 없어도, 당신이 일을 포기하지 않는 이유는 일에 대한 열정이 있기 때문이다. 아이를 포기하지 않고, 일을 포기하지 않는 것은 '일 따로', '육아 따로'가 아니라 삶에 있어 육아와 일은 연장선에 있기 때문이다

비즈니스와 육아는 같은 것이다. 둘은 한 연장선 안에 있다. 아이를 훌륭하게 길러낸 커리어우먼들이 존경받는 이유도 여기에 있다. 육아의 경험이 당신이 하는 비즈니스에 도움이 되고, 그 경험이 고스란히 육아에 도움이 될 수 있도록 생각을 전환해 보자.

A 컨설팅사 대표는 결혼한 여자만 직원으로 뽑는다. 아이가 있으면 가산점이 붙는 것이다. 이유를 물어보니 근성부터 다르다는 것이다. 육아 경험이 있는 엄마들이 가지고 있는 근성이 직장에서도 통하는 것이다. A 컨설팅사 대표가 말하는 워킹맘들의 근성은 끈기, 책임감, 공감이었다.

'끈기'는 육아 경험이 있는 여자들이 가지고 있는 대표 무기다. 성격과 상관없이 육아에는 절대적으로 끈기가 필요하다. 끊임없이 참고 인내하는 힘이 없으면, 아이를 제대로 양육하기 어렵다. 미운 4살, 죽이고 싶은 7살 그리고 사춘기 자녀를 겪은 엄마라는 공감할 것이다. 몸에서 사리가 나올 정도로 참고 견디는 힘은 육아라는 실전을 통해 체득되는 것이다.

"사람이 두렵지가 않아요. 이미 아이를 통해서 단련되어서 오히려 어떻게 고객을 상대해야 하는지 도움이 되었어요. 애나 어른이나 똑같아요."
사춘기 자녀를 혹독하게 경험한 워킹맘의 말이다. 충분히 이해된다. 사춘기 아이 때문에 힘들어할 때 선배 강사가 말했다.

"사이코가 우리 집에 있다, 이렇게 생각해."

선배 말대로 생각하니 거짓말같이 마음이 진정되었다. 이것이 육아 경험에서 나온 비즈니스 스펙이 아니고 무엇이겠는가. 육아를 통해 쌓은 인내심은 일할 때도 필요하다.

실제 육아 때문에 경력단절 상태였다가 어렵게 일을 시작한 여자들은 쉽게 포기하지 않는다. 그 끈기가 비즈니스 스펙이 된 것이다.

'책임감'도 강력한 무기이다. 책임감이 없는 엄마는 아이를 올바르게 키워내지 못한다. 직장인 K는 아이 셋을 둔 워킹맘이다. 그녀의 책임감은 타의 추종을 불허한다.

무거운 물건을 혼자 옮기는 것을 보고 "이런 것은 남자 직원이 오면 같이 하지 그래요?"라고 말했더니, "제가 힘이 더 셉니다. 아이 셋을 업고, 안고, 붙잡고 10년을 했는데요. 이 정도는 뭐 아주 쉽죠. 그리고 제 일이잖아요." 라고 말하는 그녀의 얼굴에서 빛이 났다.

알게 모르게 육아의 경험이 일에 녹여지고 있다. 현장에서 만나는 워킹맘들의 책임감은 남자들이 말하는 책임감하고는 차이가 있다.

아이를 길러낸 경험이 있는 여자에게서 느껴지는 책임감은 솔선수범에 가깝다. 여자라는 이유로 빼지 않고, 기꺼이 자신이 할 수 있는 일에 몸으로 먼저 반응하는 것이 여자들의 책임감이다.

이러한 여자들의 책임감은 '공감'에서 비롯되는 경우가 많다. 상대방을 이해하는 마음은 엄마들이 가지고 있는 고유 능력이다. 말로 표현하지 않는 것도 얼굴, 눈빛만 보고도 속마음을 이해할 수 있다. 사람을 이해하는 공감 역량이 육아를 통해 강화된 것이다. 이것은 남자들이 이해하지 못하는 부분이기도 하다. 같은 말을 하더라도 속뜻을 이해하는 탁월함은 여자들이 가지고 있는 강점이다. 이 특징이 육아를 통해 더 개발되었고 실제 사람을 상대하는 비즈니스에서 탁월한 성과를 나타낸다.

18년 동안 남자들과 비즈니스를 하면서 그들이 얼마나 치열하게 경쟁하는지 온몸으로 경험했다. 그들의 전투력을 잠재울 방법은 그들을 먼저 이해해 내 편으로 만드는 것이다. 그것이 내 편으로 만드는 방법이다. 남자들은 '잡아먹히거나, 잡아먹거나'라는 프레임을 가지고 있다. 온 가족이 분란이 있을 때, 어머니의 역할에서 많은 것을 배웠다. 누구도 서운하지 않게 중심을 잡고 혜안을 내놓는 것은 언제나 엄마였다. 이것이 비즈니스에서도 작동된다.

누구는 승자가 되고, 누구는 패자가 되는 비즈니스가 아니라, 여성 특유의 공감 능력으로 상대방의 마음을 헤아려 줌으로 인해, 결국에는 자신의 편으로 만들어 진정한 비즈니스의 승자가 될 수 있다. 이러한 육아의 경험이 비즈니스 스펙이 될 수 있도록 일상에서 준비하자. 비즈니스도 육아처럼, 육아도 비즈니스처럼 말이다.

대기업에서 인턴 경험을 중요한 스펙으로 여기는 것처럼 우리도 육아의 경험을 비즈니스 스펙으로 사용해보자. 많은 워킹맘이 자신의 육아 경험을 통해 사업을 시작하고, 그녀들만의 네트워크를 통해 세력을 확장해 나가고 있다. 또한 열심히 일한 노하우를 육아에 접목해 어려움을 겪고 있는 워킹맘들에게 도움을 주는 존재감 넘치는 여자들이 늘어나고 있다.

이렇듯 육아와 비즈니스는 경계가 따로 없다. 육아의 경험은 비즈니스의 밑천이 되고, 비즈니스의 경험은 훌륭한 육아 전략이 된다. 모든 것은 서로 통하기 마련이다. 이것이 육아든 비즈니스든 최선을 다해야 하는 이유일 것이다. 일을 선택한 당신이 두려워해야 할 것은 육아도 일도 최선을 다하지 않는 것이다. 어떤 것에도 최선을 다하지 않으면 기회는 찾아오지 않는다. 기회는 최선을 다하는 사람만이 잡을 수 있기 때문이다.

5장

여자를 세상에 존재하게 해준
엄마, 아내 그리고 일

가장 용감한 행동은 자신만을 생각하는 것이다.
큰 소리로.

가브리엘 코코 샤넬 Gabrielle Coco Chanel

나도 나를 사랑할 권리가 있다

"인간은 상황 자체가 아니라
그 상황을 바라보는 관점 때문에 고통 당한다."

그리스 철학자 에픽테토스^{Epictetos}는 사람이 고통 받는 이유가 상황이 아니라 상황을 바라보는 관점, 즉 자의적으로 해석하는 과정에서 생긴 오류 때문이라고 말했다. 문제가 발생하는 상황은 달라져도 우리가 매번 같은 감정 상태에 빠져 스트레스를 받는 이유는 바로 여기에 있다.

한동안 일과 육아에 지쳐 온몸에 가시가 돋친 채로 힘겨운 시간을 보냈다. 별것도 아닌 것에 극도로 예민해지고 공격적으로 변해가는 내 모습에 나조차 당황스러웠던 시간이었다.

'나 원래 이런 사람이야.'
'이런 성격인 것 몰랐어?'
'싫으면 말고.'

아무렇지 않은 척, 세상 쿨 한 척 했지만 속마음은 위로 받고 싶은 마음이 간절했다. 어쩌면 이유를 묻지도 따지지도 않고 무조건 내 편이 되어서 마음을 다독여 줄 누군가를 애타게 기다리고 있었는지도 모른다.

그러다 타인들이 인식하고 있는 나의 모습을 직면할 수 있는 사건이 있었다. 교육생으로 참여한 1박 2일 교육에서 2일 차 오전 시간에 서먹서먹한 교육생들이 서로 교류하게끔 새로운 조 편성이 이루어졌다. 번호 순서대로 조를 편성하는 과정에서 나와 다른 교육생 한 명만이 남게 되었다.

그때 강사가 "두 분을 경매에 부치겠습니다."라고 말했고, 얼떨결에 나와 다른 교육생은 앞으로 불려 나갔다. 그렇게 나에게 경매 번호 2번이 부여되었다.

"1번 ○○○님과 함께하고 싶은 조는 손을 들어 주세요."

화기애애한 분위기 속에서 여러 개의 조가 1번 교육생과 함께 하고 싶다고 손을 들었고, 그렇게 그 사람은 앞으로 나온지 몇 초 만에 조를 배정받고 해당 자리로 들어갔다. 그리고 내 차례가 왔다.

"2번 이영숙 님과 함께 하고 싶은 조는 손을 들어 주세요."

순간 몇 초간의 정적이 흘렀다. 누가 봐도 앞 전 상황과는 사뭇 다른 분위기였다. 이 상황을 빠르게 눈치챈 한 교육생이 적극적으로 손을 들어 나는 그 교육생과 같은 조로 배정을 받을 수 있었다. 아주 짧은 시간이었지만 이미 내 마음은 만신창이가 되어 있었다.

이 일은 일명 '경매 사건'으로 나의 기억에 저장되었고 그대로 오랫동안 나를 곱씹어 보는 계기가 되었다. 아무렇지 않은 척 교육을 받고 집으로 돌아오면서 나는 부끄러움과 수치심으로 괴로워했다.

나의 인내심은 바닥을 드러내고 있었다. 애꿎은 강사 탓을 하고, 함께 간 동료 탓을 했지만 사실 나는 이미 잘 알고 있었다. 내 몸에 돋친 가시들이 1박 2일 동안 함께했던 교육생들을 불편하게 했다는 사실을 말이다. 처음 만난 사람에게 조차 민감한 것을 들키고 나서야 진짜 문제는 나에게 있었다는 것을 인정할 수밖에 없었다.

누군가의 위로로 해결될 문제가 아니었다. 평정심을 잃고 미쳐 날뛰는 감정을 다스리기 위해 무던히도 애쓰던 중 우연히 소통 강의로 유명한 김창옥 교수의 강의를 듣게 되었다.

재일교포 출신의 전설적인 프로야구 선수 장훈! 그가 일본 프로야구에서 좋은 성적을 올리자 모두들 그에게 일본인으로 귀화하라고 권유했지만, 이를 끝까지 거부했고 일본 팬들의 미움을 샀다.

어느 날 경기 중에 장훈 선수가 타석에 들어서자 한 관중이 소리쳤다.

"조센징은 가라!"

이를 시작으로 많은 관중이 '조센징은 가라!'를 외치기 시작했다.

더 이상 경기를 진행할 수 없었던 장훈 선수는 타석으로 들어와 방망이로 일본 투수가 던진 공을 치면서 외쳤다.

"그래, 나는 조센징이다!"

장훈 선수의 울분과 함께 공은 그대로 담장 밖까지 넘어갔다. 용기 있게 있는 그대로의 자신을 인정하고 받아들인 장훈 선수의 그 이야기는 내 가슴이 요동치게 만들기 충분했다. 지금의 결과가 마음에 들든 들지 않든 그것은 분명히 내가 만든 결과였다. 나는 지금의 나를 있는 그대로 받아들이지 않고는 상황을 개선할 수 있는 방법이 없다는 것을 깨달았다.

　많은 직장인이 마음에 들지 않는 자신의 처지 때문에 방황하곤 한다. 이런 방황은 가까운 주변 사람들에게 그대로 전이되어 상황을 더욱 악화시킨다. 이 고리를 끊을 방법은 하나밖에 없다. 장훈 선수가 그랬던 것처럼 있는 그대로의 나 자신을 인정하는 것이다.
　일을 선택한 여자가 많이 빠지는 함정도 여기에 있다. 아이 때문에, 남편 때문에 힘든 것이 아니다. 일 때문에 힘든 것은 더더욱 아니다. 이것을 인정하고 싶지 않은 내면의 갈등이 마치 주변 사람에게 원인이 있는 것처럼 부추겨 생기는 현상이다.

　엄마로, 아내로, 일하는 여자로 세 가지 역할을 해내면서도 온전히 자신을 지킬 방법은 장훈 선수가 그랬던 것처럼 '그래, 나는 조센징이다!'하며 있는 그대로의 나 자신을 인정하는 것이다. 자신이 원하는 삶으로 이어질 수 있도록 있는 그대로의 나를 인정할 수 있는 용기가 절대적으로 필요하다.
　'경매 사건'을 겪은 뒤, 같은 실수를 반복적으로 할까 싶어 의도적으로 외출할 일을 가급적이면 만들지 않았다. 그리고 끊임없이 감정이 무엇을 말하고 싶은 건지 묻고 또 물었다. 억지로 떨쳐버리려고 하지도 않았다. 괴롭고 힘들었지만, 충분히 감정이 머물다 갈 수 있도록 내버려 두었다.

다음번에 그 감정이 찾아왔을 때 무엇을 원하는지 바로 알아차릴 수 있도록 세밀하게 느끼고 기억하려고 노력하는 과정에서 나는 몸에 돋친 가시가 저절로 치유되는 경험을 했다.

"저는 외모 콤플렉스가 있었던 적이 없어요. 안 믿으실 것 같은데 저는 항상 제가 생긴 게 좋았어요. 저랑 정말 잘 어울린다고 생각했어요. 제가 잘생겼다고 생각한 적은 꿈에도 없고, 오히려 못생긴 쪽에 가깝다는 것을 알고 있지만 근데 왠지 제 얼굴이 좋은거 있죠."

TV 프로그램 『무릎팍도사』에서 박진영이 한 말이다.

MC가 외모 콤플렉스가 없었냐고 물어보는 질문에 너무나 당당하게 그는 자신의 얼굴이 좋다고 말했다.

에픽테토스의 말을 증명하기라도 하듯이 박진영은 자신이 못생긴 쪽에 가깝다는 것을 알고 있지만, 그래도 자신의 얼굴을 좋다고 말할 수 있었던 것은 자신을 믿고 사랑하는 마음이 있었기에 가능한 것이었으리라.

상황이 어찌 되었든 자신에게 유리하도록 관점을 바꾸는 것은 일상의 삶도 바꾸어 놓는다. 왜냐하면 사람은 자신의 관점에서 세상을 바라보고 해석하기 때문이다.

지금의 상황은 바꿀 수 없지만, 세상을 자신에게 좀 더 유리하도록 해석하는 것은 본인의 행복과 밀접하게 연결되어 있다. 부족한 것이 있더라도 자신에게 유리한 방향으로 해석하면 상황이 달리 보이고 막막했던 것에서 기회도 보이기 마련이다. 어차피 세상은 내가 해석한 대로 보이니 말이다.

나는 태양을 사랑하리라, 나의 몸을 따뜻하게 해주니까.

그러나 소낙비도 사랑하리라, 나의 영혼을 깨끗하게 해주니까.

나는 태양을 사랑하리라, 나의 몸을 따뜻하게 해주니까.

그러나 소낙비도 사랑하리라, 나의 영혼을 깨끗하게 해주니까.

나는 밝음을 사랑하리라, 나의 갈 길을 밝혀주니까.

그러나 어둠도 사랑하리라, 별을 볼 수 있게 해주니까.

나는 행복을 사랑하리라, 내 가슴을 가득 채워주니까.

그러나 슬픔도 사랑하리라, 나의 마음을 가다듬어주니까.

나는 당당히 보상을 받으리라, 내 노력의 대가니까.

그러나 난관들도 사랑하리라, 나에게 도전이 되니까.

성인동화 작가 오그 만디노^{Og Mandino}는 그의 저서 『위대한 상인의 비밀』을 통해 사물을 사랑으로 바라봄으로써 온전히 자신을 사랑할 수 있고, 새로운 사람으로 다시 태어날 수 있음을 이야기했다.

모든 것에는 양면성이 있기 마련이고 중요한 것은 어떤 관점으로 자신을 바라 보느냐이다. 인생에 있어 자기 자신을 믿고 사랑하는 마음은 어떠한 역경이 와도 극복할 수 있는 커다란 무기가 된다. 때문에 일을 선택한 여자가 자신을 사랑하는 것은 마땅히 누려야할 권리인 것이다.

자신을 사랑하는 마음이야 말로 감춰진 자신의 위대함을 발견할 수 있는 가장 강력한 힘이다.

일도 육아도 경험이 있어야 실력이 쌓인다

깊은 산 속에 두 개의 바위가 있었다.
첫 번째 바위가 두 번째 바위에게 말했다.

"우리 다양한 바깥 세상을 경험해 보지 않을래?
우리가 모르던 세계를 만나게 될지도 몰라."

그러자 두 번째 바위가 콧방귀를 뀌며 말했다.

"싫어! 뭐가 아쉬워서? 이 행복을 포기하고 그 고생을 선택하자고?
틀림없이 얼마 못 가서 우리는 산산조각이 나버리고 말걸!"

그렇지만 첫 번째 바위는 꼭 바깥 세상에 도전해 보고 싶었고, 할 수 없이 혼자
계곡을 떠났다. 두 번째 바위는 첫 번째 바위가 떠나는 모습을 지켜보면서 크
게 비웃었다. 그리고는 주위에 만발해 있는 아름다운 꽃들과 풍경을 보며 편
안하고 행복한 하루하루를 보냈다. 두 번째 바위는 세상에 남부러울 것이 없었다.
한편 스스로 시련을 선택한 첫 번째 바위는 다른 바위에 부딪히기도 하고, 산
산 조각 나버릴 고비도 여러 차례 넘겼지만 포기하지 않고 묵묵히 앞을 향해
나아갔다.

몇 년 후, 마침내 첫 번째 바위는 세계적인 수석이 되었다. 사람들은 수석이 된 첫 번째 바위를 보며 자연의 신비로움과 아름다움을 찬미했다.

그리고 수석을 지키기 위해 멋있는 전시관을 지을 계획까지 세웠다. 전시관 공사가 시작되자 사람들은 건축 재료로 쓰일 돌을 구하러 산에 올랐다.

커다란 바위들을 차에 싣고 내려왔는데, 그 중에는 두 번째 바위도 들어 있었다. 두 번째 바위는 영문도 모른 채 어디론가 실려갔고, 결국 산산조각이 나서 전시관 바닥에 깔리는 신세가 되고 말았다.

　첫 번째 바위와 두 번째 바위 중 당신은 어떤 삶을 살고 있는가?

지금 당장의 편안함을 포기한다는 것은 상당히 어려운 결정이다. 그러나 당신은 편안함만을 추구하고자 태어난 것이 아니다. 첫 번째 바위처럼 험난하지만 내가 모르던 세계를 경험하고 성장하기 위해 태어났다. 편안함과 도전은 동전의 양면성과 같아서 동시에 존재할 수 없다. 그러나 나는 잘 알고 있다. 험난하기는 하지만 새로운 경험이 나를 성장시켰고, 내가 더 나은 사람이 될 수 있도록 자극했고, 새로운 희망을 꿈꾸게 했다는 것을 말이다.

　"쉽게 얻으려고 하는 못된 심보부터 버려!"

　박사 진학 문제로 남편과 언쟁이 붙었다. 남편은 내가 하고 싶은 공부를 찾아 어렵더라도 그 분야에 명성이 있는 학교에서 학위를 취득하기 바랐고, 나는 강사에게 '박사학위'는 자격증과 같은 것이니 쉽게 학위를 취득할 수 있다는 학교에 가기를 고집했다.

그렇게 남편의 만류에도 학위 취득이 쉽다는 조건을 담보로 선택한 박사과정에서 난 내내 쓴맛을 맛 봐야 했다.

한걸음 물러나 생각하면 '학위를 쉽게 딸 수 있는'의 조건 뒤에 있는 리스크를 먼저 생각해야 했다.

주변 강사 중에 '박사학위'는 강조하면서 정작 어디에서 학위를 받았는지는 말하지 않는 사람들이 있다. 이유가 무엇이겠는가?

'박사는 학교보다 학위취득이 더 중요해'라고 말하지만, 누구보다 스스로 경쟁력이 떨어진다는 것을 잘 알고 있다. 만약 당신이 국내 최고의 대학에서 학위를 받았다면 어떻게 행동할 것 같은가. 당연히 학교의 이름을 자랑스럽게 내세우지 않을까. 소위 말하는 스카이대학을 나왔다고 하면 주변 사람들의 눈빛이 달라지는 것은 학교의 이름도 이름이지만, 당신이 얼마나 많은 노력을 했을지 짐작하고도 남기 때문이다. '박사학위 취득 사건'으로 인해 나는 큰 교훈을 얻었다.

"세상에 그냥 얻어지는 것은 없다. 삶에서 요행을 바라지 말자."

삶만큼 정직한 것은 없다. 기회는 자신이 노력한 만큼만 주어지고, 자신이 노력한 만큼만 보이는 것이다. 바위의 이야기가 그것을 말하고 있다. 같은 돌이지만 하나는 세계적인 수석으로 하나는 전시관 바닥으로 쓰인 것은 온전히 본인의 노력 때문이었다.

어느 날 연수원에서 OA 강사와 이야기를 나눌 기회가 생겼다.

"엑셀, 파워포인트는 다 실습이라 시간이 금방 가서 학습자가 지루해하지 않겠어요?"

"그렇죠. 몰입도가 좋아요. 특히 재수강하시는 분들도 많고요."

"재수강이요? 어떤 분들이 재수강을 하세요?"

"업무 실무자들이 많이 재수강해요. 이번 과정에서도 6명이나 다시 오셨더라고요. 특히 엑셀은 써먹어 보지 않으면 금방 잊어버려서 반복하는 수밖에 없거든요. 그래도 얼마나 다행이에요. 자신들이 뭘 모르는지 아니까 배워가는 즐거움도 있고 즐거움 속에서 실력도 향상되는 거죠."

순간 나의 머리를 스치고 지나가는 생각이 있었다.

'아…. 이거 어디서 본 것 같은데.'

어디서 본 기억이라도 있어야 찾아보려는 노력을 하게 되고 누군가에게 물어보기라도 한다. 그러나 아무것도 경험한 것이 없고 본 것이 없다면 자신이 무엇을 모르는지 모르기 때문에 시도할 생각조차 못 하는 것이다.

"엑셀 강의를 들었던 사람들이 업무 수행하면서 '이거 배운 건데'라는 생각이라도 나면 지금보다 쉽게 할 수 있는 방법, 정확하게 할 수 있는 방법을 찾아보다가 재수강을 많이 해요. 그러면 실력이 확 늘어서 나가죠.
한번 부딪혀 본 사람은 확실히 배우는 과정이 달라요."

이런 강사의 말과 같이 일도 육아도 마찬가지 아닐까. 자신이 시도해본 경험이 있어야, 또 어디서 본 것이라도 있어야 방법을 찾아보고 도움도 요청할 수 있을 것이다.

지역경제 심폐소생 프로젝트로 방송 중인 SBS『백종원의 골목식당』에서 성수동 뚝섬 골목 식당가에 유난히 시청자의 관심이 집중되었다.

　장사를 시작한 지 1년 미만의 초보 사장들이 대상이었는데 장사가 무엇인지, 자신이 무엇이 부족한지, 식자재 관리를 어떻게 해야 하는지 기본 지식도 없이 장사하는 모습이 그대로 방송되었다. 그리고 방송 내내 백종원 씨의 매서운 질타가 이어졌다.

　"장사를 무슨 애들 장난하듯이 하려고 해. 이건 죄예요 죄! 저러다 사고 나면 어떡할 거야. 인생 망쳐!"

　백종원 씨는 이날 '장사의 기본기'를 유난히 강조했다. 왜 그는 그렇게 기본기를 강조한 것일까.
'기본'이라는 것은 터기(基), 근본 본(本)으로 없어서는 안 되는 상당히 중요한 것을 말한다. 그 때문에 고수들은 기본의 중요성을 익히 잘 알고 있고 가장 먼저 몸으로 배운다. 한 단계 한 단계 본인의 것으로 소화하기 위해 지루한 시간 싸움에서 견뎌내고 나서야 마침내 실력으로 인정받는다.
　일도 마찬가지다. 경험이 있어야 실력으로 이어지고 부딪쳐봐야 자신이 무엇을 모르는지 알 수 있다. 많이 봐야 다른 방법도 있다는 것도 알 수 있다. 물론 그 과정이 순탄치만은 않을 것이다. 그러나 지금이 아닌 미래에 초점을 맞춘다면 감당해 내지 못할 것은 없다.

"강의를 그만두어야 할까 봐요."

고객사로부터 좋지 못한 강의 피드백을 받고 좌절한 후배 강사가 말했다.

"그 정도로 그만두게? 모든 교육생을 만족시킬 수 없어. 그렇게 일희일비
하면 이 일 오래 못해. 일희일비하지 않는 비법이 있는데 알려줄까?"

"뭔데요?"

"'강의하는 동안 10군데 회사는 다시는 가지 못할 수도 있다'고 써서 잘 보
이는 곳에 붙여놔 봐. 어때? 마음이 편해 지지 않아? 조바심 낼 필요 없어.
회사가 얼마나 많은데 고작 10군데야. 대신 왜 실패했는지 잘 생각해보고 같은
실패를 두 번하면 안 돼. 그건 무책임한 일이야. 누구나 실수는 해. 실수하기
때문에 성장할 수 있는 거야. 나도 다시는 못 가는 회사가 있지만 그런 경험
이 있기에 더 이를 악물고 배우고 공부 했어.
그게 실패를 만회하는 가장 멋진 방법이야."

나 또한 초보 강사 시절 강의 피드백에 대한 아픔이 나 또한 있었기에 해줄 수
있는 조언이었다. 몇 날 며칠을 슬럼프에 빠져 있다가 매번 이러면 안 되겠다
싶어 '강의하는 동안 10군데 회사는 다시는 못 갈 수 있다'고 책상에 써서
붙여놓았다. 그러니 희한하게 마음이 편해지면서 실패의 원인이 무엇인지
객관적으로 들여다 볼 용기가 생겼다.
사람은 실패를 통해 성장한다. 살아가면서 수없이 많은 선택의 순간을 맞이하게 된다.

나도 그럴 때가 수없이 많았지만 지금 당장의 편안함보다는 불편하고 험난하지만 새로운 가능성을 선택했으며 많은 시간을 투자했다. 그리고 지금 결코 후회는 없다. 그런 시간들이 나를 성장 시켰으며, 사실 성공의 가장 빠른 방법은 실행으로 옮기는 것이다. 무언가를 바라지만 말고 행동으로 옮겨보자. 그래야 경험이 실력으로 쌓인다.

퇴근 후 아이들과 확실하게 놀아주는 육아 비즈니스 비법

"엄마, 지구가 멸망할까요?"
"엄마, 핵이 터지면 진짜 지구가 폭발해요?"

오늘도 초등학교 4학년 아들은 궁금한 것이 많다. 같이 있으면 끊임없이 쏟아지는 질문에 일일이 대답하는 것이 여간 고역이 아니다. 아는 것이 많아 궁금한 것이 많은 건지, 궁금한 것이 많기 때문에 알고 싶은 것이 많은 건지 알 수는 없다.

'뭐가 저렇게 궁금할까?'

아들 녀석을 보고 있으면 신기한 생각마저 든다.
에디스 L. 프리스트의 유명한 일화가 있다.

어느 날 수업에서 호기심의 중요성에 대한 토론을 마무리하면서 제자들에게 이렇게 물었다.

"아무도 호기심을 갖지 않았다면, 오늘날 우리는 어떻게 되었겠습니까?"

그러자 한 학생이 손을 번쩍 들고 말했다.

"에덴동산에 있겠지요."

에디스 L. 프리스트의 질문을 나에게 던져 본다.

'삶에 호기심이 없다면 나는 어떤 인생을 살고 있을까?'
내가 현재에만 머물지 않고 미래를 꿈꾼 것은 순전히 호기심 때문이었다. 호기심이 상상력을 발휘하여 나를 더욱 사람답게 살 수 있도록 만들어 주었다. 오늘날 인류를 이렇게 번창하게 한 것은 호기심 때문이고 내가 매일 매일 성장하는 것도 따지고 보면 호기심 때문이다.

'이러면 어떨까?'하는 아주 작은 호기심이 언제나 행동을 끌어냈다. 도올 김용옥 선생님은 학문하는 사람에게 필요한 것의 3가지 자세 호기심, 자존심 그리고 고독이라고 말했다. 그는 그 중에서도 가장 중요한 것이 호기심이라고 강조했다. 나는 도올 선생님의 말씀처럼 일을 선택한 여자에게도 가장 중요한 것도 호기심이라고 생각한다. 일에 있어 호기심만큼 자신을 성장시키는 것도 없으니 말이다.

세계적으로 머리 좋은 것으로 알려진 유대인들에게는 특별한 것이 하나 있다. 바로 호기심을 가지고 세상을 바라보는 습관인 '후츠파(Chutzpah) 정신'이다.

후츠파는 히브리어로 무례, 뻔뻔한, 배짱, 철면피를 의미한다고 한다. 형식에 구애 받지 않고 누구나 자신의 생각을 무례할 정도로 뻔뻔하게 이야기하고 밀고 나갈 힘을 가리켜 후츠파 정신이라고 한다.

세계 인구 0.2% 밖에 안 되는 유대인이 노벨상 전체 수상자의 27%를 차지한 것도 바로 이 후츠파 정신 때문이다. 이런 후츠파 정신은 아이의 호기심을 자극하는 원천으로 가정에서부터 시작된다.

좋은 육아도 호기심에서 출발한다.

훌륭하게 아이를 키워낸 엄마들을 보면 하나같이 아이의 호기심을 자극하고 스스로 답을 생각해 낼 수 있도록 지도한다. 그러나 이것이 아이에게만 도움이 되었던 것이 아니라 엄마에게도 삶을 성찰할 기회가 되어준다. 아이의 호기심은 엄마의 호기심을 자극한다. 다소 허무맹랑한 이야기라도 아이의 호기심 어린 질문에 대답하다 보면 머릿속이 복잡했던 일도 단순하게 해결되는 경우가 꽤 있다. 왜냐고 물어보는 아이의 질문에 어른들이 종종 놓치고 있었던 인생의 귀중한 답이 들어있을 때도 있다.

"엄마, 일은 왜 해?"

"엄마, 돈이 많으면 뭐가 좋아?"

"엄마는 어렸을 때 뭐 하고 싶었어?"

"엄마는 공부 잘했어?"

일을 왜 하느냐고 물어보는 아들 녀석 질문에 "너 맛있는 거 사주려고"하며 얼버무리고 나서 내가 왜 일을 하는지 묻고 또 묻는 과정에서 정확한 이유를 찾을 수 있었다.

"저는 딸이 둘이 있습니다. 아이들이 커가는 것을 보면서 이런 생각이 들었습니다. '내 딸들은 내가 근무했던 환경보다 더 좋은 환경에서 자신의 꿈을 펼칠 수 있었으면 좋겠다'. 처음에는 '그러면 좋겠다'라고 막연하게 생각만 했는데 18년 강의를 하다가 보니까 이제는 내 생각에 책임을 져야 겠다는 사명감이 생겼어요. 여자라는 이유로 나처럼 제약 받지 않고 위축되지 않고, 자신의 꿈을 위해 마음껏 날개를 펼칠 수 있도록 사회적 분위기를 만들어야 하겠다는 생각으로 오늘도 강의하고 있습니다."

여성 리더들을 대상으로 했던 강의에서 내가 했던 말이다.

이 말을 하면서 내 가슴이 심하게 요동치는 것을 느낄 수 있었다. 집에 돌아와 아이를 붙잡고 강의장에서 있었던 일을 이야기해주니 아이의 눈빛이 바뀐다.

아이의 호기심 어린 질문이 나의 사명감을 알게 해줬고 나의 변화가 아이에게 영향을 미친 것이다. 머리 복잡할 것 없는 아이는 직관적인 질문들은 나를 종종 당황하게 한다. 그러나 이런 당혹감이 불편하지만은 않은 이유는 아이의 질문에서 인생의 해답을 찾을 수 있기 때문이다. 마음이 번잡할 때면 아이를 앞에 앉혀놓고 넌지시 물어본다.

"엄마가 하고 싶은 게 있는데 할까, 말까 망설이고 있거든. 네가 엄마라면 어떻게 할 것 같아?"

"그냥 해. 한 번뿐인 인생인데."

아들이 어깨를 들썩이며 말한다. 아이가 할 말이 아닌 것 같아 우습기도 하고, 어디서 저런 말을 주워 들었나 신기하기도 하지만 그 순간 아들의 말이 내가 듣고 싶었던 말 이었음을 알았다.

이미 내 마음은 무엇을 해야 하는지 알고 있었다.

성공한 사람들이 더 성공하려고 노력하는 경향이 있다. 그들은 항상 성공을 생각하기 때문이다. 나는 나의 선택이 내 인생을 만든다는 것을 믿는다. 그래서 지금보다 더 많은 호기심을 가지고 마음의 창을 열어 두기로 했다. 현재 있는 곳이 아니라 내가 가고 싶은 곳에 초점을 맞추고 살아가기로 했고 그것이 나와 아이를 위하는 길임을 알고 있다. 그리고 이게 바로 최고의 육아 비즈니스라는 확신도 있다.

호기심과 관련된 도올 김용옥 선생님에 대한 유명한 일화가 있다. 도올 선생님은 한국 출판계에서 매우 유명하다. 책을 많이 집필한 것도 있지만 사실 책을 썼다 하면 많이 팔리니 유명한 것이다. 그러나 이것 말고도 유명한 것이 하나 더 있는데 그것은 출판사 사장들에게 절판된 책을 구해달라고 지속적으로 전화하기 때문이다. 그는 창고를 뒤져서라도 보관본이라도 볼 수 있게 해달라고 조르기 일쑤다. 어느 출판사건 초판 한두 권 정도는 보관하고 있을 것이기 때문이다. 이상한 것은 좋은 책일수록 빨리 절판 된다. 그 이유는 돈이 안 되기 때문이다. 그렇지만 도올 선생님은 기필코 그 책을 차지 하고야 만다.

"난 꼭 그 책을 봐야 하기에 출판사 사장에게 매달려. 내가 볼것을 안 보면 잠을 못자거든~"

도올 선생님의 말이다. 도올 선생님은 인간의 최대 행복은 배우는 행복이라고 했다. 이 배우는 행복 뒤에는 학문에 대한 호기심이 있기 때문에 가능한 것이다. 도올 선생님의 말씀을 통해 나에게 질문을 던져본다.

'일에 호기심이 없다면 나는 지금쯤 무엇을 하고 있을까?'

일의 성과도 호기심에서 나온다. 매년 연말과 년 초가 되면 한해의 먹거리를 위해서 수많은 제안서 작업을 한다. 제안한 일이 될 확률은 누구도 보장해 주지 않는다. 그럼에도 불구하고 이런 일을 멈추지 않는 이유는 '내가 어디까지 할 수 있을까?'하며 스스로를 확인하고 싶은 마음에서다.

모든 것을 스톱한 채 일주일 이상의 시간을 온전히 소비해서 작성했던 제안서가 물거품이 되는 경우도 허다했다. 그러나 아쉬운 마음보다는 후련한 마음이 더 컸다. 시도조차 해보지 않았다면 여전히 후회로 남았을 테지만 결과가 어찌 되었던지 나는 시도했고 더 이상 미련은 없었다.

호기심을 방치하면 아무것도 아니지만 호기심을 실행으로 옮기면 성과가 나온다.

"이 대표님, 유명한 줄은 알았지만, 연수원까지 이 대표님의 이름이 새겨져 있는 줄은 몰랐어요."

나를 아끼는 컨설팅사의 팀장님이 중소기업인력개발원에 들렀다가 연수원 돌에 내 이름이 새겨져 있는 것을 보고 흥분해서 전화가 왔다. 어느새 내 기억은 그때로 돌아가 함께 춤추고 있었다.

나를 무척이나 아끼던 담당 차장님의 추천으로 영광스럽게도 연수원에 '이룸터 이영숙 대표'라는 이름이 새겨졌다. 이 또한 '내가 어디까지 갈 수 있는지' 나에 대한 호기심의 결과였다.

친절하게 사진까지 찍어 보낸 준 유 팀장님 덕분에 아이와 함께 그 시간을 추억할 수 있었다. 호기심 어린 눈으로 아이가 물어본다.

"엄마가 이렇게 유명해? 어떻게 유명 해졌어?"

오늘도 나는 아이의 호기심에 대답하며 내가 얼마만큼 성장했는지 앞으로 어떻게 살아가야 할지에 대해 새로운 것을 배우고 있다.

천재들의 습관에서 찾는 천재적인 워킹맘 운영법

'운칠기삼(運七技三)'이라는 말이 있다. 어떤 일을 하는 데 있어 운이 7할이고, 재주(노력)가 3할이라는 뜻이다. 사람들은 은연중에 일이 잘되는 것도, 일이 잘못되는 것도 '운' 때문이라고 생각하는 경향이 있다. 그러나 '운칠기삼'의 유래를 살펴보면 '운'보다는 '재주(노력)'의 중요성을 강조하기 위해 만들어진 말이다. 포송령(蒲松齡)의 『요재지이(聊齋志異)』에 운칠기삼과 관련된 내용이 다음과 같이 실려 있다.

한 선비가 자신보다 못한 자들은 버젓이 과거에 급제하는데 자신은 늙도록 급제하지 못하고 패가망신하자 옥황상제에게 그 이유를 따져 물었다. 옥황상제는 정의의 신과 운명의 신에게 술 내기를 시켰다.

만약 정의의 신이 술을 많이 마시면 선비가 옳은 것이고, 운명의 신이 술을 많이 마시면 세상사가 그런 것이니 선비가 체념해야 한다는 조건이었다.

술 내기의 결과는 정의의 신은 석 잔 밖에 마시지 못했고, 운명의 신은 일곱 잔이나 마셨다.

"세상사는 정의에 따라 행해지는 것이 아니라 운명의 장난에 따라 행해지되 3푼의 이치도 행해지는 법이니 운수만이 모든 것을 지배하는 것은 아니다."

옥황상제는 이렇게 말하고 선비를 꾸짖어 돌려보냈다고 한다. 삶에는 사람의 능력으로는 어찌할 수 없는 운이라는 것이 분명히 있다. 운의 영향을 무시할 수는 없지만 옥황상제가 말한 것처럼 '3푼의 노력'으로도 바뀔 수 있는 것이 인생이다. 자신의 노력으로 성공한 수많은 사람의 경험이 그것을 말해 주고 있다. 그러나 많은 사람은 노력보다는 운에 더 많이 실패 요인을 둔다.

태어날 때부터 공평하지 못하게 출발하지 못하는 것이 인생이다.
따지고 보면 좋은 부모 밑에서 태어나는 것도 운이고, 돈 많은 사람과 결혼하는 것도, 또 오직 자신만 사랑해 주는 사람을 만나게 되는 운이라 할 수 있다. 그런데 이상하지 않은가. 운이라는 것에는 정말 내가 선택한 결과가 하나도 포함되어 있지 않은 것일까? 그렇다면 내가 선택한 결과가 아닌 것을 운이라고 믿는 것이 맞을까? 내가 선택한 결과가 아닌 운은 언제까지 나와 함께 할 수 있을까? 이러한 수많은 궁금증이 머리를 복잡하게 했다.

운과는 거리가 멀지만 수많은 역경을 극복하고 풍요롭게 남들이 부러워하는 삶을 살아가는 사람들이 있다. 시간의 차이만 존재할 뿐 그래도 옥황상제의 말처럼 '3푼의 노력'으로 자신이 원하는 삶을 살아가며 운을 자신의 편으로 만든 사람들의 비결은 무엇일까.

세계적인 투수로 유명한 1994년생 일본의 야구선수 오타니 쇼헤이 大谷翔平 가 고등학교 1학년 때 작성한 목표달성표가 화제가 되었다. 인터넷에서 우연히 오타니 쇼헤이의 목표달성표를 발견하고는 나는 머리를 한 대 얻어맞은 것 같은 느낌이 들었다.

그 표가 고등학교 1학년 때 작성한 것이라는 것도 놀라웠지만 (당신은 고등학교 1학년 때 무엇을 했는가? 나는 아무 생각도 없었다), 최고의 선수가 되기 위해 작성한 목표달성표에는 '운', '인간성', '정신'이라는 항목이 있었기 때문이다. 오타니 쇼헤이의 목표달성표를 보는 순간, 나는 옥황상제가 말한 3푼의 노력'이 무엇인지 분명히 알 수 있었다. 운이란 통제 불가능한 것이고, 열심히 살면 어느 날 선물처럼 찾아오는 것이 운이라고 생각했다. 그런데 고등학교 1학년짜리 오타니 쇼헤이는 운을 통제 가능한 것으로 보고 있었다.

몸관리	영양제 먹기	FSQ 90kg	인스텝 개선	몸통강화	축이 흔들리지 않기	각도를 만든다	공을 위에서 던진다	손목강화
유연성	몸만들기	RSQ 130kg	릴리스 포인트 안정	제구	불안정함 없애기	힘모으기	구위	하체주도로
스태미너	가동역	식사 저녁7수저 아침3수저	하체강화	몸을 열지않기	멘탈 컨트롤	볼을 앞에서 릴리스	회전수 증가	가동역
뚜렷한 목표, 목적 가지기	일희일비 하지 않기	머리는 차갑게 가슴은 뜨겁게	몸만들기	제구	구위	중심축 회전	하체강화	체중증가
위기에 강하게	멘탈	분위기에 휩쓸리지 않기	멘탈	8구단 드래프트 1순위	스피드 160km/h	몸통강화	스피드 160km/h	어깨주위 강화
기복 만들지않기	승리를향한 집념	동료를 배려하는 마음	인간성	운	변화구	가동역	라이너 캐치볼	피칭 늘리기
감성	사랑받는 사람	계획성	인사	쓰레기 줍기	부실청소	카운트볼 늘리기	포크볼완성	슬라이더 구위
배려	인간성	감사	장비는 소중히	운	심판에대한 태도	슬로우커브	변화구	좌타자 결정구
예의	신뢰받는 사람	지속력	긍정적 사고	응원받는 사람이되자	책읽기	직구와 같은폼으로 던지자	스트라이크에서 볼을던지는 제구	거리의 이미지화

[고등학교 1학년 오타니 쇼헤이 목표달성표]

놀랍지 않은가. 운도 통제가 가능하다니. 오타니 쇼헤이가 운을 자신의 편으로 만들기 위해서 일상에서 한 일들을 살펴보자.

인사하기, 쓰레기 줍기, 부실 청소하기, 심판을 대하는 태도, 책 읽기, 물건을 소중히 쓰기, 긍정적 사고, 응원 받는 사람 되기!

만약 내가 누군가에게 기회를 주고 싶다면, 그리고 그 중에 오타니 쇼헤이 같은 친구가 끼어 있다면 나는 한시도 고민하지 않고 이 친구를 선택할 것이다. 이렇게 준비된 사람을 선택하지 않고 누구를 선택하겠는가.
기회는 준비된 사람에게만 찾아온다. 운도 마찬가지다. 3푼의 노력이 7푼의 운을 끌어당기는 것이다. 운도 준비된 사람에게만 기회라는 모습으로 찾아온다. 오타니 쇼헤이처럼 나도 운을 나의 통제 범위에 안에 넣고 살아가기로 결심하고 행동으로 옮겼다. 먼저 안 되는 이유보다 될 수 있는 방법을 찾았다.
사람의 뇌는 생각하는 대로 에너지를 끌어 모은다. 내가 안 되는 이유를 많이 찾으면 찾을수록 그 일을 매우 위험하고 가치가 없는 일로 생각될 것이다. 그러나 할 수 있는 방법을 찾으면 그토록 어렵게 느껴졌던 일도 해결의 실마리를 찾을 수 있다. 나는 이미 수많은 경험을 통해 그것을 알 수 있었다.

우리가 알고 있는 천재들은 처음부터 천재가 아니었다.
평범한 사람들이 자신의 의지와 한계를 인정하고 안 되는 이유를 찾는 동안 천재들은 될 방법을 열심히 찾았을 뿐이다. 그것도 한두 개가 아니라 수백 개, 수천 개를 찾으니, 그것은 오히려 포기하는 일이 이상한 일이 되는 것이다.
세상은 일로써 자신의 존재가치를 확인하고 싶은 마음과 아이를 제대로 돌보고 싶은 마음을 가지고 일하는 당신을 시험에 들게 한다.

둘 사이에 경계를 만들지 마라. 일과 육아를 동시에 해결할 수 있는 방법을 찾으면 된다. 쉬는 날 아이를 온종일 끌어안고 있으면서도 마음은 다른 일로 분주 하다면 어찌 두 마리 토끼를 다 잡을 수 있겠는가. 어느 것에도 몰입하지 못하면서두 가지를 다 가지려고 하는 것이 이상한 것이다.

이럴 때 가장 좋은 방법을 알아보자.

첫째, 지금에 집중하는 것이다.

아이와 함께 있는데 못다 한 일이 있어 마음이 분주할 때면 아이와 함께 키즈 놀이방을 찾아갔다. 아이는 또래 친구들과 놀 수 있어 행복해했고, 나는 일에 몰입할 수 있는 잠깐의 시간을 벌 수 있어 좋았다. 부작용이라면 약간의 비용이 든다는 것. 그러나 나와 아이가 다 만족하는 방법 치고는 꽤 괜찮은 방법이었다.

둘째, 주어진 문제를 기회로 보는 습관을 지니려고 노력했다.

역경을 극복하고 운을 자신의 편으로 만든 사람들의 공통점은 문제를 기회를 바꾸는데 탁월했다. 문제없는 삶이 어디 있겠는가. 삶 자체는 많은 문제를 안고 있다.

얼마 전 대학교 동창이 이혼 소식을 알려왔다. 무능한 남편과의 결혼생활에 더 이상 희망을 기대할 수 없어 아들 둘은 시어머니에게 맡기고 홀로서기를 시작했다고 한다. 언젠가 아이들을 데려와야 한다는 생각에 기회가 닿는데로 열심히 일하면서 보육교사 자격증도 따고 콜 센터에 들어가 1등도 해봤다고 했다. 이제는 자신에게 맞는 일을 찾아보고 싶다는 친구를 나는 격려하며 자신에게 몰두할 수 있는 것이 어쩌면 다른 삶을 살아갈 기회일지도 모른다고 생각했다.

우울한 생각으로 사로잡혀 있는 것보다 이혼을 계기로 자신이 하고 싶은 일을 자발적으로 찾고 있다는 것은 분명 그 친구에게 기회로 작용할 것이다. 낙천적인 성격을 가진 친구는 오늘도 자신의 문제를 기회로 바꾸기 위해 열심히 노력하고 있다.

셋째, 운이 들어오는 상황을 기록으로 남겨라.
운은 감사하는 마음을 갖는 자에게 찾아온다.

매일 저녁 잠자리에 들기 전에 오늘 하루 감사했던 일들을 글로 적어 보자. 나의 인생이 풍요 로워짐을 느낄 수 있다. 누구의 위로도 도움이 안 되는 힘든 날이면 스탠드 불빛에 의지하며 내가 적어 놓은 감사 일기를 읽는다. 이것만으로도 마음이 충만해지고 새롭게 시작할 수 있는 용기를 얻을 수 있다.

감사할 일이 없더라도 미래의 자신에게 감사하는 습관을 가지는 것도 운을 불러들이는 좋은 방법이다. 불평 불만은 운이 가장 싫어하는 행동이다. 성공한 사람들의 행동에서 배워라. 그들이 그 방법으로 성공했다면 당신도 같은 방법으로 성공할 수 있다. 반드시 운이 좋아할 만한 행동을 골라서 하라. 지금 당장 불평, 불만이 있는 상황을 감사의 마음으로 바꿔 보자.

최근에 방송 종료한 드라마 TVN『미스터 션사인』에서 여자주인공인 김태리가 연인 이병헌에게 이렇게 말했다.

"포기는 언제든지 할 수 있으니 지금은 서로에게 집중하고 최선을 다합시다."

그녀의 말처럼 포기는 언제든지 할 수 있다. 언제든지 할 수 있는 것을 꼭 지금 해야 할 필요가 무엇인가. 지금은 당신이 '3푼의 노력'으로 운을 끌어당기는데 집중해야 할 때다

엄마는 타이밍 아티스트

2018년 7월부터 '주 52시간 근무'가 본격적으로 시행되었다. 일과 삶의 균형을 맞추는 '워크 라이프 밸런스'와 줄어든 근로시간만큼 일자리가 늘어날 것이라는 기대가 있지만, 그만큼 부작용도 예측되고 있다.

유령 근무(퇴근한 것처럼 보였다가 다시 회사로 출근하는 현상), 재택 근무(집에 일을 싸 들고 가거나 근처 카페에서 일하는 것) 등의 비공식적인 야근이 늘어날 것이라는 우려의 목소리도 나오고 있다.

그렇다면 '주 52시간 근무제'가 시행된 배경은 무엇일까.' 이는 OECD 국가 중 최장 근로라는 오명에서 벗어나 국민에게는 '저녁이 있는 삶'을 제공하고, 사회적으로는 근로시간 단축을 보충하기 위해 새로운 일자리가 많이 만들어질 수 있다는 기대에서 출발한 정책이다.

'저녁이 있는 삶'을 보장받는다면 직장인들은 무엇을 가장 하고 싶어 할까. 휴넷에서 직장인 942명을 대상으로 실시한'주 52시간 근무제'에 대한 설문에서 "퇴근 이후 무엇을 할 계획인가요?"를 물었다.

1위 가족과의 시간(27.7%)

2위 취미생활(22.3%)

3위 운동(19.1%)

여기서 생각해 볼 것이 있다. 1위를 차지한 '가족과의 시간'이 늘어난다는 것은 일하는 여자에게 어떤 의미일까. 가족과 함께 하는 시간이 늘어난다는 것은 일하는 여자에게는 청신호일까, 적신호일까?

'프리랜서는 시간에서 자유롭다'

프리랜서로 활동하고 있는 나에게 주변 사람들이 가장 많이 오해하는 부분이다. 일하고 싶으면 일하고 일하고 싶지 않으면 안 해도 되는 것이 프리랜서라고 생각한다. 그러나 치열한 경쟁 속에서 프리랜서로서의 삶은 절대 녹록치 않다. 기업에서 돈을 주고 강사를 부를 때는 분명한 목적이 있다. 회사가 원하는 결과 값을 반드시 도출해 주어야만 한다. 그것이 강사의 실력이고 평가로 이어진다.

'이영숙 강사 강의 어땠나?'

1번 매우 좋았다. 2번 그저 그랬다. 3번 왜 불렀니?

이 중 2번과 3번이 연속해서 나오면 다시는 그 기업에 가지 못한다. 매일매일이 평가의 연속이고 이것이 바로 프리랜서 강사로서의 삶이다. 이런 압박감이 강사들에게는 강의를 포기하게 만드는 큰 이유 중 하나이다.

"매일 하는 강의, 뭘 그렇게 준비해? 그쯤 되면 눈 감고도 해야지."

매일 하는 강의를 밤늦은 시간까지 준비하는 내가 이해가 안 된다는 듯이 남편이 말한다. 그러면 나도 한마디 던진다.

"매일 먹는 밥, 하루쯤 안 먹어도 되지?"

같은 강의라 할지라도 회사가 다르고, 교육 대상이 다르니 방심할 수 없다. 어떤 회사이고 무슨 일을 하는 사람들이 교육대상자로 들어와 있는지를 알아야 공감대를 형성할 수 있다. 남편 말대로 18년 동안 강의를 했으면 이제는 준비하지 않고도 강의를 해야 하지만 강의 준비를 소홀히 하는 순간 묘하게 교육생과 틈이 벌어진다. 그 틈새를 사람들은 본능적으로 알아차린다. 강사가 얼마나 준비했는지, 자신들에게 얼마나 관심이 있는지 말이다.

기업 교육에서 아마추어는 살아남을 수가 없다. 아마추어 강사를 호의적으로 봐줄 만큼 여유로운 회사는 없기 때문이다.

강의 업계에서는 강의 시간의 15배 이상을 준비하라는 불문율이 있다. 2시간 강의라면 최소 30시간 이상을 준비해야 한다. 강의의 질이 준비 시간과 밀접한 관련이 있기 때문이다.

절대적인 시간이 투입되어야 좋은 결과를 기대할 수 있다. 어디 강의만 그러하겠는가.

모든 일에는 절대적인 시간이 투입되어야 좋은 결과로 이어진다.

이것에 대해 오프라 윈프리Oprah Gail Winfrey는 그의 저서 『내가 확실히 아는 것들』에서 이렇게 말했다.

"'오프라, 통화하고 싶지 않으면서 왜 자꾸 전화를 받는 거요?'
아하!의 순간이었다. 전화벨이 울린다고 해서 내가 꼭 받아야 하는 것은 아니다.

내 시간을 어떻게 쓸지 결정하고 통제하는 것은 나 자신이다. 설혹 시간과 일정이 나의 통제를 벗어나 엉망진창이 된 것처럼 보인다 해도 그것은 결국 자신의 탓이다. 당신의 시간을 보호하라. 시간은 곧 당신의 인생이다."

오프라 윈프리의 말처럼 나도 확실히 아는 것이 있다. 자고 나면 누구에게 나 하루 24시간이 주어지고 그 시간을 어떻게 활용하느냐에 따라 인생이 달라진다는 것을 말이다. 하루가 모여 일주일이 되고, 일주일이 모여 한 달이 되고, 한 달이 12번 모이면 1년이 된다.

이렇게 모인 1년, 1년이 지금의 나를 만들었다. 일도 마찬가지다. 워킹맘인 나는 하루 24시간을 일과 육아에 나누어 써야 하는 불리한 조건이지만 그럼 에도 불구하고 내가 일을 선택한 이상 나의 꿈을 위해 투자할 수 있는 절대 적인 시간을 만들었다.

아무리 바빠도 시간은 만들려고 노력하면 만들어진다. 프로의 세계에서는 '아이 때문에'라는 변명은 통하지 않는다. 만약 당신이 아이 때문에 아무것도 못 하고 있다고 생각한다면 진지하게 자신에게 물어보라.

정말 아이 때문인지 아니면 아직은 그럴 마음이 없는 건지. 머릿속에 이 핑계 저 핑계가 먼저 떠오른다면, 그것은 아이 때문이 아니라 당신 자신이 아직은 그럴 마음이 없기 때문이다.

둘째를 낳고 본격적으로 프리랜서 강사로 활동할 무렵, 육아는 나에게 큰 부담으로 다가왔다. 일을 하기로 마음먹었으나 아이들 때문에 일에 올인 할 수 없는 환경이었다.

그러니 준비가 덜 된 상태에서 무대에 오르게 되고, 그 결과가 얼마나 참담하고 겁 없는 행동이었는지 호되게 당하고 나서야 결심한 것이 있다.

일이 1순위, 아이가 2순위!

아이들이 들으면 서운할 수 있겠지만 일에서 자리를 잡지 못하면 아이들을 제대로 양육할 수 없다는 것을 나는 너무나 잘 알고 있었기 때문에 더 단호해져야 했다. 그리고 가장 시급한 것은 아이들을 양육하면서 강사로서
역량을 키울 수 있는 시간을 확보하는 것이었다. 일을 선택한 워킹맘들을 위해 내가 절대적인 시간을 어떻게 확보했는지 공유하고자 한다. 꼭 나처럼 하라는 것은 아니다. 이것을 자신에게 맞게 변형하여 응용하면 된다.
아이들이 어렸을 때는(초등학교 들어가기 전) 저녁 시간과 강의가 없는 날을 집중적으로 공략했다. 밤 9시가 되면 집안의 모든 불은 꺼진다. 작은
불빛에도 아이들이 잠을 자지 않기 때문에 커튼으로 새어 들어 오는 불빛을 모두 차단하고 아이들과 잠자리에 든다. 1~2시간 후 아이들이 잠이 들면
오롯이 내 시간이 주어진다. 이때 중요한 것은 밀린 집안일을 하는 데 사용하면 안 된다. 눈 딱 감고 책상에 앉아 오직 자신의 실력을 쌓기 위해 사용해야한다. 여담이지만 이 시간을 확보하기 위해서는 마음을 단단히
먹어야 한다. 어떤 날은 도무지 잘 생각을 하지 않는 아이들 때문에 억지로 울려서 잠을 재워야 했다. 모진 엄마라고 생각되는가?
그렇지 않다. 정해진 시간에 규칙적으로 자고 일어나는 것이 아이들의
건강에는 더 좋다고 생각하자.

이렇게 모인 시간이 하루에 2시간씩, 일주일이면 10시간, 한 달이면 40시간, 1년이면 480시간이나 된다. 하루 24시간은 공평하게 주어진 것이 아니라 선택에 의해 만들어지는 것이다. 강의가 없는 날은 정해진 시간에 아이들을 유치원에 데려다 주고 도서실로 향한다. 집에 있으면 잡다한 일들 때문에 집중할 수 없기 때문이다.

고시를 준비하는 수험생처럼 배낭 가방에 책을 싸 들고 도서실로 향한다. 도서실은 요즘도 내가 자주 이용하는 장소 중 하나이다. 모두가 열심히 공부하는 분위기여서 그런지 몰입이 잘되고, 특히 도서실에 있을 때 강의 연결 전화가 많이 와서 그런지 나에게는 아지트와 같은 행운의 공간이다.

아이들이 커버린 지금은 출근 시간을 이용해 시간을 확보한다. 아침 출근 시간 10~20분 차이로 차가 많이 밀리기 때문에 집에서 아예 일찍 출발한다. 차가 밀리지 않는 시간대이기 때문에 최소 1시간 이상 여유시간이 생긴다. 커피를 마시며 차 안에서 책을 읽는 것은 재미뿐만 아니라 일주일에 1권 정도는 너끈히 읽을 수 있을 만큼 시간도 확보된다. 일과 육아로 하루 24시간이 모자란 나이지만, 바쁘게 사는 것 못지않게 중요한 것이 나의 꿈을 이루기 위해 필요한 절대적인 시간을 의도적으로 만드는 것이다. 비즈니스 세계에서 시간은 실력을 의미한다. 시간은 만들고자 하면 만들어진다.

자신의 실력으로 우뚝 서고 싶은가?
남편에게 멋진 아내의 모습을 보여주고 싶은가?
아이들에게 당당한 엄마로 인식되고 싶은가?
그렇다면 벤자민 프랭클린의 말을 일상에 상시 반영하며 살아라.

당신은 지체할 수도 있지만, 시간은 그러하지 않을 것이다.

벤자민 프랭클린

여자라는 이유로 해내지 못할 것은 없다

부모님처럼 가난하게 살지 않겠다고 여러 번 다짐했었다. 그래서 부단히
노력했고, 그 노력이 가상했던지 가끔씩 성취감도 맛볼 수 있었다.

그러나 그 성취감은 내가 원하는 것에는 한참 미치지 못했고, 무언가를 얻을수록 또 다른 것을 성취하고 싶은 욕구가 생겼다.

셋째를 낳고 조급증 때문에 어머니의 만류에도 불구하고 21일 만에 강의 현장으로 복귀했다. 동료들에게는 집에 있는 체질이 아니라 답답하고 좀이 쑤셔서 나왔다고 말했지만, 사실은 가슴 깊숙한 곳에서부터 요동치는 불안감이 있었다.

'다시 복귀하지 못하면 어쩌지.'

출산의 공백을 메우려면 뭐라도 해야겠다는 생각에 등록한 코칭 과정에서 대표님이 나에게 던진 말이다.

"이 선생님은 엄청난 에너지를 가지고 있는데 그 에너지를 왜 안 쓰세요?"

나를 인정해주는 것 같아 기분이 좋았지만, 그때는 그 말뜻을 제대로 이해할 수 없었다.

"에너지요? 어떤 에너지요? 저는 잘 모르겠는데요."

"잘 생각해 보세요. 선생님 가슴 속에 꼭꼭 숨겨 놓은 것, 그걸 꺼내야 해요."

그녀는 도통 내가 이해할 수 없는 말을 했다. 그런데 이상하게도 그 말이 내 가슴 속에 깊이 파고들었다. 『백만장자 시크릿』은 전 세계인의 부의 멘토인 하브 에코 T. Harv Eker의 저서다. 그는 성공의 핵심요소를 다음과 같이 말한다.

"땅 위에 있는 존재를 만들어내는 것은 땅속에 있는 것이다. 눈에 보이지 않는 것이 눈에 보이는 것을 창조한다. 이게 무슨 뜻일까? 열매가 달라지길 바란다면 우선 뿌리가 달라져야 한다는 뜻이다. 눈에 보이는 것을 바꾸고 싶다면 보이지 않은 것을 먼저 바꿔야 한다."

'땅 위에 존재를 만들어내는 것은 땅속에 있다'라는 말은 지금의 상황이 마음에 들던, 들지 않던 자기 생각과 행동방식이 이 자리를 만들었다는 것이다. 그 때문에 오늘과 다른 내일을 기대한다면 가장 먼저 자기 생각과 행동을 점검해 봐야 한다는 뜻이기도 하다. 그러고 보면 나에게 있다는 '엄청난 에너지'는 내가 하는 생각과 행동에 가로막혀 나오지 못하는 것일 수도 있겠다는 생각이 들었다.

성공하고 싶다는 마음만큼 '정말 될까?'라는 의심이 함께 공존했었다. 일이 너무 잘 풀리면 다음 번엔 이만큼 못해낼 것 같아 불안했고, '할 수 있다'고 말했지만 '원하는 만큼 결과가 안 나오면 어떻게 하나' 걱정이 앞섰다. 힘주어 강조하고, 반복해서 이야기한 것은 사실 불안한 마음을 감추기 위한 포장이었다.

그렇게 무언가를 갈망하는 숨겨진 에너지와 그 에너지를 표출시키지 못하도록 붙잡고 있는 불안한 생각 사이에서 나는 혼란스러웠다.

코치 회사 대표는 이런 나의 마음을 꿰뚫어 보고, 에너지를 표출하지 못하는 것에 대해 안타까움을 표현한 것이었으리라 생각된다.

그러고 보면 예전의 나는 나 자신을 온전히 믿지 못했다.

자신이 가진 에너지는 보지 못하고 다른 무언가에 기대려는 마음이 컸다.

이것에 대해 하브 에커는 이렇게 말했다.

"볼 수 있어야 믿을 수 있다'고 말하는 사람도 있다. 이 말에 동의하는 사람들에게 하나 물어보고 싶다."

"보이지 않는 전기 요금은 왜 냅니까?"

전기는 눈에 보이지 않지만, 그 힘을 느낄 수 있고 사용할 수 있다.

전기가 정말 존재하는지 의심스러우면 코드 꽂는 구멍에 손가락을 넣어보라. 당장 의심이 사라질 것이다."

이 글을 읽는 순간 정신이 번쩍 들었다. 전기에 대해 무지했던 나는 보이지 않는 전기의 힘을 온몸으로 경험한 적이 있었다.

허름한 연립에 세 들어 살 때, 어지럽게 늘어진 전깃줄들이 내 마음을 표현하는 것 같아 심란했다. 답답한 마음에 무심코 가위를 들고 전깃줄을 잘랐는데 그 순간 '퍽'하는 소리와 함께 '파바박~' 전기가 튀었다. 너무 놀라 숨도 쉬지 못하고 있다가 손에 들려있는 가위를 보니 손잡이 플라스틱 부분이 반이나 녹아 있었다. 가위의 손잡이에 달린 플라스틱 덕분에 나는 무사할 수 있었다. 시간이 한참 지난 지금도 그때를 떠올리면 오른손이 살며시 떨리는 느낌이 든다. 그 사건이야말로 전기에 대한 무지가 만든 결과였다.

시간이 한참 흐른 다음에야 전기에 대한 무지보다 더 큰 재앙은 나의 꿈에 대한 무지였다는 것을 알았다.

많은 사람들은 자신의 꿈이 무엇인지 모르겠다고 말한다.

이런 현상은 내가 경험한 전기의 힘처럼 보이지 않는 우리의 '의식'이 문제라는 말이 아닐까. 또한 눈에 보이는 것에 집중하고 행동하기 때문에 숨어있는 자신의 가능성이나 에너지를 받아들이지 못해 꿈조차 꾸지 못하는 것은 아닐까. 원하는 것이 있어도 그것을 볼 수 없고 받아들일 수 없다면 아무 소용이 없는 것이다.

언젠가 '기회의 신'에 대해서 들은 적이 있다. 이탈리아 토리노박물관에 있는 기회의 신 카이로스의 동상은 앞머리는 머리 숱이 무성하고, 뒷머리는 대머리이며, 양 발 뒤꿈치에는 날개가 달려있다.

그리고 양손에는 저울과 칼을 들고 있는 우스꽝스러운 모습을 하고 있는데, 동상 아래에는 이런 글귀가 적혀 있다고 한다.

"앞머리가 무성한 이유는 나를 발견한 사람들이 나를 쉽게 붙잡을 수 있기 위함이요, 뒷머리가 대머리인 이유는 지나간 나를 사람들이 다시는 붙잡지 못하도록 하기 위함이요, 내 발에 날개가 달린 이유는 순식간에 사라져 버리기 위함이다. 나의 이름은 '기회(chance)'이다."

기회를 발견하는 것과 기회를 잡는 것은 별개의 문제다. 기회를 잡는 것은 기회를 발견하는 것만큼이나 어려운 일이다. 기회가 눈앞에 있다 하더라도 그것을 온전히 믿지 못한다면 기회를 잡지 못한다. 카이로스가 들고 있는 저울과 칼이 그것을 말해 주고 있다.

자신에 대한 믿음으로 판단하고 행동으로 옮겼을 때 보이지 않았던 것들이 서서히 눈에 보이기 시작하는 것이다.

확실하지 않은 일들도 우리의 경험이 하나둘씩 쌓여 모습을 드러내는 경우가 있다. 열심히 노력하는 모습을 좋게 생각하던 A컨설팅 사 직원이 이전 회사에서 같이 근무했던 동료가 추진 중인 정부 교육사업에 강사로 나를 소개해 주었다. 감사한 마음에 담당자를 만나보니 정부에서 중소기업 재직자들의 직무능력 향상을 위하는 과정을 정부 사업비로 진행할 계획을 가지고 있는데 동참해 볼 의향이 있는지 물었다.

추진될 확률은 보장할 수 없으나, 만약 사업이 추진된다면 1년 동안 차수와 시수가 보장되는 교육이었다.

그러나 막상 제안 작업을 하려다 보니 혼자 하기에는 버거워 주변에 강사들에게 함께 해보자는 제안을 했고, 내 예상과는 달리 난색을 표하는 강사들이 많았다. 안될 수도 있는 것에 많은 시간을 투자하는 것이 부담된다는 이유였다.

우여곡절 끝에 내가 제안했던 과정은 확정되었다. 그리고 사업을 진행하는 그 1년 동안이 나를 강의 업계에서 확실하게 자리를 잡을 수 있는 계기가 되었다. 안 된다는 생각보다 되었을 때의 기회를 생각하며 보름 정도의 시간을 홀로 싸우며 만들어낸 결과물이었다.

이 결과를 보고 나의 제안을 거절했던 사람들은 뭐라고 했을 것 같은가.

"모두가 강사님처럼 운이 좋지는 않아요."

다 운이 좋은 것은 아니라고 말했던 사람이 생각난다. '운'이라니. 그 결과는 절대 운이 아니다. 그것은 할 수 있다는 나의 믿음에 대한 결과였다. 영국의 소설가 찰스 리드^{Charles Reade}는 성공 공식에 대해 이렇게 말했다.

> "생각에 주의하라. 왜냐하면 그것이 말이 되기 때문이다.
> 말에 주의하라. 왜냐하면 그것이 행동이 되기 때문이다.
>
> 행동에 주의하라. 왜냐하면 그것이 습관이 되기 때문이다.
> 습관에 주의하라. 왜냐하면 그것이 성격이 되기 때문이다.
> 성격에 주의하라. 왜냐하면 그것은 운명이 되기 때문이다."

안되면 도망칠 플랜B 따위는 생각하지도 마라. 그 생각이 실패를 만든다. 여자라는 이유로 한계를 만들지 마라. 여자라서 해내지 못할 이유가 어디 있는가. 무슨 일이 있어도 자신의 꿈을 포기하지 마라.

"사람에게 소중한 것은 이 세상에서 몇 년을 살았느냐가 아니다. 이 세상에서 얼마만큼 가치 있는 일을 하느냐 하는 것이다."

오 헨리O. Henry의 말이다. 여자이기 때문에 가치 있는 삶을 살기 위해서라도 더욱 용기를 내야 할 때다. 아무리 희망이 없어 보이고, 기회가 보이지 않는다고 하더라도 약간의 용기를 더하고 약간의 노력을 더 하면 승리는 반드시 우리에게 찾아온다. 나는 나에게 있는 에너지를 믿으며 오늘도 힘차게 하루를 시작한다.

EPILOGUE

기회는 처음부터 주어지는 것이 아니라 만들어 가는 것이다

"아직까지 활발하게 활동하는 대표님을 보면서 용기를 얻어요."

10여 년 전 내가 선배강사에게 했던 이야기를 데자뷰(Deja vu)처럼 후배강사에게 들었을 때, 뭐라 표현하기 어려운 벅찬 감정이 들었다. 후배의 말을 들으며 나는 지난 날의 나를 떠올렸다. 우연한 기회에 직원들 앞에서 발표한 것이 계기가 되어 물에 빠진 사람처럼 지푸라기라도 잡는 심정으로 기회를 잡기위해 부단히 노력했다. 슬럼프가 찾아 올 때마다 흔들리지 않기 위해 애써 의미를 부여하고, 스스로 다독이며 버틸 수 있었던 것은 포기하지 않으면 기회는 어떤 모습으로든 올 것이라는 믿음 때문이었다.

19년이 지난 지금, 돌이켜보면 기회는 언제나 나의 곁에 있었다. '지금까지 가장 잘한 선택이 무엇입니까?'라고 묻는다면 나는 주저 없이 '일을 포기하지 않은 것' 그리고 '자기성장을 위해 꾸준히 노력한 것'이라고 대답할 것이다.

특히 일은 내 나이 마흔으로 접어들면서 느꼈던 감정적 변화, 삶의 허전함을 채워준 유일한 친구이자 내가 어떻게 살아야 하는지를 알려준 인생의 나침반이 되었다.

"포기하고 싶었던 순간에 대표님의 말씀 덕분에 다시 시작할 수 있었어요. 대표님은 저의 멘토입니다."

언제 만났는지 기억조차 가물가물한 교육생이 커피를 건네며 수줍게 다가왔다. 그간의 일들을 쏟아내며 감사함을 전하는 그녀를 위로하면서 묘하게 내가 위로받고 있는 느낌이 들었다.

그녀와의 만남 후, 나는 함께 나누며 성장할 수 있는 기회를 만들어 보기로 마음먹었다. 올해 내가 이루고 싶은 소원 3개를 100일 동안 매일 같은 시간에 글로 적는 것, 일명 소원 이루기 프로젝트였다. 이 프로젝트를 통해 내가 깨달은 것은 습관의 중요성이었다. 100일 동안 당신이 원하는 것을 간절하게 빌어본 적이 있는가?

기회를 만드는 것도, 소원이 이루어지는 것도 행동으로 옮긴 습관의 결과였다. 세계에서 가장 영향력 있는 여성 12위에 오른 페이스북 최초의 여성 CEO 셰릴 샌드버그 Sheryl Sandberg 는 여성들에게 이렇게 말했다.

"일어나지도 않은 일을 먼저 걱정하지 마라.
하고 싶은 일이 있으면 일단 시작하라.
그리고 그만두어야 하는 그 순간이 오기 전까지 절대 그만두지 마라."

불안할수록 심플함이 답이다. 기회를 만드는 것도 마찬가지다.
일단 시작부터 하는 것! 그리고 자신이 기대하는 결과에 초점을 맞추는 것!
인디언 부족이 기우제를 지내면 반드시 비가 온다. 왜일까?
그 이유는 '비. 가. 올. 때. 까. 지' 기우제를 지내기 때문이다.

비. 가. 올. 때. 까. 지 !!

　이 책을 처음 쓸 때만 해도 '과연 해낼 수 있을까?' 하고 걱정하는 마음이
앞섰다. 불쑥불쑥 찾아오는 불안감에 흔들리는 날도 많았다 . 그런데 이제는
에필로그를 쓰고 있으니 인디언 부족처럼 나의 기우제도 성공한 것이다.
　이것은 평탄하게 나온 결과물이 아니라 멘탈과 싸우고 붙잡으며 나온
결과물이기에 나에게는 더욱 값진 경험이다. 이 경험이 근거 있는 자신감의
토대가 되어 이제는 또 다른 도전을 꿈꾸고 있다. 이 책을 읽는 당신도
그러하길 바란다. 그리고 열렬히 응원하는 사람이 있다는 것을 잊지 않기를
바란다.

　마지막으로 책이 나오기까지 물신양면으로 응원해준 인생의 동반자 남편
과, 골방에 틀어박혀 책 쓰는 엄마를 배려해준 소중한 세 아이들에게 사랑
한다는 말을 전하고 싶다. 이 책을 읽는 독자들이 그리고 모든 여성들이
각자의 자리에서 모두 행복해지길 기원한다.

Woman Success
Principles
by Lee young suk